JN296380

パブリッシャー

Publisher

出版に恋をした男

トム・マシュラー　麻生九美［訳］

晶文社

Tom Maschler
PUBLISHER
Original Copyright © 2005
by Tom Maschler
Published in Japan, 2006
by Shobun-sha Publisher, Tokyo.
Japanese translation rights arranged
with Pan Macmillan, London
through Tuttle-Mori Agency Inc., Tokyo

ブックデザイン　坂川栄治＋田中久子（坂川事務所）

パブリッシャー——出版に恋をした男　目次

レジーナに。二人でどこにいるときも、ナミビアでキャンプをしていたときでさえ、きみはわたしがこの本を書き終えるまで不平ひとつ言わなかった。

わたしの子どもたち、ハンナ、アリス、ベンに。きみたちは執筆のはかどりぐあいをしつこく聞きつづけ、励ましつづけてくれた。

そして、父と母リタの思い出に。

はしがき

本を作るときにわたしがもっとも重視しているのは、著者との関係と、その著書の編集作業だ。いっしょに仕事をした大勢の著者やアーティストの中には、ひときわ胸がときめく思いをさせてくれた人たちが何人かいる。たとえばジョゼフ・ヘラーだ。彼の『キャッチ22』はわたしがジョナサン・ケイプ社に入社してから契約したまさに最初の小説で、この本ははなばなしい成功をおさめた。それから間もなく、『コレクター』の原稿とともにわたしの人生に登場したジョン・ファウルズは、続いて『魔術師』と『フランス軍中尉の女』を書きあげた。サルマン・ラシュディの『真夜中の子供たち』は忘れられない小説で、彼の著書の中で今でもわたしの一番のお気入りだ。ドリス・レッシングとカート・ヴォネガットとは終生の友人になった。コロンビア人作家ガルシア・マルケスは現在も健在なもっとも偉大な作家だろう。彼の作品を偶然手にしたのは四十年前のキューバだった。子どもの本の作家としてロアルド・ダールの右に出るものはいない。存命しているイギリス人画家として誰よりも偉大なルシアン・フロイド。『裸のサル』で世界的にその名を知られた動物学者のデズモンド・モリス。『絵本ジョン・レノンセンス』と『らりるれレノン　ジョン・レノン・ナンセンス作品集』に収めたジョン・レノンの韻文と散文とスケッチは独自のカテゴリーを作っている。クェンティン・ブレイクは子どもの本のすばらしいイラストレーターだ。さらに、圧倒的に高名な写真家のアンリ・カルティエ＝ブレッソン。

そしてもちろんアーネスト・ヘミングウェイがいた。出版界では幸運がその役割を果たしてくれることがよくある。わたしの場合はとくにそうだった。気がついたときには、ケイプの作家で誰よりも高名なこの作家が遺したものを編集していたのだから。

はじめに――『移動祝祭日』

わたしが二十七歳のとき、ヘミングウェイが自殺した。わたしがジョナサン・ケイプに入社した直後のできごとだった。ヘミングウェイ作品の出版社の一員になったことで、わたしは一種独特の満足感を味わっていた。ヘミングウェイに会ったのはたった一度だけで、それも出版にたずさわる前のことだった。マラガ〔スペイン南部〕の闘牛場でばったり出会ったのだ。彼はケネス・タイナン〔演劇評論家〕といっしょで、タイナンは熱烈な闘牛ファンのようにふるまっていた。そして、気乗りがしないというそぶりを見せながら、ヘミングウェイにわたしを紹介してくれた。ほんのつかの間のことだったが、それでもやはり何かを感じた。

ヘミングウェイの死から一カ月ほど過ぎたころ、ジョナサン・ケイプの共同創設者ボブ・レン・ハワードに、来社していたヘミングウェイの未亡人マリーを紹介された。彼女とはかなり気が合いそうだと思ったのをおぼえている。つまり、自分で言うのも変だが、好感をもたれたような気がしたのだ。それから数日後、オフィスに来てもらいたい、とレン・ハワードに言われた。

彼はいかにも誇らしそうに、マリーは一目できみが気に入ったので、ヘミングウェイにとってもっとも大切だったアイダホの家に来てもらいたいそうだ、と言った。「パパ」が銃で自殺したときに書いていた原稿の整理をするので、手伝ってほしいとのことだった。おもにヘミングウェイがフランスに住んでいた若いころのことと、当時の友人たちについてのさまざまな文章やメモを整理し、一冊の本にまとめる予定だったのだ。友人たちの中には、作家のフォード・マックス・フォード、ジェイムズ・ジョイス、スコット・フィッツジェラルドもいた。もちろんこの巨匠たちも当時はまだ無名だったが。この仕事を割り当てられてどんなに胸を踊らせたか、ご想像いただけると思う。ケイプに入社して間もないときだったから、この仕事はなおさら特別なものになった。

一週間後、ヘミングウェイが暮していた田舎町アイダホ州ケチャムへ向かった。小さな飛行場に迎えに来てくれたマリーはステットソン社製の使い込まれたテンガロンハットをかぶり、スカーフを首に巻いていた。車は古い型式で、緑色のおんぼろのキャデラック・コンバーティブルだった。彼女の運転で西部劇から抜け出してきたような小さな町ケチャムを通り過ぎ、町からさほど遠くない牧場へ向かった。車中でわたしははじめてマリーをまじまじと見つめた。顔はすっかり日焼けし、皺もたくさんあるが、ものすごいエネルギーを感じた。ブロンドまじりの髪はショートだ。昔はかわいかったにちがいない。だが、若いときからずっと、今と同じように強靭な精神の持ち主だったのだろう。

牧場は四方を樹木がしげる丘に囲まれた窪地にあり、美しい場所だったが、日光はほとんど射し込まず、家は巨大な丸太小屋のような造りだった。これから六日間ここで過ごすのだ。あの自然環境が気に入ったとは言えないが、使命を果たすことにわくわくしていたので、そんなことはどうでもよかった。

大半の時間はヘミングウェイがトランクにつめこんだままになっていた雑誌や原稿の山にうもれて過ごした。彼がどんな本にするつもりだったのかを具体的に示すものは何もなかった。そのために、マリーとわたしの仕事はいっそうむずかしくなると同時に、いっそうやりがいのあるものになった。われわれの手で何を選ぶか決めなければならなかったからだ。一日目の朝からふたりで原稿などを読みはじめ、年代順になるように見当をつけながら整理していった。ひとつのできごとについて書かれたものが数種類見つかることもたびたびで、一番出来がいいと思われるものを選ぶという満ちたりた気分も味わった。狩猟会に招待された三日目だけは別にして、一日中、毎日作業を続けた。

パパのサファリ用の猟銃を使いなさい、とマリーに言われて仰天した。そして、化け物みたいなその猟銃を見てすごく緊張した。だが、獲物はヤマバトだということがわかり、ずっと気が楽になった。わたしの腕では、ヤマバトのような小さな小鳥を一羽でも撃ち落せる見込みはほとんどなかったからだ。それでも一、二発は撃った。空軍にいたときにはそこそこの腕だったじゃないか、と自分を励ましていた。だが、パパの猟銃は猛烈に重たかった。狩猟会はばかげた気晴しのようにも思えたが、わたしはこの「休日」を十二分に楽しんだ。翌日、胸がときめく発見があった。わたしが『移動祝祭日』の書きかけの原稿を、それもパパの手書きの原稿を見つけ出したのだ。これはすばらしい書名になると思ったし、マリーも同じ気持ちだった。すばらしい書名が決まったことが励みになり、作業はこの書名にふさわしい本を生み出す仕事に変わった。これは格調高い原稿だった。ヘミングウェイが一九二二年にカフェに座っていた娘について描写しはじめると、読者はすぐさまその場に運ばれ、当時パリにあったカフェにいるその娘を実際に見ている気分になる。すばらしい場面を描いた原稿はたくさんあったが、時間的に連続させ、ひとつにまとめるのは容易なことではなかった。ヘミングウェイの散文のあらがいがたい魅力についてはよく語られているが、『移動祝祭日』にはその好例が盛りだくさんだ。

毎晩、うまくもまずくもないステーキを食べたことを思い出す。ずっと二人きりだったが、どんな話をしたのかおぼえていない。おぼえているのは、マリーを楽しませようと全力をつくしたことと、それが簡単ではなかったことだけだ。もちろん当然なのだが、マリーはふさぎこんでいるようだった。ある晩、われわれはヘミングウェイの主治医の家に招かれた。彼はヘミングウェイの友人たちとカナダへ野生のヤギを撃ちに行き、帰ってきたばかりだった。夕食に出された風味のある野生のヤギの肉はシカの肉に似ていた。それまでにも狩猟の獲物を食べたことはあったが、あれほどえもいわれぬ風味の肉を食べたことはなかった。

彼らがヘミングウェイが参加していない狩猟旅行に出かけたのは、そのときがはじめてだった。一行のリーダー役をつとめた主治医はとても体格がよく、たくましい人物だった。長年のつき合いのうちに彼はヘミングウェイの親友になり、たびたびいっしょに狩猟に出かけるようになったということだった。偉大な男の死に続く服喪期間が明けてからずいぶん日数がたっていたこともあって、あの晩は楽しかった。必然的に話題はヘミングウェイにまつわる逸話ばかりだった。あの医者の家で、マリーは誰よりも夕食のワインを楽しんでいた。彼女は自宅ではウィスキーしか飲まなかった。いつも夕食の二時間前くらいから飲みはじめ、食事のあいだも飲みつづけて、夜へとなだれ込む。毎晩、少なくともボトルを一本はあけていたにちがいない。もちろんかならず酔っぱらってしまう。確信はないが、彼女はわたしとベッドに入りたかったのだろう。欲望を感じてというより、自暴自棄になっているせいだと理解していたが。ロンドンで会ったときの彼女はみじめなようすだったが、今は深い悲しみにくれ、孤独にうちのめされていた。ヘミングウェイの死が残していった心の空洞は自宅にいるときのほうが格段に大きく、痛みをともなうほどつらい思いをしているのはあきらかだった。

最後の一日を明日にひかえた夜、マリーが不意に家の戸口へ続くポーチを指さした。ささやかなあの狩猟会で使わせてもらったパパのサファリ用の猟銃が置いてある場所だ。「パパはあそこで、自分に向かって引き金を引いたの」とマリーが言った。思わず身震いしてしまったが、それまでずっと、このポーチで何か不吉なことが起こったのだと直感的に感じていたことを、実感として了解した。牧場に来てから正面玄関から家に入ったことは一度もなかった。マリーはこのポーチから出入りすることを意識的に避けていた。

ようやく仕事が完了したのは、わたしが出発する日のまさに前の晩だった。その夜、マリーは原稿を包みにして、長年ヘミングウェイ作品を出版してきたスクリブナー社へ届けてほしいと言った。名高いマクスウェル・パーキンズ〔編集者・出版人〕の死後、あとを引きついでヘミングウェイ担当の編集者になったハリー・ブラグという人物に手渡してほしいとのことだった。ブラグのことはいくらか知っていたが、今回の冒険的な仕事の編集にわたしがかかわっていることを彼が知っているのかどうかはまったくわからなかった。知っているとすれば、まったく気に入らないと思っているはずだ。自負心の強い男だし、かすかにでも感づいていないはずはないだろう。わたしはブラグにじかに手渡すとマリーに約束したし、そうするつもりだった。だが、五番街を歩いてスクリブナー社の前まで来たときにはなんともばつの悪い気分になっていて、原稿を持ってビルに入って行くことができなくなってしまった。そこで、包みにハリー・ブラグ様と宛名を書いて、受付係にあずけた。

　これは四十年前のできごとだ。あれからわたしは『移動祝祭日』を何度も読みかえした。深いかかわりがあるので、たぶん思い込みもあるだろうが、この作品は小さな傑作だと思う。考えられるかぎりでは、この本ほど何かを喚起させる作品はない。ヘミングウェイは、良いものを書くには真実を書きさえすればいい、と信じていた。『移動祝祭日』にはまさに彼の信条が完璧に反映されている。取り上げられているのはヘミングウェイの生涯のわずか数年間のできごとだけだが、この作品には彼のさまざまな人生経験が描かれている。

I

昔の日々

わたしは一九三三年にベルリンで生まれた。父は書籍の巡回販売員で、わたしが生まれてから三日目にようやく姿を現した。外回りの仕事がうまくいっていたにちがいない。一九三八年にわれわれはベルリンからウィーンに引っ越した。あとになってから、この引っ越しは重大な判断の誤りだったことがわかった。引っ越してすぐにヒトラーがオーストリアに侵攻したからだ。わたしには気に入らない時代で、自分なりのやりかたで不平不満を表明した。たとえば、朝、家中で自分が一番に起きたことを確認してから、玄関のドアマットの上に散らばっている父宛ての手紙をひろい集め、自分のベッドのマットレスの下に隠すのだ。これは数週間やった。疑われないように、普通とはちがう手紙はそのままにしておくくらい用心深くやった。当然のことながら、マットレスがひっくり返されて、隠しておいた手紙が見つかってしまったときには、父は逆上した。

オーストリアがナチスドイツに併合されたまさに翌日、ウィーンのオフィスのドアを開けた父に向かって、全部で五人いるスタッフがいっせいに「ハイル・ヒトラー」と言いながらナチス・

スタイルの敬礼をした。それから間もなく、父を逮捕するために二人の将校がわが家にやってきた。父は三つの罪を犯していた。つまり、ユダヤ人で、社会主義者で、出版にたずさわっていたことだ。そのとき、幸いなことに父はまた出張していた。父がいないとわかると、将校たちは父の貴重な初版本のコレクションもふくめて、一切合財、丸ごとわが家を押収した。父はトーマス・マンやヘルマン・ヘッセといった重鎮作家の手紙をもっていたし、画家には特別な思い入れがあったので、ファン・ゴッホやセザンヌの手紙も数通もっていた。母リタが小さなスーツケースに衣類を詰めたのをおぼえている。わたしは小さいリュックサックにとくに愛着があるものを入れた。将校の一人が手招きして、お父さんの書斎から何かひとつだけ持って行きなさい、と言った。わたしは、一方が赤で、もう一方が青の、長くて太い鉛筆を選んだ。

回り道をしながらイングランドへ向かい、数カ月後に父も同じルートをたどった。母とわたしはオランダからスウェーデンに向かう最後の船をつかまえたが、もともとの目的地だったニューヨークへの最終便には乗りそこねてしまい、そのためにイングランドにたどり着いたのだ。こんなことがなかったら、わたしはアメリカ人の少年になり、アメリカ人の出版人になっていたかもしれない。四人の祖父母はドイツに留まり、あとになってからそのうちの三人の行方を突きとめた。三人とも強制収容所のガス室で殺されていた。

最初、母のきょうだいでロンドンに住んでいた医者のアルフォンスおじのもとに身を寄せた。戦争は続き、子どもたちは移動可能なときをねらって疎開していた。母が偶然、ヘンリー＝オン＝テムズ近郊にある大きな田舎の邸宅で「女性コック」をさがしているという求人広告を見つけた。この仕事には必然的にデ・サリス一家のために働くこともふくまれていた。専制君主のレディー・デ・サリスは関節炎をわずらっていて、毎朝タイルの床を鳴らしながら台所にやってくる二本の杖の音が聞えた。それまで誰かのために働いたことなど一度もなかった母をいじめるのが楽しくてたまらないようだった。デ・サリス一家の邸宅があったのはクレイジーズヒルという小さな村だった。母とわたしは馬車置き場で寝起きしていた。

六歳になり、ロバート・ピゴット上級小学校という地元の村の学校へ通うことになった。母の雇主はこの学校のことを「ストリートキッズの学校」と呼んでいた。デ・サリスに、孫たちと遊んではいけない、と言われてもそれほど驚かなかった。仕返しに、温室で栽培されていた貴重なネクタリンをときどき盗んだ。もっと大胆に、木製の救命ボートも盗んだ。母屋の玄関広間に、これ見よがしに飾ってあった巨大なガレオン船のデッキに並んでいたボートだ。救命ボートはマストをはさんで二列に並んでいた。わたしはまず一方の端の対になっている二艘を盗んだ。それから、言うなればものごとのつり合いをとるために、反対側の端の二艘を盗んだ。そしてさらに同じことをした。両側からまた二艘ずつ盗んだのだ。ここまでくると展示物としてはいかにもおそまつな感じになってしまったので、大事をとって残りも全部盗んでしまった。

学校は陰気な石造りだった。バスに乗れるだけの経済的な余裕がなかったので、毎日、徒歩で往復した。片道一時間くらいかかった。そのうちに地元の人たちと知り合いになり、顔を合わせるたびに機嫌よくあいさつするようになった。生垣にいるたくさんの小鳥のこともわかるようになった。とくに卵を産んでヒナを育てる春には、生垣にはたくさんの小鳥がいた。小鳥のおかげで徒歩通学はすばらしい冒険になった。小鳥の卵はびっくりするほどきれいで、魅力的だったが、絶対に手は出さなかった。ズアオアトリ、クロウタドリ、スズメ、コマドリ、ミソサザイなどなど、ほかにもたくさんの小鳥を見分けることができるようになった。いつまでもたどり着けないような気分になったり、退屈だったこともあったが、徒歩通学はこわくて嫌だと思ったことは一度もなかった。

学校ではもの珍しがられ、子どもたちはわたしのことをどう理解したらいいのかわからずにいたが、すぐに数人の遊び友だちができた。六十年も前のことだが、今でも名前をおぼえている子が何人かいる。ひょろっとしたアン・ストリンガー。気が強くて、ちょっとガキ大将みたいなところがあったちびのエリック・ウェッブ。そして、わたしがひそかに好意をよせていたかわいい女の子のローズマリー・ライドアウト。アンの両親は八百屋で、ローズマリーの父親は自動車整備工場を経営していた。二十年ほど前に子どもたちを連れてワーグレイヴへ行ったのだが、ライドアウトの自動車整備工場も、ストリンガー青果店も健在で、言葉にならないほど安心した。名乗り出ようかと思ったが、がっかりさせられるのがこわくてそのまま通りすぎてしまった。

遊び友だちとはいろいろなことをしたが、一番わくわくしたのは「スクランピング」だった。「スクランピング」というのは田舎言葉で、リンゴを盗むことだ。村を出たところに果樹園のある裕福な家が何軒かあり、みんなで戦利品を地元の人びとに売って、売上金は仲間うちで公平に分けた。クレイジーズヒルの家に帰り、稼いだ金を母に渡したときのことをはっきりおぼえている。金額としてはわずかな貢献でしかなかったが、生活費を稼ぐ人になったようで誇らしい気分だった。

金を稼ぐもうひとつの手段は、近くのアメリカ軍基地でぶらぶら過ごすことだった。「ねえ、ガム持ってない？」と言って兵隊の気を引くと、チューインガムの大きなパックや、マーマレードの缶詰がもらえた。とくにマーマレードはなかなか価値がある転売品だった。アメリカ軍基地で「母さんがお茶をいれるから、うちへ来ない？」と言って（わたしがたった九歳だったことを忘れないでいただきたい）、かつて御者が住んでいた小屋へ一人か二人の兵隊を招待したこともある。もちろん、わたしは一番こざっぱりとした格好をした。フレッドという兵隊がいて、母がかなり気に入っているみたいだったからだ。まちがいなかった。母はその兵隊といっしょにヘンリー＝オン＝テムズの近くにある映画館へ出かけて行った。当時、父はロンドンにいて、ボランティアで空襲監視人の仕事をしていた。終戦になり、高収入の仕事につける日を心待ちにしながら、父は週末になるとたいていクレイジーズヒルにやってきた。

戦争が終ったとき、わが家のトランクがひとつ、オランダはロッテルダムの鉄道線路の待避線に置いてあったことがわかり、父を仰天させた。あきらかに一九三九年からずっとその場にあったのだ。ところで、このトランクにはわたしのテディーベアが入っていた。トランクが見つかるまでの数年間、「すごく大きい」ぬいぐるみとして、わたしはこのテディーベアのことをしょっちゅう思い浮かべていた。記憶にあるテディーベアは少なくとも六十センチくらいの大きさだったのだが、ようやくロンドンに到着した問題のトランクから出てきたのは、並の大きさの二十センチくらいのクマだった。テディーベアと離れ離れになった五歳のときにはすごく大きいと思っていた、というのは十分理解できることだ。

イングランドで暮しはじめたころはわりと満足できる生活だったが、戦争が長期化するにつれてほとんどの召使いがいなくなってしまったので、母の仕事はどんどん増えていき、コックだけでなく、給仕係も、執事も、配膳係も兼任するようになって、ついには日雇い掃除婦の仕事までしなければならなくなった。わたしは村の学校に四年間通ってから奨学金をもらい、レイトンパーク校という、レディングの近くにあるクエーカー教徒のための二流のパブリックスクールに進学することになった。残念なことに、奨学金では賄いつきの下宿代は払いきれなかったので、二年間で六つの家族のやっかいになった。どの家族も、その家の男の子もとても親切だったが、一年間に三つの家を渡り歩くというのは気が重い体験だった。ぼくは難民生活を送る運命にあるらしい、と思ったものだ。

学校と旅行

レイトンパーク校へ行く前に、フランスで過ごした幕間があった。母の考えでは、わたしは「きちんと」フランス語を学ぶべきで、となるとフランスでフランス語を身につけなければならないことになる。この目標を首尾よく達成するために母が望んだのは、英語をまったくしゃべらないフランス人とひと夏過ごさせることだった。わたしはちょうど十二歳で、母にはちょうどいい年齢だと思えたのだ。わたしをあずけるのにふさわしい家族の心当たりがなかったので、母は自分で見つけようと決意した。そこでわたしを連れてブルターニュ地方へ行き、北部海岸のロスコフという漁村を選んだ。村に着くと母はその足で大通りをめざし、見込みがありそうな家の玄関ドアを片っぱしからノックしはじめた。母はあっさり、「夏のあいだ、この子に食事とベッドを与えてやっていただけませんか。費用はお支払いします。ご了解いただけるのなら、このままこの子を置いていきます」と言った。フランス人から見るといささか気取ったものの言いかただったようで、まちがいなくそのために、何軒もの家で断られた。わたしがだんだん気まずくなってきたころ、あの界隈では一番堂々とした家で幸運にめぐりあった。そこがたまたまロスコフの村長の家だったのは、おまけの景品だった。村長には息子が二人と、とてもかわいい娘が一人いて、三人ともわたしと同年代だった。

ロスコフで過ごしていたあいだに母から電話があったのはたった一度だけで、手紙は二度もらっただけだった。これもまちがいなく母の流儀だった。二度目の手紙には、わたしが帰国するときの手順についてしか書かれていなかった。母はロスコフまでつき添って行くのは大切なことだと考えてはいたが、帰るときに迎えに行くのは過保護もいいところだし、十二歳にもなってイングランドに帰る道を見つけられないはずはない、と考えていたのだ。もちろん母は正しかった。そして、わたしがフランス語に苦労しなくなるはずだ、と思ったことについても正しかった。

帰国した日から一週間後にレイトンパーク校の新学期がはじまった。成績はかなりよかった。学校側にしてみれば、たぶん成績よりも重要だったのは、わたしがテニスでチャンピオンになり、スカッシュでもチャンピオンになったことだったろう。だが、わたしの意欲をなによりもそそった競技会はスピーチコンテストだった。レイトンパークのスピーチコンテストは二部門に分けられていて、準備なしのスピーチ部門では、たとえば「マンガ」というテーマを与えられると、パチンコで撃たれる前にすぐさまステージに上がって全校生徒と教職員の前に立ち、三分間のスピーチをする。準備なしの部門よりはるかに高く評価されていたのが、もうひとつの準備ありのスピーチ部門だった。この部門では、上級生と保護者の前で十分間のスピーチをする三人の最終候補者名が発表される。わたしはなんとか決勝までいったが、優勝はのがした。スピーチコンテストのときは、両親はかならず学校へやって来た。二人とも応援するつもりで来るのだが、母が突飛な服を着てくるのではないかと気が気ではなかったし、お茶の時間に先生たちを手きびしく詰問する父の態度にはいつもうとましさをおぼえたものだ。

とくに魅力的だったコンテストがもうひとつあった。「旅行奨学金」を獲得するためのコンテストだ。出場者は目的地を選んだ理由を書いて提出することになっていた。わたしがエントリーしたのは、イスラエルへ行きたい、イスラエル国内を旅行したい、と熱望していたからだ。なによりもしばらくキブツで働いてみたくてたまらなかった。

このコンテストには優勝したのだが、優勝者発表のときに校長が、優勝者は「計画を実行しなければなりません」と明言して、わたしの勝利に但し書きをつけた。賞金は百ポンドで、コンテストにエントリーするにはこの金額で達成可能な旅行計画を立てることが条件だった。校長の言葉に、怒りと決意が交じり合った気分でいっぱいになった。ヒッチハイクでマルセイユまで行き、そこで「働いて船賃をかせぎ」（ふつうは皿洗いをするという意味だ）、船でハイファ〔イスラエル北西部の港町〕へ行く、と応募書にはっきり書いておいたのだから。わたしは十六歳で、大問題になったのは、どうやってそのような仕事を見つけるつもりなのかということだった。見つけられる自信はあったが、証明しなければだめだと言われた。そこで、イスラエルのベン＝グリオン首相に手紙を書いて窮状を説明し、力を貸していただけませんか、とたのんだ。首相は力になってくれるはずだと確信していた。まったく疑っていなかった。首相は、わたしの手紙を運輸通信省へ回した、という返事をくれた。そこからの航海は楽だった。運輸通信省からの指示どおりに、マルセイユにあるイスラエル・カドマ・ラインという船舶会社のオフィスに六月下旬の日付を知らせて、その翌日に乗船する準備をした。

このイスラエル旅行でなによりも満足感を味わったのは、キブツでの肉体労働だった。ありとあらゆる職業をもつ男女といっしょに働く喜びも味わった。気がついたらハイデルベルク大学の哲学教授と並んで家畜の糞をすくっていた、などということもちっとも珍しくなかった。もちろんこういうことは、イスラエルのような新たに生まれた理想的な国でしか起こり得ない。

イスラエルから帰国して二カ月後に学校へもどると、将来について話し合いたい、と校長に言われた。大学に進学したいです、と答えた。オックスフォードかケンブリッジに。きみの脳みそではどちらも無理だね、というのが校長の答えで、そう言われて決心した。そして無我夢中で勉強し、オックスフォード大学セントエドマンドホールのPPE〔哲学・政治学・経済学コース〕の学籍を与えられたが、それから二、三週間して、やはり英文学のほうがいいと思った。するとセントエドマンドホールの学長から、一度わたしのところへ来たらどうだね、と言われた。学長室へ行くと、彼は目の前にわたしに関する書類を残らず広げていた。「きみはテニスのチャンピオンだったんだね。ふうむ、スカッシュもチャンピオンだったのか」と学長。「失礼ですが、何か関係があることなんですか？」とたずねた。「なるほど、成績の評価はあまりよくないねえ。きみはPPEコースに留まるべきだな」と学長が言った。「テニスとスカッシュのチャンピオンだったから学籍を与えたとおっしゃるんですか？」と聞き返した。それから数日後に学長に宛てて、あなたには感謝していますが、もうオックスフォードに入学するつもりはありません、という内容の手紙を書いた。今までずっと仕事をしてきて、大学にいったのかどうかと聞かれたことが一度たりともないのは驚きだ。当然大学へいったのだと誰もが頭から決めてかかっている。

わたしは大学へはいかず、オックスフォードで過ごすはずだった三年間を利用してあちこち旅行し、スペイン語とイタリア語の勉強をすることにした。しかし、何よりも先にひとつの夢をかなえたかった。ヒッチハイクで合衆国中を回るという夢だ。ふり返ってみると、どうして達成できたのかよくわからない。入国したときには五ポンド（当時の十三ドル）しか手元になかったのに、アメリカ中を旅行したのだから。許可をもらわずに働くのは違法だったのだが、そんなことは気にしないで、いろいろなはんぱ仕事をした。もっとも印象的だったのはサンペドロ島（ロサンゼルスの沖合いにある島）の缶詰工場でマグロを解体する仕事だった。巨大な桶で茹《ゆ》でたマグロの皮をすごく長くて鋭いナイフで剝《は》ぐのだ。猛烈な悪臭がたちこめていた。白人はわたし一人で、あとはほとんどプエルトリコ人ばかりだった。シカゴでは道路工事もやったが、夏の猛暑の中での喉の渇く臨時仕事だった。この体験が忘れられないのは、二日目の終りに、ビールを一杯やろうぜ、とボスに誘われたからだ。おれより酒が強いイギリス人にはお目にかかったことがないんでね、と彼は言ってのけた。もちろんこれは挑戦だと思って、彼に合わせて缶ビールをかなりたくさん飲んだ。帰り道で吐いて歩道にのびてしまい、壁に頭をあずけたまま眠り込んでしまった。

道路の脇に立っているとみんながもの珍しそうにわたしを見たが、誰もが驚くほど親切で、ほとんどいつもすぐに車に乗せてもらえた。炎天下で八時間も車が止まってくれるのを待っていたことがあったときだけは例外だったが。ついにあきらめ、十キロ近く歩いてようやくたどり着いたガソリンスタンドで、誰も止まってくれなかった理由を知った。わたしが立っていたあたりで殺人事件があったのだ。

テキサスではトラックの運転手がわたしの顔を見ながら、「イギリスじゃ、あんたら何語をしゃべるんだい?」と聞いてきた。わたしが話している英語は母国語で、わたしとしては米語を話すほうがどちらかといえば大変なのだ、ということをわかってもらうまでさんざん苦労した。

浮浪罪で逮捕されたことも何回かあった。金額は州によってちがうが、最低で十ドルから二十ドルの金をもたずに旅行をするのは違法だったのだ。留置所にぶちこまれるどころかシェリフの家に泊めてもらったことや、シェリフの家族に夕食をごちそうになったことも一度ならずあった。

この旅行で高得点をつけたのはラスヴェガス、ニューオーリンズ、グランドキャニオンだった。どんな場所とも本質的に異なるこうした並外れた場所に行かれることは、ほとんど一文無しの人間のすばらしい特権だ。しかし、もっとも輝かしい思い出は、アメリカという広大で変化に富んだ国をヒッチハイクしたからこそ味わえた、自由と興奮という無比の感覚だろう。

ニューヨークにもどってきたときには、出発したときよりほんの少しだけ多額の金が手元にあったが、イングランドへ帰る一番安い切符を買うことなどとうてい不可能だった。そこで、ニューヨーク・タイムズ社へ行ってみた。知り合いは一人もいなかったし、わたしがどういう人間なのかを証明してくれる唯一のものは、ロサンゼルス・タイムズ紙に写真入りで掲載されたわたしの冒険についての記事だけだった。編集部に行ってその記事を見せ、記事を書かせてほしいと編集者にたのんだ。ニューヨーク・タイムズ紙はその記事を気前よく掲載してくれ、道路に立って車を止めようとしている姿を描いたマンガも添えてくれた。原稿料も申し分なかった。記事が掲載されたのは五十年以上も前のことだが、今でもコピーを持っている。

イングランドに帰ってからはせっせと金を稼いだ。一番もうかったのはグローバルという旅行会社の仕事で、バスでヨーロッパを周遊するツアーの添乗員をやったときだ。三十六人のお客を案内したこともあったが、一行の大半はアメリカ人だった。給料もよかったし、チップも高額だった。創造力を発揮すればするほどチップも増えた。わたしは非常に創意に富んでいた。ヴェネツィアに泊まったある夜、いつものようにゴンドラツアーを計画したが、お客をゴンドラに乗せるだけでは利益にはならないので、その夜は音楽にちょっとした工夫をした。バンドを雇って同行させると莫大な費用がかかる。そんなことに夢中になれるのはごく一部の大金持ちのハネムーンカップルくらいなものだ。そこで、ゴンドラの船頭にチップを渡し、「自分たちだけの」ミュージシャンを雇ったカップルのゴンドラのあとをついていくように指示した。お客たちは何艘かのゴンドラに分乗し、コンドラは一列になってミュージシャンが乗っているゴンドラのあとをついていくことになる。こういう特典つきなので、お客には一人二ポンドの追加料金を請求したが、もちろん音楽代はかからない。船頭に渡した十ポンドのチップ（なんという気前のよさだ）は別にして、わたしは一晩で六十二ポンドももうけた。そして、もちろんあのハネムーンカップル以外の全員が楽しい思いをした。

添乗員の仕事はきわめて過酷だったが、大金を稼いだ。ロンドンのプリムローズヒルのふもとのチャルコット・クレッセントに最初の家を買い、さらにもう一軒買えるほどの金額だった。

それから国民兵役義務を果たした。何か役に立つことが学べるだろうと思ったので、空軍の一部隊であるロシア部隊を選んだ。訓練がはじまる前に三カ月間の「軍事教練」があるとは思ってもいなかった。この軍事教練はロシア語を学ぶこととはまったく関係のないしろもので、一日中塹壕を掘りつづけて、翌日それを埋めもどすようなばかばかしい娯楽に参加させられた。仲間たちはそんなことをやらされても平気だったが、わたしは耐えられなかった。しばらくして、酔っぱらった将校の閲兵があった。怒り心頭に発してわたしはハンガーストライキを決行し、三週間、水は飲んだが、パンの耳のかけらさえ食べなかった。ストライキをしているあいだはすばらしく平穏な気分だった。そして、最高におだやかな口調で、これ以上空軍で時間を無駄にするつもりはありません、と宣言した。ほかの兵士たちがランチを食べていたとき、ひとりの軍曹が仮兵舎にやってきて、わたしに向かってぎゃあぎゃあわめき散らしたことを思い出す。わたしはじつに

チャルコット・クレッセントのわが家で読書

おだやかに、そしてていねいに、わめかないでいただきたい、と言った。軍曹は言葉に詰まってしまい、野営地の長官に助けを求めた。この人物はわたしを軍の病院に搬送すると宣言した。三十分もしないうちに救急車がやってきて、連れて行かれたところはあきらかに精神病者の保護施設だった。あとで言われたのだが、そこに入るとき、わたしはいささか古典的なことを言ったようだ。「どうしてこんなところに連れてきたんです？　ぼくは狂ってなんかいませんよ」

わたしの心の状態がどうあれ、収容者たちの大半が本物の狂気の人であることはあきらかだった。かなりの人が自分はキリストだと思っているらしかった。狂っている人びとに囲まれた生活は不思議なことに魅力的で、完璧な自由を味わった。当番兵に食べたくないものがのっている皿を渡されたら、投げ返せばいいだけなのだ。ほかの人たちと比べても、わたしの言動は典型的だった。

正直に言うと、非常に重要なあることが有利に働いた。わたしがクエーカー教徒のための学校に通っていたことだ。将校たちは大半のクエーカー教徒が良心的兵役拒否者であることを知っていたし、もちろん良心的兵役拒否者は戦闘に参加することを免除されている。だから、クエーカー教徒の教育は受けたが良心的兵役拒否者ではない、と公言したことが最高の名誉にあたいすることと見なされたのだ。たった三週間で退院が決まったのもそのためではないかと思う。退院が決まっただけでなく、国民兵役義務には「身体的に不適切」と明記されている書類までもらった。空軍に入隊するとき、身体的にはＡ１と断言されていたので、この公文書は変だと思った。そこで、たぶん「精神的に不適切」としたほうが適切なのではありませんか、と言ってみた。すると、市民生活にもどってから職さがしに苦労してほしくないから、精神に問題があることについては意図的に一切触れないことにしたのだと言われ、びっくり仰天してしまった。

母リタ

両親の結婚生活はわたしが十五歳のときまで続いた。その時点で、母は聖職を剝奪されたフランス人司祭ジュリアンと恋に落ちたのだ。彼はわたしよりほんの数歳年上で、きみはぼくのことをステップと呼ぶべきだね、と冗談めかして言った〔「ステップ」は「継父」の「継」の意〕。生計を立てるために彼はフランス語を教えていたが、自分はもの書きなのだと思っていて、何を書いているのかと聞かれると、きまって警句《アフォリズム》や格言の作家なのだと答えていた。文字だけの表現形式としては、たしかにとりたてて自慢できることでも何でもない。

母とジュリアンはハムステッドのロスリンヒルにある二部屋のアパートに住んでいた。経済的な余裕はなく、どうしても田舎のコテージを買うことができなかったので、かなり進取的だとは思うが、フランスで釣船を買った。船はブルターニュ半島のコンカルノーという町の港に係留されていて、エンジンはとっくの昔に売り払われていた。値段はたったの百ポンドだった。わたしも休みのときに何度か訪ねて行き、リタとステップと過ごした。船体にへばりついているムラサキイガイをしょっちゅう食べた。船のまわりを泳いで、ムラサキイガイをこそげ取ってバケツに集めるのがわたしの仕事だった。波止場の奥にはとびきりうまいパン屋があり、そのとなりの店でリンゴ酒を計り売りしていた。ムラサキイガイを採って、このパンとリンゴ酒を買ってくれば、ほとんど金をかけずにすばらしい食事ができた。

船の作りつけのベッドはおそろしく寝心地が悪かったが、ジュリアンが妙案を思いつき、近くの自転車屋を言いくるめて、古くなったタイヤのチューブをもらってきた。そして、スプリング代りに、半分に切ったチューブを交差させてベッドにクギで打ちつけてくれた。

およそ七年後の一九五六年に母はジュリアンと別れたが、あれほどとげとげしさが感じられなかった離婚はないと思う。わたしは母に、自分が以前住んでいた、馬屋を改造したミューと呼ばれる住居を提供した。ベルサイズ・コート・ガレージというミューだ。ときどき板張り壁の屋根裏部屋に泊まりにいくと、リタはベッドまで朝食を運んでくれた。ガールフレンドを連れて行くといっそう喜んだ。ミューがとても気に入っていた母は、亡くなる直前までそこで暮した。彼女が好きになるのはつねに年下の(それもかなり年下の)男性で、「リタにまつわる逸話」はたくさんあるが、六十代後半だったときの逸話もわたしのお気に入りだ。ある日、彼女がわたしの義母に、ピルを飲んでいるのだ、と打ち明けた。義母は「リタったら、ばかなことはおやめなさいよ」と言った。そこで母は答えた。「でも、先のことはわからないじゃないの」

毎年冬になると、母はきまって車の屋根にスキーを乗せ、スキーができるチャンスは絶対に逃さなかった。スポーツならなんでも熱烈に好きで、わたしは六歳のときから母に、テニスと、卓球と、アイススケートと、スキーを教わった。彼女が車でスコットランドへ行って、南部へもどってくるときのことだ。早朝に出発し、まだ薄暗かったこともあって高速道路の側溝に脱輪し、けがはなかったものの車はポンコツになってしまった。当然、これは法的に「危険運転」とされ、裁判になった。判事は母に「ミセス・マスロン、あなたは運転が得意ではありませんね」と言った。リタは自信たっぷりな口調で、とんでもない、と答えた。そのときはいつもよりずっと調子がよかったんです、と明言した。だから夜通し走ることにしたんです。そして、実際、ハンドルを握ったまま眠ってしまったという事実を持ち出して、運転がへただなんて言われる筋合いはありません。やりとりの結果、有罪判決は下されなかった。あきらかに判事は、リタが大まじめだったことに気づいたのだ。

母がベルサイズ・コート・ガレージの台所に、幅が六十センチくらいで高さが十五センチくらいの小さな電気ストーブを据えつけていたのを思い出す。このストーブで母は数えきれないほど料理をし、ときどきパーティを開いて、四十人から五十人もの客を夕食に招待した。ほとんど奇跡に近い手際のよさだった。階下にガレージがふたつあり、一方にはフルサイズの卓球台が置いてあったので、いつでも卓球ができた。まず最初に母はわたしとプレーし、それからわたしの子どものハンナやアリスやベンとプレーしたものだ。三人とも彼女の教え子なのだ。八十代半ばになってついに視力を失いはじめ、やがてほとんど目が見えなくなったが、それでも彼女は卓球を止めなかった。そして、あっけにとられながらも、得意満面で勝ち越し点をあげたものだった。

リタはあのミューで幸せな三十年を過ごし、八十八歳のときにくり返し鍵をなくすようになって、さらに階段の勾配もきつすぎるようになった。老人ホームで暮すほうがいいと思ったが、どうすればその気にさせることができるのかわからなかった。それでもなんとか言いくるめて、ついに田舎のホテルに行くのだと思い込ませた。リサは機嫌よく受け入れてくれた。彼女が老人ホームで親しくなった三人の入居者に、あなたがたもベルサイズ・コート・ガレージに行ってみたらいいのに、と言ったときはちょっとぎくりとした。リタの家具はまったく動かさずに、娘のアリスがすでにミューに越していたので、自分の家が変なエイリアンに占領されてしまったことがばれてしまうかもしれないと不安にかられたのだ。幸いなことに母は気を変えてくれ、三人の入居者はミューを見に来なかった。そうこうするうちに、彼女ははるかにわくわくする計画を立てた。入居者のうちの七人が歩行補助器を使っているという事実を完全に無視して、スキー・パーティを開くために大勢の参加希望者をつのったのだ。

リタは九十一歳で、わたしはフランスから帰国した直後だった。オフィスに着いて五分もしないうちに息子のベンから電話があり、リタが入院したと言った。午後の二時だった。ただちにハムステッド総合病院に向かった。病院に行くと、わたしの三人の子どもたちが顔をそろえていた。三人とも遠くからやってきたのだ。だが、われわれ全員といっしょにいられる日を選んだのはいかにもリタらしい、と思った。われわれはかわるがわるベッドの横に座った。まだかすかに意識があった。そして、午後の十一時に息をひきとった。

父

わたしの物語では父は重要な役割をはたしている。父は出版にたずさわっていたからだ。ドイツでは本のセールスマンとして最初に小さい出版社を買い、それからもうひとつの出版社を買うだけの金を稼いだ。このふたつの出版社はそれぞれアクセル・ユンカー・ファーラークとウィリアムズ・ファーラークといい、アクセル・ユンカーは辞書を出版し、ウィリアムズは文芸書の出版社だった。花形作家はエーリヒ・ケストナーで、図書目録にはもう二人重要な作家がいた。カレル・チャペックとクルト・トゥホルスキーだ。ヒトラーが政権の座についたので、父はウィリアムズ・ファーラークに代わるものとしてスイスにアトリウム・ファーラークを創設し、出版活動の場をこの新しい出版社に移した。スイスを拠点に父は自分が出版した本を販売しつづけたが、どの本もドイツとオーストリアでは発禁だった。勇敢で、無謀とさえいえる行動だった。

ケストナーはドイツではおそらくもっとも人気がある作家だった。『エーミールと探偵たち』などの子どもの本の作家として知られていたが、おとな向きの作家でもあり、注目にあたいする『フェービアン』を書いていた。詩集も何冊かあり、驚くほどの部数が売れていた。途方もない偶然の一致なのだが、ジョナサン・ケイプの一員になってから、わたしはケイプが何年も前からイギリスでケストナー作品を出版していたことを知った。

わたしは子どものころに何度もケストナーに会っているが、彼が好きだったとは言えない。彼もわたしを好きだったのかどうか怪しいものだと思っている。ケストナーが父の生活をかき乱す重要な役割を演じているらしいことはわかっていた。父にとってケストナーはたんなる賞賛の対象ではなかった。心酔していたのだ。あまりにも激しい心酔ぶりに、彼を偶像視するようになっていく過程で傷ついてしまったのだ、と思ったほどだ。ケストナーはシャンパンしか飲まなかった。父に連れられてバーへ行ったことがあるのだが、父の著者であるケストナーは数本のシャンパンをからにした。もちろん支払いをしなければならないのは父で、禁欲的な人だったから、つらかったにちがいない。父は自分が飲むためにあまり高くないワインを一本買うことでさえ、とんでもない浪費だと考える人だった。場合によっては気前のいいところを見せることもあったが、ふだんはたいていケチだった。いつも一番安いイチゴをさがしてあちこちの店をのぞき、小さな木製のかご入りで、下の段が腐っているイチゴを買うはめになることがたびたびあったが、それでも二ペンス倹約できたことに満足していた。

父が金銭の出入りにとくに「用心深い」ことを知ったのは、アメリカをヒッチハイクしていたときに、ウィーン出身の父の古い友人を訪ねたからだった。そのときわたしはほとんど一文無しで、きみのお父さんから五千ドルあずかっているから、いくらか融通しようか、と言われたのだ。もちろん辞退したが、イングランドに帰ってから、あの金で何をするつもりなのか、とたずねると、「きびしい状況」にそなえてアメリカにあずけてあるのだ、と父は答えた。

わたしの二十一歳の誕生日に、父は免税店で買った二百本入りの紙巻タバコのカートンを一本くれた。だが、ケイプの株を買わないかという話があって、かなりまとまった金額の金が必要だったときには、ためらうことなく五千ポンドの小切手を切ってくれた。母とはちがって、父はつねに「実際的」だった。わたしが疲れた顔をしていると(二十歳を越えてからでさえ)、昨夜は何時にベッドに入ったんだ、と言い、わたしはいつも、二時だよ、と答えたものだった。本当のことを言うなんてばかみたいだと思ったからだった。そうすると父はかならず、夜中の十二時から二時まで何をやっていたんだ、十時から十二時までの二時間では同じようにうまくやれなかったのか、と言った。一週間以上電話をかけないと、まちがいなく父のほうからかけてきて、「大丈夫か?」とかなんとか言う。二週間連絡が途絶えると、わたしが死んだか、いやそれどころか父が死んだのかもしれないという事態になるのだ。関係がすっかり悪化してしまうと、きまってかなり長い手紙をよこした。返事を期待していたのだとすれば、わたしは父をがっかりさせた。

戦後になってケストナーとの関係が再開したが、親密さの度合いは以前ほどではなかった。父はイングランドで生計を立てる必要があったし、すばらしいアイディアもあった。低価格の美術書シリーズを出版して、市場の思いがけないすき間を埋めるというアイディアだった。一冊ごとにトゥールーズ=ロートレックやセザンヌなど、議論の余地のない「大家」を取り上げて図版を多く載せ、どの本にも一流の美術史家に序を書いてもらうのだ。父は外国人で、おまけに一文無しだったから、イギリス人のパートナーが必要だった。父の才能が発揮されるのはこういうときだった。父はイギリスの出版界について綿密な調査を行い、もっとも保守的で名だたる出版社に打診してみることにした。フェーバー・アンド・フェーバーだ。父とフェーバーとの出会いはF

AMAという会社の設立につながった。FAはフェーバーの、MAはマシュラーの頭文字だ。亡命者にとっては悪い話ではなかった。FAMAはのちに「フェーバー美術館」となる美術書シリーズを出版することになる。シリーズの総売上部数は軽く百万部を超えた。

フェーバーで父が担当したのはリチャード・デ・ラ・メアで、彼は高名な詩人ウォルター・デ・ラ・メアの息子だった。父はデ・ラ・メアとの関係を非常に誇りにしていたが、ひとつだけ心底いらいらさせられていることがあった。ことあるごとにデ・ラ・メアは、「田舎にあるわが家へ、ぜひおいでいただかなくては」と言うのだ。たぶん本気でそう言ったのだろうが、実際に父を招待するそぶりはまったくなかった。田舎にあるデ・ラ・メアの家に招待されたら、父は計り知れない満足感を味わったことだろう。まさしくイギリス紳士に受け入れられたことを意味するのだから。

父は副業としてクリスマスカード会社を創設した。おもなアーティストはチェコ人の画家ワルター・トリヤーで、イングランドでは『リリパット』の表紙を描いた人物として知られていた。トリヤーにケストナーの子ども向けの本のさし絵を描いてくれるよう依頼したのは父だったから、二人は周知のあいだがらだった。クリスマスカードの生産は簡単だったたし、もうけになった。カードを売るにはコツがいる。そこで父は母に（二人はずっと前に離婚していた）旅に出てもらうことにした。気がつくと母は、トランクにクリスマスカードをぎっしり詰め込んだ車で一年に八万キロも走行していた。ほとんどのお客は母が大好きだったが、中には母のことがものすごく嫌いで、彼女が店の正面から入って行くと奥に引っ込んで隠れてしまうお客もいた。

長年にわたって、父はつねに出版人の美徳をたたえていた。十代が終るころのわたしは、どんな職業を選ぶにしても絶対に出版関係の仕事はしないぞ、と思っていた。そこで、映画の仕事で腕をみがくためにローマへ行った。最終的に出版界で仕事をさがそうと決意したとき、父は非常に喜び、全面的にたよりにしてくれていいぞ、と言った。父がわたしの仕事につねに関心をもっていたことは認める。たとえばペンギンブックスの設立者アレン・レインのような、わたしが知り合いになった影響力のある人物の話を聞くのがとくに好きだった。だから、わたしがペンギンブックスを辞めてケイプに移ったときには頭がどうかしていると思い、「あんなに影響力があって、しかもおまえのことをよく考えてくれる人物なのに、よくも辞めるだなんて言えたものだな」と言った。わたしはケイプに入社して五年目の三十二歳で常務取締役になったが、正式発表がある前に父に話すと、「出版について、ケイプにはもっと経験を積んだ人間はいないのか」と言われた。だから、それから三年後に社長になったときには、何も言わないことにして自己防衛をはかった。数紙がわたしの社長就任を取り上げ、その記事を読んだ父が電話をかけてきた。父はひどく傷ついており、どうして教えてくれなかったんだ、と言った。そこで、話した。

ローマ

二十二歳のときの野望は映画監督になることだった。イタリアのネオ・レアリスモにあこがれを抱き、ローマへ向かって旅立った。一九五五年の秋のある日、列車はローマのテルミニ駅に到着した。ホテルの予約もしていなかったし、仕事があるわけでもなかった。紹介状さえ持っていなかった。とはいえ、目的の場所はある。スペイン階段だ。ローマのロマンティックな雰囲気を代表するのはスペイン階段だと思う。スペイン階段のすぐ近くの宿泊施設はばか高いはずなので、通りをぶらぶら歩いて行き、トンネルに突き当る直前で左へ曲がり、幅も狭く、地味で、あまり知られていない路地に入ってみた。わたしはついていた。賄いつきの下宿屋があって、賃貸料も手ごろな狭い二部屋つづきのアパートが空き室になっていたのだ。部屋は五階にあり、エレベーターはなかったから、たぶんそのために賃貸料が安かったのだろう。バルコニーの下は路地だ。完璧だった。興奮しながらすぐに入居し、ぶらぶらとスペイン階段にもどった。途中にタヴェルナ・マルグッタというレストランがあったが、偶然にもこのレストランは映画関係者が足しげく通う店で、値段もびっくりするほど安かった。

タヴェルナ・マルグッタとエクセルシオール・ホテルのバー（このバーも映画関係者のたまり場だったことがわかった）であこがれの二人に会った。フェリーニとデ・シーカだ。相手かまわず、どうすればチネチッタ（ローマ近郊にある映画撮影所）で働けるのか、とたずねて回った。チネチッタで働くのは不思議なほどむずかしいようだった。わたしは何度も、引き受けるにはじつにきつい仕事をする運命にみまわれたことがあるが、イタリアの映画界で働きたいという希望が完璧にくじかれたことには今でも当惑している。

ローマにいたいと思っている以上、仕事をしなければならなかった。海外在住のアメリカ人とイギリス人が独占的にやっている、言わずもがなの仕事がひとつあった。英語教師だ。メッサジェーロ紙には毎週、広告がたくさん掲載され、ハーバードや、イエールや、オックスフォードや、ケンブリッジの教授という肩書きの者も多かった。値引き競争はすさまじかった。わたしは相手の出鼻をくじくような策略を思いつき、これがあとでびっくりするような実を結んだ。新聞広告は例外なくイタリア語で書いてあったが、英語で書いたのだ。そして授業料もライバルより低くおさえるのではなく、一番高い者のおよそ三倍にした。大当たりだった。なんとか引き受けられる以上の生徒が集まったので、友人たちにかなりの人数を回してあげることができた。

海外で暮す人びとは誰でもアメリカンエキスプレス気付で郵便物を受け取っていたし、わたしもそうしていたので、ある日手紙を受け取りに行くと、黒いベレー帽をかぶった小柄でずんぐりした男がいた。手紙を握りしめ、手を震わせながら柱に寄りかかって涙で頬を濡らしている。思わずそばへ行き、なぐさめの言葉をかけた。彼は黙って湿ったエアメールを差し出した。

　彼はハロルド・ノースというアメリカ人の詩人だった。手渡してよこした手紙は、ニューヨークで開かれたディラン・トマスの誕生パーティに出席した親友からきたものだった。手紙によると、ずっと禁酒していたトマスが誕生日に激しい勢いでまた飲み始めてしまい、相当な量の酒を飲んだために、アルコールが脳細胞に達して昏睡状態におちいり、その後まもなく死んだということだった。この偶然の出会いで親友ができた。ハロルドとは一週間に少なくとも二、三度は顔を合わせるようになった。彼は大勢のアメリカ人作家と知り合いで、彼らの著書を貸してくれた。とくにアナイス・ニンの作品に心を奪われたことをおぼえている。当時、イングランドでは彼女はまだ知られておらず、作品も出版されていなかった。

　ハロルドにはいろいろなことを教わっただけでなく、ちょっとしたこともたのまれた。わたしがロンドンに帰ることになったとき、エージェントのパーン・ポリンジャー・アンド・ハイアム宛てに手紙を書いたので、ロンドンで投函してくれないか、と言うのだ。無理もないが、彼もイタリアの郵便制度を信用していなかった。イングランドにもどったわたしは、あずかった手紙を投函するより、エージェントのオフィスに行って郵便受けに入れてこようと思った。確実に相手に届けるためにはそのほうがいいと思ったのだ。エージェントといろいろなできごとを体験してきた今となっては、あれはばかばかしいほど見上げた行為だったと思う。だがあのときは、なんとも不思議なことに、とても重要なことだと思ったのだ。

　この本を執筆中のある日曜日に、アヴィニヨンの近くのリル・シュル・ラ・ソルグに出かけた。

この村では毎週骨董市が開かれていて、たまたま知人の骨董商が声をかけてきた。「アメリカ人の詩人の自伝を読んでいるんですが、あなたのことが書いてある一文を読んだところですよ」(彼は詩人の名前を思い出せなかった)。何の話をしているのかさっぱりわからなかったが、しばらくしてハロルド・ノースにまちがいないと思った。その後、その本が『ろくでなしの天使の思い出』で、最初にニューヨークで出版されたことがわかった。もちろん、あの骨董商はフランス語に翻訳されたものを読んでいたのだ。わたしはアメリカ版を手に入れた。以下はその本からの引用だ。

あの賄いつきの下宿屋で知り合いになったのは、トム・マシュラーという若いイギリス人だけだった。背が高く、浅黒い肌をしており、長くのばしたまっすぐな黒髪と、鋭敏で敏感な目が印象的な青年で、映画制作に興味をもっていた。知人のディラン・トマスやオーデンやイシャーウッドの話をすると、彼はたちまち感銘を受けた。無一文なのだと言うと、ドーナツとコーヒーが無料でもらえるところへ連れて行ってくれた。彼は英語の家庭教師をしていて、さばききれないほどの生徒を抱えていた。そして、かなりいい稼ぎになるからとわたしを安心させ、一人二人の生徒を回してくれた。おまけに、「一人につき千リラ払ってくれるよ」と言うのだ。すごく陽気で、やる気満々の十九歳だった。

さて、トムに生徒を回してもらったが、長続きはしなかった。別のことが起こり、わたしが生きのびることに一役買ってくれたのだ。そうこうしているうちに、トムは映画制作にちょっと手を出してみることをあきらめてロンドンに帰り、数年後の二十代半ばにイギリス出版界の「若き成功者」として頭角をあらわし、ジョナサン・ケイプのカリスマ編集者になった。彼はさまざまな一流誌に掲載されたインタビューで、自分が出版に興味をもったのはローマでわたしと出会ったためだと述べていた。わたしはすでに著書がある最初の作家として彼に出会い（飢えてはいたが、自著『海底山脈の下側』に署名をして彼に贈った）、文学界の名士たちの秘話を語ることで彼の想像力に火をつけ、気づかぬうちに彼を文学の世界にいざなっていたのだ。

そして、あのフランス人の骨董商との偶然の出会いも、わたしを五十年前のローマでの出会いに連れ戻してくれた。

パリ

はじめてパリへ行ったのは一九五〇年、十七歳のときだった。そしてあの街にたちまち恋をし、あれ以来ずっと恋をしたままだ。最初のころは、ジュリエット・グレコの歌を聴くために毎日セーヌ川左岸の地下クラブへ通った。彼女は大変な美人で、彼女が歌を歌うために選んだあのクラブには、ほかのどのクラブよりも親しみやすい雰囲気があった。当時、聴衆がさがし求めていたのはエディット・ピアフだったが、わたしにはグレコのほうがもっとずっと特別な存在だった。

五〇年代のパリで群を抜いて有名な文学的カップルは、疑問の余地なくジャン＝ポール・サルトルとシモーヌ・ド・ボーヴォワールだった。言ってみれば二人がいるかどうかを確めるだけなのだが、ドゥマゴの前を通るときにはちらりと店内をのぞいたものだ。二人はほとんどドゥマゴに入りびたりで、カフェはおおやけの場なのに、つねに完全に二人だけの世界にいて、共謀しているような感じだった。声をかけたことは一度もない。そんなことをしたら思慮分別のない邪魔者だと思われただろう。

サルトルとボーヴォワールに接触するのは問題外だったが、この二人よりまだ私的な作家で、わたしにとっては計り知れないほど重要な人物と会う工作をすることにした。仲介者が必要だったので、知り合ってから間もないフランス人の小説家ロベール・パンジェに、あなたの友人のサミュエル・ベケットに会えるよう段取りをつけていただけませんか、とたのんだ。おどろいたことにパンジェは同意してくれ、数日後、わたしはベケットとパンジェといっしょに、とあるテラスカフェの席にいた。ベケットはほとんど何も言わなかった。まったく口を開かなかったのかもしれない。パンジェも似たようなもので押し黙っていた。わたしは侵入者になったような気分で、思い知らされているのを感じた。やがてベケットが立ち上がり、何かぶつぶつ言ってから出て行った。じっと見ていると、ひょろっとした姿はサンジェルマン通りをぶらぶら下って行き、ついに見えなくなった。パンジェも行ってしまい、わたしは一人その場に残された。恥ずかしくて、穴があったら入りたい気分だった。

エディション・ド・ミニュイを訪ね、ジェローム・リンドンに会ったときのことだ。彼は知性の権化のような人物で、背が高く、自負心にあふれ、理性的で、やや傲慢だった。出版人に文学ジャンルを創案する力があるとすれば、彼はヌーヴォー・ロマンを創案した。ミシェル・ビュトール、ナタリー・サロート、クロード・シモンといった作家がいる。リンドンはわたしのことなどまったく知らなかったし、ジョナサン・ケイプという出版社があることを知っているのだろうか、と思ったものだ。彼は自分が出版した著者について話し、それから棚の本を何冊も引き抜いてわたしの両腕に積み上げた。当然のことながら、わたしは彼がくれた本を一冊も読んでいなかったが、クロード・シモンの『草』を読み、電話でリンドンに出版したい旨を告げると驚いたようだった。わたしも驚いたことは認めなければならないが、シモンは読者をとても元気にしてくれると思ったのだ。イギリスではこの本はなかなか売れなかったが、そんなことは問題ではなかった。『草』は出版しなければならない本だったのだ。だから、わたしはクロード・シモンの作品をさらに数点出版した。出版を中止したのは、純粋に金銭的な理由からではなかった。作品がしだいに退屈になってきたことは事実として認めなければならない。クロード・シモンは一九八五年にノーベル文学賞を受賞した。それから間もなくケイプは彼の作品の出版を中止した。

たまたまパリにいたとき『悲しみよ、こんにちは』が出版され、著者のために開かれたパーティに招待された。著者はフランソワーズ・サガンというまだとても若い女の子だった。彼女とかなり長いこと話し込んで、不思議なことに興味をそそられた。帰りぎわに誰かが『悲しみよ、こんにちは』をくれ、わたしはその本をそのままスーツケースにしまった。ロンドンに帰るまでその本のことは念頭になかった。荷ほどきしたら出てきたので読みはじめたとたん、びっくりするほどむだのない書きかたにうれしくなった。とくに著者がとても若いことを思うと、非常に特異で抑制のきいた文章だった。

すぐにフランスの出版社に電話を入れたが、どちらかといえば保守的な小出版社であるジョン・マリーがすでにイギリスでの出版権を買ったといわれた。その後、『悲しみよ、こんにちは』は飛ぶように売れ、フランソワーズ・サガンは数週間で有名人になった。当然ながら、もたもたしていた自分に腹が立ってしかたがなかった。

フランソワーズ・サガンにはその後も二度会った。一度目は彼女が親しい仲間たちとサントロペに滞在していたときで、ブリジット・バルドーもサガンのシックな友人たちの一人だった。バルドーに会ったのはそのときだけだったが、予想していたよりずっと魅力的だった。二度目は何年もたってからで、パリにいたとき、サガンの友人でアシェット出版の会長ガイ・シュラーにディナーに招待され、サガンと三人で過ごした。サガンは相変わらず有名人だったが、作品はどれも期待はずれだった。よくあることなのだが、処女作でめざましい成功をおさめた作家が、読者を裏切らない作品を書きつづけていくことは容易ではないのだ。

文芸とはあまり関係のないできごともあった。セシル・ド・ロートシルトに招待され、パリ郊外にある彼女の田舎の邸宅で週末を過ごしたときのことだ。壮麗な邸宅に滞在するのははじめてだった。ディナーには七品の料理が出て、食べ慣れた料理とはちょっとちがったが、感銘を受けずにはいられなかった。何年も過ぎてから、そのときのシェフが若き日のミシェル・ルーだったことがわかった。わが身を滅ぼした原因は彼の料理ではなく、ワインだった。料理ごとにワインが変わったのだ。四品目を食べてから、わたしは失礼してトイレに行き、膝をついて便器に吐いた。テーブルへもどる前に鏡をのぞいて、自分がどんな姿になっているのか確認したのをおぼえている。翌朝、窓のよろい戸を開けるとまぶしいくらいの晴天で、芝地を散歩している人影が見えた。かの有名な、ふちの幅がやけに広い帽子をかぶったセシル・ビートン〔写真家・デザイナー〕にまちがいなかった。

モニーク・ランジュが運転するコンバーティブルに乗っていたときにも偶然の出会いがあった。

モニークはガリマール書店の版権部をとり仕切っている女性で、とびぬけて親しいパリの友人だった。どうでもいいおしゃべりをしながらコンコルド広場に入ったとき、突然、彼女が叫んだ。「ジャンだわ。車を止めなくちゃ」。コンコルド広場のど真ん中で車を止めることはまず不可能といっていい。だがモニークはなんとかコンバーティブルを駐車させ、大きな声で男の名前を呼びはじめた。男はジャン・ジュネだった。彼が車に乗り込むと、モニークは彼が行こうとしていた場所へ向かって車を発進させた。当時のわたしはそれほどフランス語に堪能ではなく、ジュネは猛烈な早口だったから、この異色の作家との出会いを存分に楽しむことはできなかった。あとでモニークが説明してくれたところによると、ジャンを見かけてあんなに興奮したのは、それまで何カ月も会えなかったからだということだった。彼は周期的に拘禁刑の宣告を受けており、そのときも刑に服していたのだ。

II

最初の仕事

映画監督になって成功するという夢に破れたわたしは、やはり出版の仕事をやってみようと思った。そして、一番のチャンスは小規模な出版社か中堅の出版社にあるだろうし、身分は低くても何かを学べるはずだと考えた。注目したのはアンドレ・ドイチュ社で、うれしいことにA・D（誰もが彼をこう呼んでいた）自身に面接してもらえることになった。彼は即座に、仕事はない、と言った。わたしは「報酬については特別な要求はありません」と答えた。すると、いつから働けるんだね、と聞いてきた。話し合いの結果、つぎの月曜日から出社することになった。給料についてでは「クリスマス特別手当」ではどうだ、と言われた（クリスマスまであと十週間だった）。アンドレがそれだけの働きがあったと考えた金額をクリスマスに支払うというのだ。申し出にさからって、あなたは給料を支払う気などさらさらないんでしょう、それに「クリスマス特別手当」はとうてい「特別手当」とは言えませんね、などといえる立場ではなかった。結局、クリスマスに受け取ったのは、なんと二十五ポンドもの大金だった。

わたしの最大の野心はドイチュの編集会議に出席する許可をもらうことだったが、一度も認めてもらえなかった。アンドレはわたしにはそのような栄誉に浴する資格はないと考えていた。与えられたのはつまらない仕事ばかりで、一番責任が重かったのは、紙の在庫を絶えず記録しておく仕事だった。身分は低いのに土曜日にも出社するものと思われていて、毎週、金曜日の午後はアンドレがかならずわたしを見つけ出し、陽気な声で「それじゃ、また明日」と言って終った。そして、こんなことを言っても信じていただけないだろうが、わたしがときどき土曜日に出社すると、彼はチャンスとあらばタバコをせびり、禁煙しているのでタバコを持っていないことに気がついたんだ、と言い訳した。唯一の解決策は先例にならうことで、わたしも禁煙しているんです、と言い張った。アンドレはケチだった。タバコをせびることなど序の口で、なんとトイレの電球が二十ワットだったから、彼がサヴィルロー街の仕立屋に作らせた高価な紳士服を何着ももっていて、爪もきれいにマニキュアされていることを思うとますます苛立たしかった。

出版の可否を決める出版顧問はフランシス・ウィンダムだった。彼はそれはそれは親切で、わたしを教育することさえやぶさかではなかった。フランシスは数人の若い作家の指導もしており、その中にはブルース・チャトウィンもいて、のちに彼の作品はすべてわたしがケイプで出版することになった。フランシスの仕事は新しい原稿を読むことだったが、ドイチュが出版している重要な作家たちも担当していて、ジーン・リースの書簡集を編集したのも彼だった。その後、フランシス自身が小説を書くようになり、ふたつの短編を出版させてもらったときにはうれしかった。ドイチュでフランシスが仕事をしていたオフィスはものすごく狭く、あのとき以来あれほど狭いオフィスは見たことがない。知人ががらくた屋で一シリングで買った原稿を彼に見せたのもあのオフィスだった。赤革で装丁された未発表のタイプ打ちの短い原稿（百ページそこそこ）だった。著者はヴァージニア・スティーヴン。原稿を読んで、若い人が書いたものだと思ったのをおぼえている。わたしはフランシスに、この作品には感動しました、と言った。一晩でその原稿を読んだフランシスも感動し、なかなか眼識があるじゃないか、とほめておいてから、ヴァージニア・スティーヴンというのは結婚する前のヴァージニア・ウルフのことだよな、と言ってわたしを恥じ入らせた。そして、この原稿をアンドレに見せてもいいかい、と言った。わたしはただの悪ふざけで拒否し、持ち主にその原稿を返した。その後、持ち主も原稿も行方不明になってしまった。

編集会議には出席させてもらえなかったが、代償としてうれしいこともあった。ときどきヴィディアダール・ナイポールが社に顔を出すので、彼の作品を自費で買い求めた。サインをもらった初版に近い版の本を、わたしは今も大切にしている。わたしがナイポールの愛読者で、『ビスワシ氏の家』がお気に入りの一冊であることはこの数十年来かわらない。当時のナイポールは現在よりもほんの少しだけ気難しくなかった。一方、『重ね着の男』という詩集を書き上げたばかりのローリー・リーはつねに陽気で、気さくだった。『ロージーとりんご酒』が出版されるのはまだ数年先のことで、そのときまでに彼とドイチュとの関係は切れていた。あざやかに思い出されるもう一人の人物はレン・デイトンで、彼はドイチュの図書目録の表紙をデザインしたり、書籍の装丁もしていた。まさにあの人がイギリスのスリラー作家の中でもずばぬけて高く評価される作家になったのだ。のちにわたしがレンの作品を出版することになるのだが、『イプクレス・

ファイル』を発表してから彼がホダー・アンド・ストートンを離れてケイプを選んだという事実には、今でも誇りを感じている。

コリン・ウィルソンという青年と知り合いになったのもドイチュにいたときだった。わたしが好きだったコーヒー店でよく時間つぶしをしていたコリンは原稿を書き上げたばかりだった。『アウトサイダー』だ。そして、読んでみてくれないか、と原稿のコピーをくれた。まだ若いコリンが膨大な哲学書を読んでいたことにひどく興味をそそられた。自分の考えをみごとなまでに明快に述べる力があるために、作品は魅力的で、同時に読む喜びがあった。この作品をドイチュにもっていくべきだと思うかい、とコリンに聞かれたが、ドイチュについては含むところがあったので、ほかの出版社へもっていったほうがいいと思うな、と答えた。コリンはゴランツへ行き、『アウトサイダー』はけた外れの成功をおさめることになった。

クリスマスが終ると、製作課長の仕事をやらないか、とアンドレに声をかけられた。わたしは製作のことは何も知らない点を強調した。アンドレは、きみのほうが「あのまぬけよりましな」仕事ができるはずだ、と答えた。「あのまぬけ」(わたしの前任者)の給料は週給八ポンドだから、きみには六ポンド支払う、と言われた。ばかばかしいほど小額なのでスキーツアーを計画しようと考え、アンドレのオフィスでその仕事をすることにした。そしてかなり自慢できるパンフレットまで印刷し、ツアー客がインガム社のサービスを受けられるように手配した。あの当時、インガム社は評判がよいスキー旅行代理店に数えられていた。ドイチュを辞めるまで、アンドレはわたしの背信行為に気づかなかった。

三カ月後、今週から週給八ポンドにしてくれないのなら辞めます、とアンドレに最終提案をした。一晩考えるので返事は明日まで待ってくれないか、とアンドレは言った。一晩考える必要はありませんよ、と答えたが、ゆずらないのでそうすることにした。しかし、もちろん気持ちは変らなかった。アンドレは別れの言葉として、きみは有望な青年だが、残念なことに金銭については非現実的だな、と言った。アンドレに言わせれば、わたしの困ったところは一、二年で週に十二ポンドもの大金を稼ぐようになっているはずだと思いこんでいることだという。彼は正しかった。

マクギボン・アンド・キー

ドイチュで働いていたとき、ソサエティ・オヴ・ヤング・パブリッシャーズに入会し、ジェイムズ・クラークという友人ができた。彼はマクギボン・アンド・キーという、小規模だが特徴のある出版社を買い取ったばかりの人物と知り合いだった。その人物が若い編集者をさがしているということで、友人になったばかりのジェイムズがわたしを推薦してくれた。わたしは面接を受け、その仕事につくことになった。オーナーは大富豪の社会主義者で、アナイリン・ベヴァンとマイケル・フット〔ともに政治家〕の友人でもあるハワード・サミュエルだった。彼はトリビューン紙のオーナーでもあった。さらにすごいのは、ポートランドプレイス〔BBC本部があるロンドンの通りの名前〕にある大部分の会社のオーナーでもあり、そのほかにも数多くの重要な資産を所有していた。現代の大物実力者とはちがってハワード・サミュエルは本が大好きで、マクギボン・アンド・キーを買収したのも道楽になるだろうと思ったからだった。

わたしに言わせればハワードは雇用主のかがみのような人で、マクギボン・アンド・キーで仕事をした二年間に自由にやらせてもらえなかったことは二度しかない。一度目は「労働者階級向けの本」というレッテルを貼られた小説だった。その小説にすっかり夢中になったわたしは、大切なのは話し合いをして原稿にいくらか手を入れることだと思い、著者に会いに行こうと思った。著者はアラン・シリトーといい、マジョルカ島に住んでいたから、自費で会いに行くことにした。汽車でバルセロナまで行き、船でマジョルカ島に渡るというのがもっとも費用がかからないルートだった。パイプをくゆらしながら波止場でわたしを待っていた著者の姿を見つけたときのことは、今もあざやかに記憶に残っている。わたしは熱中していたが、結局、この小説の出版はあきらめなければならなかった。『土曜の夜と日曜の朝』というこの小説は出版されるとたちまちベストセラーになり、その後、カレル・ライスがみごとに映画化した結果、数十万部の大ベストセラーになった。

どうしても本にすることをあきらめなければならなかったもう一冊は、最大級に異色の作品だった。『現行犯』という作品で、著者はフランク・ノーマンという長いあいだ刑務所にいた泥棒だった。文字のつづりも文法もめちゃくちゃで、押韻のスラングだらけという原稿だったが、じつにすぐれた作品だった。フランクの力になりたかったので、原稿をスティーヴン・スペンダーに送った。たぶん気に入ってもらえるだろうという予感がしたし、彼自身が編集しているエンカウンター誌に抜粋を掲載したいと思ってくれるかもしれないと考えたのだ。まったくそのとおりのことになり、エンカウンター誌の発行元のセッカー・アンド・ワーバーグがこの作品を出版することになった。

アラン・シリトーの作品を出版できなかったことでもちろんひどく落ち込んだが、それからまもなく、かねてから夢に描いていたある本を出版する自由裁量権を手にした。芸術の世界で活躍している一流の作家たちに宣言《デクラレーション》文を書いてもらうという企画だ。宣言の主題は、あのころイギリスの演劇界を一変させたジョン・オズボーンの『怒りをこめてふりかえれ』に多少のヒントを得たもので、こうした手法はイギリス社会に影響をおよぼすかもしれないと思ったのだ。寄稿してくれたのは、ドリス・レッシング、ケネス・タイナン、ジョン・オズボーンなどだった。書名は『若き世代の発言』に決まった。この本とすっかり一体化してしまったわたしは、装丁までやらせてもらったほどだった。特異で力強いイメージがほしかったので、当時すでに押しも押されもせぬ彫刻家とされていたエデュアルド・パオロッツィに当たってみた。パオロッツィは同意してくれ、これは予期せぬ大当たりだったが、作家たちを説得してこの企画に参加してもらうのはまったく容易なことではなかった。ジョン・オズボーンは参加することにとりわけ抵抗を感じていたが、ふたを開けてみると、彼のエッセイは非常にすぐれたものだった。彼が寄稿してくれなかったら、あの本には注目すべきイギリス女王の定義を掲載することはできなかった。彼はイギリス女王を、「一本残らず虫に食われてしまった歯にかぶせた金冠である」と定義したのだ。

わたしは短い「序」を書いたが、この本の書評には（あらゆる新聞や雑誌が取り上げてくれたといってもいいほどだった）かならず「トム・マシュラー編」とあり、もちろんこれはうれしいことだった。そして、数々の書評が夢にも思わなかったことを引き起こした。第一線で活躍していた評論家のフィリップ・トインビーとシリル・コノリーの二人も、それぞれオブザーバーとサンデー・タイムズの二紙にこの本を絶賛したかなり長文の書評を書いてくれ、その結果、ハードカバーで二万部も売れた。これはエッセイ集としてはとんでもない数字だ。『若き世代の発言』は、フランス語、ドイツ語、イタリア語、スペイン語、日本語に翻訳された。編者としての報酬は一ペニーももらわなかったが、満足感は少しもそこなわれなかった。

『若き世代の発言』を出版してからまもなく、オフィスに来てほしい、とハワード・サミュエルから伝言があった。彼は疑いようもなく神経をとがらせていた。「きみが記者会見をしても一向にかまわないんだ。きみがこの出版社を運営しているような印象を与えても、それでもかまわないんだよ。しかし、この出版社を所有しているという印象を与えないでくれるとありがたいんだがね」。仕事に関してハワードから叱責されたのは、あとにも先にもこのときだけだった。恥じ入った。ハワードが言うような印象を与えてしまったのだとしても、意識的にやったことではない。それだけは絶対にまちがいなかった。自分は誰かに雇われている身なのだということを忘れがちになるのは事実で、そのことを証明されたような気がした。ある日、家を買おうと思っているんです、とハワードに言うと、いっしょに行ってその家を見てあげようということで、チャルコット・クレッセントへ行くと、目の前がスラムだからこの家を買うのは反対だと言われた。「でも、プリムローズヒルのふもとですよ」とわたしは言った。彼は意見を変えなかったが、それでも買おうと思った。売値は千四百ポンドだった。最近、この通りで売りに出された家は百二十万ポンドを越えている。五十年のへだたりがあるのはまちがいないが、これほどの値上がりは異例といいえる。

ペンギンブックス

『若き世代の発言』の反響はまったく予想を越えたものだった。あのころ、ペンギンブックスの設立者アレン・レインが若い人間を一人か二人雇おうと考えていた。『若き世代の発言』の反響が大きかったことから、あの本の編集者は自分が欲しい人材かもしれない、と考えた彼から、一度話をしたい、と言われた。わたしの考えでは、当時のペンギンブックスはもっとも革新的な出版社だった。残念なことに現在は失われてしまったが、あのころのペンギンにはたぐいまれなところがあった。わたしに言わせれば、ペンギンが出版する本は上質で、ペーパーバック分野ではトップだったから、好きなように作品を選ぶことができ、編集も完璧で誤植もなく、見るからに「高級な」本ばかりだったのだ。アレン・レインは、ユーニース・フロストのもとで文芸部門の副編集長をやらないか、と言った。ことのほか満足だったのは、ドイチュのおよそ四倍の給料を支払う用意がある、と言われたことだった。

ペンギンから声がかかったことはうれしかったが、同時に悲しいことが起こった。夏休みに家族と出かけたハワード・サミュエルが歩いて海に入って行き、そのまま姿を消したのだ。何があったのかを正確に知っている者は一人もいなかった。理にかなったことではなかったが、自殺だと思われた。たしかにわたしは彼と親しくはなかったが（彼はある意味でどんな人にもよそよそしかった）、親しい友人を失ったような気分だった。

ユーニース・フロストはアレン・レインがペンギンブックスを創設したときからともに仕事をしてきた女性で、わたしが入社してから二年後に辞めるまで、彼女が社のオフィスにいた日は一日たりともなかった。何らかの釈明があったのかどうかは知らないが、彼女が結婚したばかりだったことはたしかだ。だから、二十五歳のわたしは、自分の仕事だけでなく、彼女の仕事もこなすことになった。自分の責任で、ペーパーバック化する小説の版権を一年に七十から八十くらい買い入れるのだ。この時点では協力して出版の可否を決めてくれる出版顧問は一人もおらず、さらにまずいことに、検討しなければならないのはドイチュとマクギボン・アンド・キーではなじみのなかった作家の作品ばかりだった。ペンギンが出版しているのは「質のいい」本だという印象をもっていたから、たとえばアンジェラ・サークルの新作をペーパーバックにする話が出てきたときにはボツにした。このときはハードカバーの版元が「どういうことなんだ」とアレン・レインに電話をかけてきた。つねに後ろ盾になってくれたアレン・レインは、出版事業についてはは非凡な才能にめぐまれていたが、文芸作品については断固とした意見をもっている読書人ではなかったから、わたしの考えを受け入れることにあまり抵抗がなかったのだろう。

すでに出版された本をペーパーバックで再刊するのは、それほどおもしろい仕事ではなかった。

ハードカバーで出版された作品が成功をおさめている場合は先例にならえばいいのだから楽なのだが、問題はハードカバーでは売れなかった作品で、そうした作品をペーパーバックで成功させるのは途方もなくむずかしかった。だが、相対的に無視されていたヨーロッパ文学を出版することには一種独特の満足感を味わった。この分野はわたしにはおなじみなので、トーマス・マンやアルベール・カミュといった偉大な作家の作品を買い入れるのは楽しかった。

わたしが入社するまで、ペンギンブックスでは未発表の小説を出版したことは一度もなかった。そこで、わたしはある特定の分野に、つまり演劇に関心をしぼることにした。当時、ペンギンブックスの図書目録の演劇部門にならんでいたのは、ジョージ・バーナード・ショー、クリストファー・フライ、テレンス・ラティガンといった劇作家の脚本だった。当時の現代作家たちだ。演劇部門の編集者はマーティン・E・ブラウンという人物で、彼は演出家でもあり、たとえばT・S・エリオットの芝居を演出していた。演劇関係の図書目録から想像できるが、彼は右派だった。ある日、どうしてわが社では斬新な劇作家の作品を出版しないのですか、とたずねたことがある。返ってきた答えに仰天した。「どこにそんな作家がいるんだ?」と言われたのだ。このときにはすでにジョン・オズボーンの『怒りをこめてふりかえれ』が上演されており、さらに演劇界に革命が起きて、大勢の新人劇作家が生まれていた。わたしはマーティン・ブラウンに、脚本の実例を貸してあげますよ、と申し出た。あのころは劇場通いをしていて、とりわけロイヤルコート劇場には足しげく通っていたし、たまたま家に脚本が三本あったからだ。アーノルド・ウェスカーの『大麦入りのチキンスープ』と、バーナード・コップスの『ステップニー・グリーン村』、ドリス・レッシングの『味気なさも十人十色』だ。この三つの作品を「新しい演劇」の証拠としてマーティンに渡した。

つぎに彼の顔を見かけたとき、「どうでした？」と聞いてみた。

驚いたことに「すごくいいじゃないか。うちで出版しよう」と言われた。

そして実際に出版した。未来への視線という意味をこめてわたしが考え出したシリーズ名は「イギリスの新しい劇作家たち」だった。驚異的なことが起こり、シリーズの第一巻目はなんと二十万部も売れた。この本は「マーティン・E・ブラウン編」として出版された。ペンギンブックスの全社員はこの成功に目を見張り、つぎの作品の出版を待ち望んだ。続編はわたしが編集にあたった。同時にマーティンに、編者としてわたしの名前を出すことには反対ですか、とたずねたのだ！　彼はちょっとびっくりしたようだったが、反対はしなかった。

このほかにも、ペンギンブックスでは革新的なことを始める機会があった。今回の発案者はアレン・レインだった。写実的なさし絵を大量に、しかもカラー印刷で入れたノンフィクション科学シリーズを出版しようと考えていたのだ。この企画にもっともふさわしい画家はスイスにいるはずだと考えたアレンは、わたしを連れてチューリヒへ偵察に行くことにした。

どのような候補者が見つかるのだろうと思うと胸が踊った。自分がどうかかわることになるのかはよくわからなかったが、出発の日にはおんぼろのコンバーティブル・サンビームを運転してヒースロー空港へ行くことにした。ところがどうしてもエンジンがかからない。ようやくかかったときには、飛行機に間に合うように空港へは行けそうもない時刻になっていた。アレンが二人分のチケットを持っている。車を運転しながら、ボスはどうするつもりなのだろう、と思いをめぐらした。全速力で搭乗手続カウンターへ走って行くと、まったく落ち着きはらったようすのアレンが立っていた。薄くて冷たい感じがする唇も、シャツの白いカフスが見えているのも、いつも通りだ。大あわてで説明しようとすると、即座にさえぎられた。「何も言うな。ぼくたちはみんな飛行機に乗り遅れるんじゃないかと思いながら生きているんだ。でも、事故でもないかぎり、乗り遅れたりはしないものだよ」。あのとき、わたしは感嘆の念にうたれた。今でも同じ気持ちだ。

ペンギンブックスに入社してまだ間もないころから、アレンはわたしとのきずなを感じていたのだろう。少なくとも、わたしには彼の好奇心をそそる何かがあったのだと思う。いずれにしても、彼はシルヴァーベックにある田舎の邸宅に頻繁に招待してくれ、夕食をごちそうになったり、週末を過ごしたりした。邸宅はハーモンズワースの近くにあって、オフィスとしてもうってつけだった。アレンはペンギンブックスで出版したすべての作品のサイン本を邸宅に所蔵していた。膨大な数だった。

大規模なパーティに招かれたとき、どう見ても感情を表に出さないこの人物にしてはまったく珍しいことが起きた。海外からのお客の中に、わたしが大好きなドイツの出版人レーディヒ・ローヴォルトがいた。彼は長くつきあってきた愛人のスザンヌ・レブシウスと来ていたのだが、アレンがスザンヌに一目惚れしてしまったのだ。翌日、ローヴォルトはドイツに帰ったが、彼女はアレンのもとにとどまり、それから何年もアレンの愛人だった。一方、アレンの奥さんはローヴォルトといっしょにドイツへ行ってしまったが、こちらの二人はそれほど長くは続かなかった。

ペンギンブックスに入社してから一年半たったとき、わたしはアレンに、ユーニースには姿をあらわす気がまったくないのなら、正式に文芸部門の編集長に任命していただけないでしょうか、とたずねた。アレンは拒否し、彼女の気持ちを傷つけたくないのだ、と言った。彼の言い分にはがっかりしたが、そのこととは関係なく、わたしはペンギンブックスで仕事をすることに満足していなかった。だから、マイケル・ハワード（ボブ・レン・ハワードの息子）が、ジョナサン・ケイプの文芸編集者という職に興味はないかと打診してきたとき、「あります」と答えた。それからすぐに正式な申し出があったので、受けた。アレン・レインは度を失っただけではなかった。激怒したのだ。ペンギンブックスで輝かしい未来が約束されているというのに、辞めるなんて信じられん、とアレンは言った。きみをわたしの後継者にしようと考えていたんだ、とさえ言った。あと二人とは言わないが、彼はもう一人の誰かにも同じことを言ったのではないかと思っている。

ニューヨーク

ケイプに入社したのは一九六〇年五月だった。ジョナサン・ケイプはその一年前に亡くなっており、彼に会えなかったことは今でも大変残念に思っている。わたしのボスでケイプの共同創設者ボブ・レン・ハワードに、会社の伝統にのっとって、きみも年に一度はニューヨークへ行くべきではないか、と言われた。ジョナサンが何度もニューヨークをおとずれた結果として、ケイプは何年も前からアーネスト・ヘミングウェイ、ユージン・オニール、「若手」のアーウィン・ショーといった大勢のアメリカ人作家の作品を出版していた。アーウィン・ショーは実際にはそれほど若くはなく、わたしは彼を担当することになって満足だった。彼はニューヨークとスイスのクロースタースに住んでいた。

ニューヨークに出かける前に、ジョナサンの秘書で、当時もまだケイプで働いていたジーン・モソップに、ジョナサンがよく会っていた出版人とエージェントのリストをもらうことにした。そうした人たちに会って自己紹介すれば、今までの蓄積から便宜をはかってもらえるかもしれないと思ったのだ。だが、ジーンがくれたリストに載っていた人物の大半はすでに亡くなっていたり、引退した人ばかりだったので、自分で情報を集めることにした。誰よりも頻繁に名前が出てくる出版人が一人いて、やがてわたしは彼と自分を比較するようになっていくのだが、その人物がボブ・ゴットリーブだった（実際、わたしとボブは恐るべき双子と言われていた）。圧倒的に「特別な」エージェントはキャンディーダ・ドナディオだった。ジョナサンのリストでは重視されていなかったが、この二人は長年にわたる仕事相手になり、彼らとの仕事に没頭したものだ。

はじめてボブ・ゴットリーブに会ったのは、サイモン・アンド・シュスター社の彼のオフィスでだった。彼は絶対に、いっしょにランチでも、などとは言わなかった。時間のむだだと考えていたのだ。彼を見習ってわたしもずっと同じ姿勢を取りつづけてきたが、著者と出版記念のお祝いをするときだけは別で、その場合もディナーの方がずっといいと思っている。ボブは自分が好きな本や作家についてえんえんと説きつづけ、わたしは何枚もメモを取った。われわれはたちどころに意気投合し、それから十五年間くらい、おたがいの家に招いたり招かれたりする関係が続いた。

あるとき空港からタクシーでボブの家に向かい、着いてからはじめて、ほとんど現金の持ち合わせがないことに気づいたことがあった。ボブは裕福だし、料金を貸してもらえることがわかっていたからあわてなかった。気軽な気分でたのむと、現金はぜんぜんもっていないんだ、と言われた。わけがわからずにいると、アメリカ人は何でもクレジットカードで支払うのだという。ボブの家にあった現金は、どこかに寄付するためにばかでかいガラス瓶に貯めてあった百ドル分の小銭だけだった。タクシーの運転手はまったく喜ばなかった。

ボブの家に滞在することで友情は確固たるものになった。わたしに言わせれば、かならず思いがけない問題が起こることを覚悟で友人の家に泊まるなどというのはまったくばかげている。はじめてボブの家に泊まったときにこんなことがあった。夜の便でニューヨークに着いたわたしは、朝食にゆで卵を食べたいと思った。キッチンをさがしたが見当たらないので、陽気な気分で近くのデリカテッセンに行き、卵を一ダース買ってきた。まさかと思われるかもしれないが、ボブの家には塩がなかった。そこでもう一度デリカテッセンへ行った。ボブの生活では食べ物は重要な役割を演じてはいない。奥さんのマリア・トゥッチは名声を得た女優で、料理がすばらしくうまいのだが、しょっちゅう仕事で家をあけている。そんなときボブは嬉々として夕食にアイスクリームを食べるだろう。大きな容器からじかに、しかもキッチンで立ったまま、ということも珍しくないはずだ。

ゴットリーブ家に泊まる最大の収穫は、夜のいろいろな話だった。外で夕食をすませて帰宅すると、ボブはきまってベッドにいて、巨大な枕に寄りかかり、山のような原稿をむさぼるように読んでいた。そして、その日のわたしの行動をしきりに知りたがり、どうすべきだったかということを、同じように熱をこめて語った。ボブの後継者のソニー・メータはかろうじて例外だろうが、わたしがほぼ無条件で敬服したアメリカの出版人はボブだけだ。彼の自宅で話し合ったことをこれほど高く評価する理由のひとつは、サイモン・アンド・シュスターのオフィスでは話をすることなどまったく不可能だったからだ。オフィスにいるときの彼は一心不乱に、そして執拗に自分の情熱を追求していた。もちろん彼も何人かとチームを組んでいて、彼らの意見に従っているふりをしていたが、実際にすべての決定を下しているのはボブだった。この点については彼のやりかたは好みに合わなかったが、たまに、わたしにそっくりだと思う面を見せつけられたことは認めざるをえない。仕事場ではボブはいつもスニーカーをはいていて、つねによれよれした感じだった。それが彼の流儀だった。

ボブの家では出版人という職業のすべての要素について果てしなく論じ合った。ゴシップに興じることさえあって、そんなときは愉快な話をしてくれた。最近、うちと庭が背中合わせになっているお隣さんから電話があってね、とボブが切り出した。話題にあがったその人物はキャサリン・ヘプバーンだった。昨夜はことのほかひどい大雪だったわね、と彼女は言った。雪が解けないで雨漏りすると困るので、すぐさま屋根の雪下ろしをしたの。あなたもすぐに雪下ろしをしたほうがいいわよ。ボブは、屋根裏口がどこにあるのかも知らないんですけど、と答えた。すると彼女が、お宅の屋根の雪下ろしをしてあげてもいいわよ、と言ったというのだ。キャサリン・ヘプバーンはそのとき八十五歳だった。

ボブの家に滞在していたある日、ひどい時差ボケだったので、お茶を入れようと思って朝の五時に階下のキッチンへ降りて行ったことがある。すると玄関ドアが開いて、ボブの妻マリアの父親で、作家でもある「ニカ」（ニコロ・トゥッチのこと。このときすでにわたしは彼の作品を出版していた）があらわれた。早朝の街をぶらつき、チャンスとあらばこの家に入り込んで、娘の冷蔵庫を急襲するのが習慣だったのだ。彼はわたしの顔をまじまじと見つめながら、「ここで何

卓球をするボブ・ゴットリーブ

をしているんだ？　ホテル代くらい楽に払えるんだろうが」と言った。このときを最後に、ボブとマリアの家には泊まらなくなったのだと思う。

キャンディーダ・ドナディオとの相性はさらに強烈だった。一目惚れと言ってもいいくらいだった。肉体的なことを言っているのではない。誘惑的だったのはキャンディーダの気質で、まさにはじめて会った日の午後から夕方まで片時も沈黙せずに語り合い、その週の後半にはディナーに招待された。文学に対する彼女の理解力は魔女並みといってもいいほどで、会っているときは絶対にビジネスの話はしなかった。そういうことは手紙か電話にまかせた。

＊

朝食、昼食、夕食をふくめて平均すると一日に八つの約束があり、二週間で百人近い出版界の人間に会った。今までの人生であのときほど猛烈に仕事をしたことはないと思う。ニューヨークでの一週間が過ぎたとき、マイケル・ハワードから手紙がきた。ほかの人からこのニュースを聞かされる前に知らせようと骨を折ってくれたのだ。マイケル・ジョーゼフ社の三人の要人が、つまりピーター・ヘブデン、チャールズ・ピック、ローランド・ガントがケイプに送り込まれる計画があるということだった。この計画の段取りをつけ、後ろ盾の役目を果たしていたのがペンギンブックスのアレン・レインで、彼はジョナサン・ケイプが所持していた株の買い取りに着手したのだった。

アレン・レインが買い取ろうとしている株は、ケイプ家に支払い義務がある相続税のために売却されるべきだということは知っていた。すぐにマイケル・ハワードに電話を入れ、まず最初に、今回の取り決めでわたしの立場はどうなるのですか、とたずねた。まったく驚くべきことに、きみのことは話題にもならなかった、と言われた。この取り決めが実行に移されたら、ある意味でわたしの立場は危険にさらされるといっても過言ではないことを指摘すると、マイケルはびっくりしたようだった。すぐにロンドンに帰ろうと思ったが、残りの一週間もニューヨークにとどまって、完璧に仕事を遂行しようと心に決めた。すぐさまロンドン行きの便に乗って状況を好転させたいという思いがそれほど強いのなら、どうして帰らないのだ、と何人もの人に聞かれた。今になって思うと、あのときは何か本能のようなものが働いて、計画した仕事をやりとげようと決心したとしか言えない。出版にあたいする本を見つけ出す手がかりを得ていることがわかっていたのだ。

帰国したときには、株取り引きのニュースはすでにマスコミに漏れていた。ケイプにもどるとすぐ、レン・ハワードが言う「三人組」とのつぎの会議にわたしも出席させてほしい、と申し出た。マイケルは、段取りをつけるのはむずかしいだろう、と言ったが、マイケルの父親〔レン・ハワード〕に会いに行くと即座に同意してくれた。万一わたしがケイプから追い出される事態になったら、あなたとマイケルも時を置かずに追い出されるはずですよ、とつけ加えるチャンスはたぶん逃さなかったと思う。

きわめて重要なこの会議は、帰国から三日後に開かれた。席についたレン・ハワードが「三人組」に、トムのことをどう考えているのか見解をのべていただきたい、と口火を切った。ピーター・ヘブデンが代弁者をつとめ、「トム、きみを前にして言わなければならないのは残念だが、辞めてもらわなければならないね」と言った。レン・ハワードが、話はこれまで、と言って会議をしめくくった。わずか数分の会議だった。ドアが閉まり、三人組は帰って行った。マイケルの父親が大きな音を立てて両手を打ち合わせ、「一巻の終りだな」と言った。この時点でわたしが版権を買った本はまだ一冊も出版されておらず、ケイプに残れるチャンスは実質的に皆無だった。わたしがどんなに感謝したか、たぶんご想像いただけるだろう。レン・ハワードが驚異的な誠実さと、わたしへの信頼を示してくれたのだ。ケイプに入社したばかりだったわたしの肩をもつのは、途方もないことだった。なんといっても、わたしは経験ゆたかな三人の大ベテランにケイプに残ることを拒否されたのだから。

「三人組」を追い払ってからも、ジョナサン・ケイプの持ち株を売却する問題は残った。株を買い取り、ケイプを救ったのはシドニー・バーンスタインだった。会ったことはなかったが、タフなビジネスマンだという評判だった。わたしとは正反対の人物だったシドニーはわれわれの仕事ぶりが大変気に入り、ぼくが買い取ったケイプの株を買わないか、とわたしにすすめてくれた。さらにグラハム・グリーンも、自分が所有していたケイプの株のおよそ十パーセントを売ると申し出た。そのときにはケイプの株価は買い入れ価格を十分に上回っていたにもかかわらず、シドニーは自分が支払った金額より安い価格で株をゆずってくれたのだ。あれ以来ずっと、あれほど気前のいい話があるだろうかと思ってきたが、おかげでシドニーとケイプとのあいだには友情のようなものが芽生えた。

間一髪のところで首がつながったので、メモの整理に取りかかった。まず、ボブ・ゴットリーブとさまざまな話をしたときの大量のメモから始めた。そしてボブ宛てに手紙を書き、最初にケイプに声をかけるつもりだと彼が言った作品と、彼が直感的に一種独特なものを感じた作品と、情報を提供しつづけようと申し出てくれた作品に目を通したことを伝え、最後につぎのように書いた。「手元にある間抜けなメモには『キャッチ18』とあって、(セッカー・アンド・ワーバーグに売却)とカッコつきで書いてあるんだ。すでに売れてしまったのなら、どうしてぼくはこんなメモを取ったのだろう」

ボブはすぐに返事をくれた。アメリカの出版人は総じてやたらと対応が遅く、ボブのような人はめったにいない。手紙にはこんなことが書かれていた。「きみがメモしたのは、ぼくがその著者と十年近く仕事をしてきたことと、ぼくが『キャッチ18』に強烈な愛着をもっているためだと思う。驚くべき偶然の一致だが、きみの手紙を受け取ったまさに同じ日に、フレッド・ワーバーグからも手紙がきた。『キャッチ18』は非常にアメリカ的なので、イギリスではほとんど理解されないだろうと言うのだ。そして、契約を解消していただけるとありがたいのだが、と書いてあった」。ボブの手紙によると、彼はキャンディーダに話をし(この著者のエージェントは彼女だった)、今度はわたしに声をかけるべきだということで二人の意見は一致した。そして、彼女が発送した校正刷がこちらへ向かっているという。もちろんこの作品はジョゼフ・ヘラーの『キャッチ22』だった。リーオン・ユーリスが『マイラ18』という本を出版したので、書名を変更したのだ。わたしは『キャッチ22』を一晩で読みあげ、忘我の気分にひたった。この作品は戦争をテーマにしているが、誰もが知っている有名な戦争物語とはちがって、本質的に反戦物語だ。しかも驚くほどおもしろおかしく、あまりのおもしろさに読みながら何度も大笑いしてしまった。書名がすべてを物語っている。つまり、「キャッチ22」というのは軍規の条項で、この条項に従えば、軍から放免されるには精神異常とみなされるしか道はない。しかし、さらなる任務から逃れたいと願う兵士が狂っているはずはないのだ。こうした矛盾する規則こそが罠〔「キャッチ」は「罠・落とし穴」の意〕なのだ。ケイプは前払印税として気前よく二百五十ポンド支払った。出版人としてのわたしの経歴のなかでも、『キャッチ22』はたぐいまれな作品だろう。ケイプのために買い付けた最初の小説で、しかもわたしが出版したなかでもっとも成功したアメリカ人作家の処女作だったのだから。発売から三カ月で『キャッチ22』は五万部も売れ、これはアメリカ版すら上回る数字だった。アメリカ人作家が合衆国よりもイギリスでより大きな成功をおさめるなどという話は、ほとんど聞いたこともない。ボブ・ゴットリーブはニューヨーク・タイムズ紙に全面広告まで打ってくれ、そこにイギリスの新聞などに掲載された書評と、イギリスでの成功にいたる物語を盛りこむことでケイプに賛辞を送ってくれた。

この本を後押しするために、ケイプは普通とはちがう方法をとった。販売促進部長のトニー・コルウェルが書店向けに、この小説と著者についてまとめた十六ページの小冊子を作ったのだ。そしてマンガ家におもな登場人物の姿を描いてもらい、その下に本文の滑稽きわまる部分を引用して印刷した。さらに、四種類のカードを作ってすべての本にはさみこんだ。わたしは影響力があると思ったさまざまな友人にプルーフコピーを送った。すぐにこの本に反応し、歓迎してくれたのが、ケネス・タイナンとエドナ・オブライエンの二人だったことをおぼえている。非常に多くの人びとがこの本を取り上げてくれたが、最初に取り上げてくれたのはこの二人だった。『キャッチ22』に続いて、ジョゼフ・ヘラーは『何かが起こった』を書きあげた。これは「堅い」小説で、『キャッチ22』に比べると知名度も売上部数も低かったが、みごとなできばえだ。レジーナとわたしはジョーと知り合いになり、彼がイングランドへ来たときはかならずディナーに招待することにしていた。お返しに、彼はイーストハンプトンで敬意を表してくれた。レジーナとわたしがはじめて彼の自宅を訪問したときのことは絶対に忘れないだろう。十人のお客のためにテーブルの上にワインが一本だけ（それも小さいサイズのが）あらわれたのだ。ウィスキーはどっさりあったが、わたしはウィスキーは飲まない。このときがはじめての経験ではなかったのだが、ワインを飲まないアメリカ人は自宅では自分のことしか考えない、という根拠のない説を目の当たりにしたわけだ。わたしはジョーに、ワインを買ってこようと思うがかまわないだろうか、とたずねた。「ちっとも」と彼は答え、一番近くの酒屋へ行く道順を教えてくれた。

何年もかけて、ケイプは大変な数のアメリカ人作家の図書目録を作り上げた。多くは処女作だが、なんらかの理由で別のイギリスの出版社では幸せな気持ちになれなかったために、ケイプと契約した作家の作品群もある。わたしは作家を口説き落そうとして法外な金額を提示したことは一度もないことを誇りにしている。フィリップ・ロスの場合はこんなふうだった。彼は『ルーシィの哀しみ』という本を書き、この本を出版するアンドレ・ドイチュは前払印税として三千ポンド提示したが、四千ポンドは支払われるべきだとフィリップは思った。アンドレは辞退した。ケイプはこの作品の版権を四千ポンドで買い取った。つけ加えておかなければならないのは、当時のフィリップはすでに若いアメリカ人作家たちから賞賛を浴びていただけでなく、処女作〔『さよならコロンバス』〕で全米図書賞を受賞していたことだ。四千ポンドという前払印税は文句なく筋の通った金額といえる。皮肉なことにフィリップのつぎの作品は『ポートノイの不満』で、ドイチュ社はこのあてこすりにつきまとわれたにちがいない。『ポートノイの不満』は『キャッチ22』さえしのぎ、フィリップのそれ以前に出版されたすべての小説をはるかに上回る重要な成功をおさめた。

フィリップとわたしは親しい友人になり、いろいろな（そしてかわいい）ガールフレンドたちをまじえて、ロンドンとニューヨークで定期的に会ったものだった。その後、彼はクレア・ブルームと結婚し、それからすぐにコネティカット州の田舎の邸宅にわれわれを招待してくれた。何もかもが楽しかったといっては言いすぎだが、これは忘れられない滞在となった。というのも、滞在客がもう一人いたからだ。アメリカ人作家マリアンヌ・ウィギンズだった。サルマン・ラシュディとの結婚が破綻したことでひどくつらい思いをしていた彼女は、夕食の真っ最中にわたしに攻撃をしかけることに決めたのだった〔『悪魔の詩《うた》』を発表したことでラシュディが地下生活を送らざるをえなくなったために、二人の結婚生活は破綻した〕。暮し向きがいいなんて厚かましい、と言うのだ。フランスにあるあなたの家の写真を見せてほしい、とクレアが言ったことがきっかけだった。わたしだけでなく、クレアとフィリップも気まずくなるほど、マリアンヌは情け容赦もなくえんえんと激しい攻撃を浴びせつづけた。彼女は酔っていた、とお伝えしておくのが寛大な態度というものだろう。永遠に続くかと思われた夕食がようやく終り、わたしはフィリップを散歩にさそった。そして、タクシーを呼んでもらったけれど、ミズ・ウィギンズといっしょにニューヨークへ帰るなんて絶対にできない相談だよ、と言った。このあたりにはタクシーは一台しかないんだよ、とフィリップはわたしを説得しようとして訴えた。さらにマリアンヌには、料金はまちがいなく折半だから、と請け合っていたのだと思う。抵抗するのは止めろ、と命じたのはフィリップとの友情だった。

翌朝、また気をそがれることが起こった。前の晩に到着したとき、われわれはフィリップに荷物の置き場をちゃんと教えてもらっていた。ロンドンからフィリップの家に直行したので、荷物がたくさんあったからだ。フィリップは心配して、納屋は雨漏りするから、雨漏りのしない場所に荷物を置くように、と説明した。だがわたしは聞きそびれてしまい、翌朝、荷物はびしょ濡れになっていた。フィリップは取り乱したが、実際にはすごく腹を立てていた。彼には申し分なく客をもてなしているという自負があり、混乱することなくすべてを運ばなければならないとも思っていたのだ。マリアンヌといっしょにタクシーでニューヨークにもどる時間は、まあまあがまんできるものだった。誰も一言も口をきかなかったが、マリアンヌはまちがいなく二日酔いだった。フィリップに会ったのはそのときが最後になった。クレアと別れてから、フィリップは彼女について復讐心に燃えた本を書き、クレアも彼について復讐心に燃えた本を書いた。その後、フィリップはやむをえない事情があって長期にわたる外国生活を送り、それ以来すばらしい作品をつぎからつぎへと発表してきた。彼が「実力を存分に発揮している」と書いた、まさにそのとおりの状態が続いている。

*

ウィリアム・スタイロンはフィリップの親しい友人で、彼も冬のあいだだけコネティカット州に住み、夏はケープコッドの先にあるマーサズヴィニヤード島の海岸地区の、広大な敷地に囲まれた最高に美しい家で過ごしている。はじめて会ったとき、彼はすでに有名人だった。エージェントのジョン・ドッズによると、ここ数年、イギリスで彼の本を出版してきたハミッシュ・ハミルトン社から何の連絡もないので、スタイロンはなんとしても手を切りたいと思っているとのことだった。そしてドッズは、スタイロンとあなたはうまくやっていけると思う、と言った。ビル〔ウィリアムの愛称〕の作品を出版できるかもしれないという思いに猛烈に興奮した。彼はめったにニューヨークにやってこないから、こちらからマーサズヴィニヤード島へ行くのが一番いい、というのがドッズの意見だった。スタイロンに電話をかけて紹介してくれるのなら、ぜひともマーサズヴィニヤード島へ行きたかった。「もちろんですよ。ぼくが連れて行ってあげましょう。飛行機は予約でいっぱいでしょうから（ちょうど夏だったのだ）、車で行ったほうがいいですね」とドッズが言った。度量の大きさにびっくりして、それほど遠いわけではないんですか、とたずねた。「たったの八時間ですよ」とドッズは答え、われわれは車で出かけた。マーサズヴィニヤード島での話し合いは成功し、スタイロンは『ナット・ターナーの告白』の最初の百ページを渡してくれて、持って帰って目を通してくれないか、と言われた。あれほどすばらしい作家に、新作の冒頭部分を読んでほしい、と言われてどんなに鼻が高かったか、想像していただけるだろうか。この件については、重要な役目を果たしてくれたジョン・ドッズに今でも深く感謝している。

スタイロンに招待されて、奥さんのローズとともに何回かマーサズヴィニヤード島で過ごした。到着したとたん、昨日来ればよかったのに惜しいことをしたな、と言われたのは、はじめて招待されたときのことだった。前日にマリリン・モンローが滞在したというのだ。スタイロンはいつもの取り乱したような口ぶりで、「考えてもみろよ、彼女は今夜きみが使う部屋で寝たんだぞ」と言った。すべての青年の夢がかなうチャンスをじつに惜しいところで取り逃がしてしまったのだ。翌日スタイロンに、申し訳ないが今夜の夕食には自分もローズも同席できないんだ、と言われた。キャロラインで出かけるというのだ。たしかそんなふうに聞えた。二人は夕方の七時に出かけ、わたしの夕食は八時になるということだった。そして七時ちょうどに家の前の芝地の上空で轟音が鳴り響き、ビルとローズが大急ぎでヘリコプターに駆け寄って乗り込む姿が見えた。そうか、あのヘリがキャロラインなんだな、と思った。ジョン・F・ケネディのヘリコプターだ。二人がディナーをともにする相手がジョン・F・ケネディであることはまちがいなかった。スタイロンの生活ではこうしたことは特異な「事件」ではなかった。ケネディ一家をはじめ、スタイロン夫妻はアメリカ政界の要人とも親しかったからだ。そうした交流関係があると、執筆時間をたっぷりとるのは容易なことではない。だから、ビルが数年がかりで新作を完成させているのも驚くにはあたらないのだ。

政治家の友人に加えて、スタイロンには大勢の作家や知識人の知人がいる。わたしが若いころ強いあこがれを抱いていたアーサー・ミラーもその一人だった。『セールスマンの死』と『るつぼ』は十代の終りころの最大の演劇体験だった。三十年後、アーサー・ミラーはコネティカットにあるビルとローズの家に姿をみせていた。近くに住んでいて、ローズとテニスをするためにやってくるのだ。彼の足はものすごく大きく、いくらなんでも大きすぎると思えるテニスシューズよりも大きかったような気がしたことをおぼえている。服装はといえば、白いテニスウェアとはとてもいえないものを着ていた。コートを離れるとミラーは緊張を解き、つぎからつぎへと会話がはずんだ。とくに興味しんしんになるのは、地元の食料品店の取り柄といったことが話題になったときだった。わたしとしては、ミラーとマリリン・モンローの結婚について考えずにはいられなかったが、もちろん彼女の名前を出せるはずもなかった。

『ナット・ターナーの告白』から数年後に世に出た『ソフィーの選択』は、わたしが出版した数々の本の中でも読者を引きつけて離さないすばらしい本に数えられる。スタイロンはほとんどつねに愛想がよかったが、ときとして機嫌をそこね、押し黙ってしまうことがあった。人を愉快な気持ちにさせる名人のローズの対応には目を見張ったものだ。ビルが機嫌をそこねていることに気づいていないふりをして、そのじつ彼の気分に合わせた気配りをしていることがよくわかった。彼は深刻な鬱におちいったことがあり、そのときの状態に関する『闇の中に横たわりて』という非常に感動的な小説を書いた。

特別な場所

出版にたずさわっている人ならほとんど誰でも、六〇年代の終りから八〇年代初期にかけてのジョナサン・ケイプはイングランドで最高の文芸出版社だったと認めるだろう。ケイプは最高の作家たちの作品を出版し、販売促進も製作も一級だった。小規模な出版社を経営していたアンソニー・ブロンドが出版に関する講演を行ったときに、自分は製作の仕事をする人間を雇うかわりにケイプが出版した本を印刷会社に送り、「この本と同じようにやってくれ」ということにしていたと述べたほど、ケイプは非常によい仕事をしていた。

われわれは比類のないチームだった。著者とスタッフの両者がケイプに所属していることにわくわくしていた。ケイプはベドフォード・スクウェアの一軒家を賃借していた。イングランドでも屈指の美しい区画だ。三十番地のドアを開くと、胸の踊るような雰囲気と幸せな予感がただよっているのがわかった。きわめて刺激的な場所だったから、必要なだけ時間がある日などあったためしはなかった。ありとあらゆるレベルの人間が、意識さえせずに、長時間、自発的に仕事をしていた。わたしのことを優秀な編集者だと考えている者もいた。白状すれば、みんなをぎくりとさせたことも多々あったが、誰もがトムと呼んでくれ、会社のオフィスでは数枚の原稿を読むことさえ考えられないほどのペースで仕事をしていた。原稿読みは自宅で過ごす週末か夜の仕事だった。何年もたってから子どもたちに、まともな父親ではなかった、とわびたことを思い出す。

ケイプに入社してから七年間、わたしはあらゆる作品の版権取得を一手に引き受けていた。入社する以前からケイプと契約していた作家たち（ほんの数人しかいなかった）の新作以外は、ケイプで出版したすべての本の版権はわたしが取得したといってもいいくらいだ。その後、編集者をひとり雇い入れることにし、当時ウェイデンフェルド・アンド・ニコルソンの社員だったエド・ヴィクターに白羽の矢を立てた。エドは若いアメリカ人で、大学を卒業しており、たいへん知的で楽しい男だった。彼は長年ケイプで仕事をしてくれたが、わたしは「卑劣な資本家」なのだと妻のミシュランに思い込まされ、リチャード・ネヴィルとアングラ雑誌を発行するために退職した。その後、エドはミシュランと別れ、やがてイングランドでも最大級に成功した大金持ちのエージェントになった。

エドの代りを見つけるのは容易ではなかったが、ゴランツ社のリズ・カルダーを何度かランチに誘い、何週間もかけて口説き落とした。彼女がロンドンでも指折りの優秀な編集者であることはまちがいなかったから、ついに「イエス」と言ってくれたときにはわくわくした。われわれは仲良く仕事をしたが、やがてリズにブルームスベリー出版の立ち上げメンバーにならないかと声がかかった。とてもいやとはいえない話であることははっきりしており、ケイプはリズを失った。

はじめて文芸編集者を採用する以前から、原稿を読んで出版の可否について意見を述べる出版顧問をパートタイムで雇っていたが、わたしの「友人」の妻たちがとりわけこの仕事を楽しんでいて、しかもきわめて適切な感想を述べてくれることに気づいた。ゴラン高原で殺されたニック・トマリンの妻クレア・トマリンや、ジョナサン・ミラーの妻ジェイン・ミラーも出版顧問のメンバーだった。

ケイプのすばらしい受付係のパッツィに、入って来るところを見なくてもあなたが建物の中にいるのを感じる、と言われたときには鼻が高かった。一日が終ろうとするころ、わたしはかならずほかの人のオフィスにぶらりと入っていくことにしていた。そうすると、お茶を飲みに立ち寄った一人、二人の作家によく出会うのだ。アルコールよりお茶の場合が圧倒的に多かった。ケイプを引っ張っていたのはグラハム・グリーンとわたしだった。われわれは誰よりも早く（午前八時から九時のあいだに）出社し、誰よりも遅く（七時から八時のあいだに）退社していた。なによりも大きな誇りは、全員が仕事に対する責任と情熱を共有していたことだ。仕事場で自分に許していた唯一の贅沢は、ヨガの先生に来てもらって、希望者は誰でも参加できるヨガ教室を開いていたことだった。参加者は二十人くらいだったが、わたしは一番できの悪い生徒の仲間だった。各自で参加費を払うのだが、たいした額ではなく、ヨガ教室は楽しい家族のようだった。

アレン・レイン賞が創設されたのはあのころだった。最優秀出版社に四十五センチくらいの真鍮製の置物が授与されるのだ。この賞が授与されるのは、出版に関するすべての面で卓越した出版社だった。賞が創設された年にはケイプが受賞した。二年目は逃したが、三年目と四年目にも受賞し、そこでこの賞は取り止めになってしまった。

大げさな言いかただということはわかっているが、ケイプで仕事をしていた三十年のあいだに、一週間に一時間以上、わたしが積極的に楽しめないことをしていたかどうか怪しいものだと思う。このことについては誰よりも運がよかった。めんどうなことはすべてグラハムが嬉々として引き受けてくれたからだ。財政問題、さまざまな手当金、販売、保険、製作に関すること、そしてなによりも過大の労力を要する名誉毀損問題などだ。こうしたことに対処しながら、グラハムはほかにもさまざまな団体の理事や会長などの立場を楽しんでいた。グリーンキングビール会社の重役、出版協会会長、大英博物館の座長などだ。一方、わたしはとても若かったころにソサエティ・オヴ・ヤング・パブリッシャーズのメンバーだったことはあるが、出版界に身をおいて四十年のあいだに、どんな委員会にも一度も所属したことがない。その代り、ケイプで出版する本の編集と販売促進に関係することにすべてのエネルギーを費やしてきた。ケイプでは販売会議でどのような販売促進を行うのかを決めたが、ケイプの販売会議はほかの出版社の販売会議とはかなり性質がちがうものだった。きわめて重要だと思っていたのは、本というものは、誰よりも熱烈にその作品が好きだという人たちが、つまり営業部員に対立するものとしての読者と編集者（そしてわたし）が世の中に紹介するべきだということだった。わたしは出版社内の雰囲気がその本を成功させると思っている。社内にその本を成功させるだけの熱気があれば、結果としてその熱気は外の世界にも波及するはずなのだ。入社する前のケイプの販売会議には出版にたずさわる狭い範囲の人間しか出席していなかったが、わたしは秘書や受付係もふくめて社内の全員に参加してもらうことにした。

グラハムとわたしのオフィスは隣り合っていて、巨大な観音開きのドアで行き来ができるようになっていた。彼のオフィスのほうがいくらか狭かったが、ベドフォード・スクウェアが見渡せるという利点があり、多少広かったわたしのオフィスは建物の裏手に面していた。グラハムとわたしはいちいちノックなどせずにおたがいのオフィスを行き来し、ビジネス上の問題についてはほとんど二人だけで話し合った。わたしはときどき個人的なことも話したが、グラハムは事実上、私生活のことは一切話そうとしなかった。グラハムの父親はBBC社長ヒュー・カールトン・グリーン、伯父（ヒューの兄）は有名な作家グレアム・グリーン、グラハムの母親ヘルガ・グリーンは文芸エージェントで、わたしのあこがれの的だったレイモンド・チャンドラーと以前から愛人関係にあることは重大な秘密でもなんでもなかった。だがもちろん、グラハムはけっしてこの話題は持ち出さなかった。

グリーン家の有名な（あるいは悪名高い）秘密主義について納得できたのは、グラハムの義母エレイン・グリーン（彼女も文芸エージェント）のおかげだ。グリーン家の秘密主義にまつわるエピソードをひとつご紹介しよう。グラハムとわたしと三人の幹部は週に一度、社から歩いて五分のところにあったベルトレリの店というイタリアンレストランでランチを食べることにしていた。あるとき、グラハムは欠席で、われわれがいつもの席に着くと、テーブルの上にシャンパンのボトルが入っている氷のバケツが置いてあった。カードが添えてあって、ぼくと新しい（二番目の）配偶者のために飲んでほしい、と書いてあった。このとき何よりも気にさわったのは、グラハムがわたしに何も言わずに結婚したことではなく、わたしが会ったことさえない女性とよくも結婚できたな、ということだった。にもかかわらず、グラハムとわたしは完璧な和を保って四分の一世紀も仕事をしてきた。完璧に信頼し合っていたし、つねに支え合い、相手の仕事に干渉したことは一度たりともなかった。もちろん重要な決定をくだす場合には意見を求め合ったが、それ以上の口は出さなかった。グラハムは専務取締役と呼ばれ、わたしは社長と呼ばれていたが、その逆でもたいしたちがいはなかっただろう。グラハムはスタッフの日常の利益に心をくだき、わたしはケイプの著者の利益を考えていた。

ケイプでは年に一度パーティを開いたが、招待されない人たちはもぐりこもうとあれこれ手をつくしたものだった。飛びぬけて楽しい文芸パーティだと誰もが認めていたこのパーティに、報道関係者は招待しなかった。記事のネタにされたくなかったのだ。カメラマンを連れていってもかまわないか、とタイムズ紙が電話で問い合わせてきても(タイムズ紙はしょっちゅう電話をかけてきた)、いかにも残念そうな口ぶりで「だめです」と答えた。ケイプが招待したのはおもに著者とエージェントだったが、彼らのことが好きだったからで、それ以外の理由はなかった。ケイプのパーティの雰囲気は一種独特で、はっきりと説明できるものではなかった。パーティでは料理も重要な役割を演じると思う。あの独特な雰囲気をかもしだしていた主人公は、わたしなら「本物」と呼ぶ料理のおかげだった。仕出し屋の料理とはまったくちがう料理を用意していたのだ。パーティは毎年十二月のはじめに開催したが、早くも十月に入ると、絶対にその日はあけておきたいと思っている著者たちから、日時を問い合わせる電話が頻繁に入るようになったものだ。

ドリス・レッシング

はじめてドリス・レッシングに会ったのは、わたしが編集していた本に収録するエッセイを書いてもらえるかもしれないという期待を胸に、彼女の家をたずねたときだった。編集していたのは『若き世代の発言』という本で、当時を代表する若い作家と評論家の思想と抱負を主題にしたものだった。当時のジャーナリズムは、社会を変えるという野心に燃えている者を「怒れる若者たち」と呼ぶことにしていた。ドリスは自伝『日陰を歩く』の中でつぎのように述べている。

トム・マシュラーが入ってきた。すごく若くて（二十三歳だ）ハンサムで、野心を抱いていて、自分が企画した『若き世代の発言』という本に一文を書かせようとわたしのフラットにやってきたのだった。意見を書くのはいやです、とわたしは言った。彼はとがめるような口ぶりで、ぼくの将来はすべてこの本にかかっているのです、と言った。あとになってから、わたしたち寄稿者全員がどうして応じたのかがわかった。トムが必要としていたことに誰も抵抗できなかったのだ。しかも、彼はアイリス・マードックにも打診したところ（彼自身がそう言った）拒否されていて、『若き世代の発言』には女性も登場させなければならないと考えていた。彼を失望させることはできなかった。こうしてわたしは「怒れる若者」になった……。

何年ものあいだ、トムは進取の気性に富んだすばらしい出版人だった。彼は瀕死の状態にあったジョナサン・ケイプを買収し、イギリスでもっとも元気な出版社にした。彼は自分が見出した新人作家を大切に育てて支援し、ガルシア・マルケスの『百年の孤独』やジョゼフ・ヘラーの『キャッチ22』のように、評論家たちが最初は持ち上げたり、反対にがらくただと軽蔑した本のために戦ってきた。そして友人たちにはどんなときでもつねに誠実に接してきた。

ドリスに会いに行ったのはマクギボン・アンド・キーで働いていたときだった。ドリスと話をして、ついに『若き世代の発言』に寄稿してもらえることになったのだが、このとき、どういうわけかマイケル・ジョーゼフ出版との関係も切ったほうがいいと説得した。マイケル・ジョーゼフは処女作の『草は歌っている』以来、ドリスがずっといっしょに仕事をしてきた出版人だった（一九四九年にローデシアからイギリスに移住したとき、彼女は『草は歌っている』の原稿をたずさえてきたのだ）。ドリスがはじめてわたしに出版させてくれたのは『愛の習慣』という短編集だったが、マクギボン・アンド・キーにいたときはあまりドリスの役には立てなかった。『愛の習慣』を出版してからまもなく、ペンギンブックスの創設者アレン・レインからとても断り切れない申し出があったからだった。一方でうれしいこともあった。大金持ちの資産家で、マクギボン・アンド・キーのオーナーでもあったハワード・サミュエルがドリスの作品を大いに気に入り、わたしの勧めにしたがって名ばかりの賃貸料金で彼女にフラットを提供してくれたのだ。少なくとも彼女が満足できる生活を送ることに陰ながら応援することができたわけだ。つけ加えておかなければならないことがある。わたしが無作法なまでにさっさとペンギンブックスへ移ってしまったのはある意味では裏切りだったが、その点についてドリスに非難されたことは一度もない。

ペンギンブックスにいたあいだもドリスとわたしは定期的に会っていた。われわれはおたがいに計り知れない好意を抱いていたし、それは今でも変らない。実際、今までの人生で、わたしが彼女以上に高く評価している人物は一人もいない。五〇年代の終りにカーニーという大好きなコテージが自分のものになった日に、いっしょに車でブラックマウンテンズへ行ってもらったのはドリスだった。それから何年もして、娘のハンナが世話になっていた全寮制の学校の学費が支払えなくなったとき、ドリスはためらうことなく、わたしが支払いましょうか、と申し出てくれた。立て替えるのではなく、プレゼントだという。唯一の条件は、誰にも、とりわけハンナには絶対に明かしてはならないということだった。こうした太っ腹なところはいかにもドリスらしい。彼女は稼いだ金を、まちがいなく自分のためよりほかの人たちのために多く使っている。

ペンギンブックスで「イギリスの新しい劇作家たち」という脚本シリーズを出版することにな

ったときには、ドリスの『味気なさも十人十色』を第一巻目に入れることができた。わたしがペンギンブックスで二年間仕事をしてからケイプに移ると、ドリスもケイプと契約した。わたしは今も彼女の作品にはとても深い畏敬の念を抱いているし、当時も、新作を出版するたびに並はずれた努力をすることさえ楽しくてたまらなかった。そして彼女もケイプのやりかたをとても喜んでくれた。

ドリスは五十冊あまりの本を出版し、世界中で翻訳されているから、大金を稼いでいるにちがいない。だが彼女はNW6の質素な家に住んでいる。訪問した人は、わりと地味な人文系の学生の家にいるような気分になるかもしれない。だからこそ彼女はあの家に住んでいるのだ。

一般に、ドリスの代表作は一九六二年に出版された『黄金のノート』だと言われている。たしかにこの作品は屈指の現代小説だ。ドリスの作品はじつに多種多様で、つねに彼女特有の表現方法で書かれ、感動的な文体が用いられていることも珍しくない。わたしに言わせれば、彼女はずっと前にノーベル文学賞を受賞すべきだったと思う。賞金の百万ポンドの大半を寄付するかもしれないから、そうなったら見物だ。ノーベル賞などどうでもいい、とドリスが言い張るのはまちがいないが、なんとしても受賞させたいと思っている。わたしが出版を手がけたうちで十一人の作家がノーベル文学賞を受賞しているが、授賞式を見届けるためにわざわざストックホルムまで出かけなかったことも何度かあった。ドリスにとってノーベル賞受賞は最高にすばらしいできごとになるだろう。

出版人としては、自分が出版している作家に、あの作家の作品を出版してはどうか、と勧めら

ベドフォード・スクウェアのオフィスでドリス・レッシングと

れるのはうれしいおまけなのだが、意外にもこうしたことはめったに起こらない。ドリスは例外で、何人かの友人や作家を紹介してくれた。そのうちの一人がスーフィズム〔イスラム教の一派。汎神論的神秘主義〕の師イドリエス・シャーだ。ドリスはずっと共産主義者だったが、その後スーフィズムを信奉するようになり、ケイプは理論的な本や、数巻のナスレディン物語〔イスラム教の民話に登場するトリックスター〕などをふくめたシャーの著作を数多く出版することになった。ナスレディン物語は不気味な「説話」だと思われているが、非常におもしろい読み物だ。

ケイプで二十五年以上仕事をしてからフランスで過ごすことが多くなったために、ドリスはわたしに見捨てられたと思うようになった。ドリスはどんどんふさぎこんでいき、もちろんわたしにもそう言った。わたしは絶望的な気分になった。わたしがいないことの埋め合わせとして打つ手は何もなく、ドリスはケイプとの契約を解消した。だがその後も定期的に会っているし、二人だけでたびたびディナーにも出かけている。会話が途切れることは決してない。わたしは以前と同じように彼女と息子のピーターのことに強い関心を抱いているし、彼女もわたしと妻のレジーナと子どもたちのことを心から思ってくれている。著者と出版人という関係がなくなると、個人的な人間関係がますます重要になってくると思う。

二〇〇〇年に、ランダムハウスの精力的な社長ゲイル・ルバックがわたしの出版人生活四十年を祝うパーティを開いてくれた。ランズダウンホテルで開かれたあのパーティは最高だった。あの晩のためだけにミラノから飛んで来てくれたイタリアの出版人インゲ・フェルトリネリがいつもの情熱的な物腰で立ち上がり、四十年前のフランクフルト・ブックフェアではじめてわたしと出会ったときの話をしてくれた。わたしと同世代の屈指の出版人で、今は亡き夫のジャンジャコモ・フェルトリネリといっしょに彼女もフランクフルト・ブックフェアに来ていたのだ。それから、インゲは何の脈絡もなく唐突にこう言った。「四十年前、トムはドリスに恋をして、今でも彼女を愛しているんです」

アーノルド・ウェスカー

アーノルドと出会ったのは一九五八年、コベントリーの街だった。当時のわたしは熱狂的な芝居通で、彼の『大麦入りのチキンスープ』という芝居を観るためなら、車ではるばるコベントリーまで行くこともいとわなかった。この芝居は彼の自伝風三部作の第一作目で、ロンドンのイーストエンドで過ごした若いころのことを描いたものだ。わたしはこの芝居を大いに楽しみ、劇作家に会えるかもしれないと思って幕が降りてから舞台裏へ行った。そして、背が低く、ちょっとがっしりとした体つきで、一目でユダヤ人だとわかる顔つきの若者に出会った。かすかにイーストエンド訛があり、印章つきの指輪をはめていた。出版人なんです、と自己紹介すると、いかにもうれしそうに、ぼくの芝居を観るためにわざわざこんなに遠くまで来てくれたんですか、と言われた。

われわれはたちまち親しくなり、アーノルドに呼ばれてロンドンの自宅へ行ったときに、のちに彼と結婚したダスティを紹介された。アーノルドは自分の仕事や劇場について語るのが大好きで、わたしは彼の話に耳をかたむけるのが好きだった。彼の自宅には何度も呼ばれた。家族だけのこともあり、劇作家や、批評家や、俳優たちが集まっていることも多かった。いつもおなじみの顔ぶれだったが、ときどき大人数の集まりがあった。アーノルドは人をもてなすのが大好きだし、ダスティは料理好きなので、アーノルドの芝居を上演した海外の劇団がロンドンに来ると、いつも劇団員全員をディナーに招待していたからだ。二十人でも三十人でも平気だった。あのころはチャルコット・クレッセントの家で独り暮しをしていたから、すでに代理家族になっていたアーノルドたちと過ごす夜が楽しくてならなかった。

『大麦入りのチキンスープ』はペンギンブックスでスタートさせた「イギリスの新しい劇作家たち」シリーズの第一巻に所収して出版した。当時、ロイヤルコート劇場はアーノルドの三部作を上演すると約束していたから、『大麦入りのチキンスープ』に続いて『根っこ』が（ちなみに、ジョーン・プラウライトがみごとな演技で主役を演じた）、それから『僕はエルサレムのことを話しているのだ』が立て続けに上演された。この三作はのちに『ウェスカー三部作』としてケイプで出版したが、ロイヤルコート劇場で三部作が上演されてから間もなく、友人のアーノルドはジョン・オズボーンとハロルド・ピンターと並ぶ当時の重要な劇作家のひとりとして認められた。もちろんアーノルドは自分が成功したことをとてもよろこんだが、それで慢心したようには見えなかった。

わたしにとって、ロイヤルコート劇場は第二のわが家のような存在になりかけていた。もともとアーノルドをはじめとする劇作家に興味があったのだが、やがて経営幹部とも知り合いになり、とくに芸術監督だったジョージ・ディヴァインと、副監督で大変な才能に恵まれた舞台・映画監督のトニー・リチャードソンと親しくなった。ジョージは『ジャックと豆の木』にもとづいたクリスマス用のパントマイム劇を書くと約束してくれたうえに、スノードン卿（当時はまだアントニー・アームストロング＝ジョーンズだった）がロイヤルコート劇場の関係者全員の集合写真を撮影するときに、きみも入れよ、と言ってくれた。われわれは劇場の前に停めてある屋根のないバスに乗り込んだのだが、わたしはその場に参加していることが誇らしくてならなかった。撮影された写真はまずヴォーグ誌に掲載され、ジョン・オズボーンの自伝にも掲載されたほか、何度もいろいろなところで使われた。

ロイヤルコート劇場では俳優たちとも親しくなったが、ロバート・ショーとはとくに仲良くなった。彼は驚くほど知的な男で、処女小説『隠れ家』には大きな感銘を受けた。セントジョンズ・ウッドにある彼の家にたびたび遊びに行き、二人で何時間もたてつづけに卓球をしたものだ。卓球はスピードが速くて激しいスポーツで、わたしはかなり腕がいいと思っていたのだが、彼のほうがはるかに強かったし、おまけに猛烈な負けず嫌いだった。もうひとつ、パーティのときに彼がよくやるちょっとしたゲームがあった。ベランダの手すりにぶら下がって、ぼくよりも長くぶら下がっていられるやつはいないか、と挑発するのだ。

ボブの妻は肌の色が白いジャマイカ人で、二人のあいだには何人か娘がいた。だが、ロイヤルコート劇場で上演された王政復古時代の芝居で主演を演じたとき、ボブは相手役のマリー・ユーアと不倫をした。マリーが妊娠し、ボブの妻も同じころに出産予定だったために、ボブは非常に不愉快なことを言わなければならなくなった。妻とマリーに、息子を産んだほうを選ぶ、と言ったのだ。男の子を産んだのはマリーで、ボブは妻と別れた。この一件があったとき、すでにその名を知られた俳優だった彼は、その後、有名な映画俳優になった。

一九六〇年に英国労働組合会議を通過した「決議案42」にちなんで、アーノルドは「センター42」という演劇プロジェクトを設立するプランを立てていた。演劇をすべての国民に手渡すことが、つまり演劇をロンドンから連れ出すことがねらいだった。「センター」には本部が必要で、アーノルドは理想的な建物としてロンドンのチョークファームにあったラウンドハウスに目をつけた。だが「センター」には資金がない。アーノルドはかなりの金を稼ぎはじめてはいたが、そうした組織の資金として出資できるほどの金額ではなかった。十分な金額を稼いでいたら、まちがいなく出資していたと思う。そこで、「センター」を慈善団体とし、ラウンドハウスのオーナーのルイ・ミンツを説得して家賃を寄付してもらうことにした。アーノルドが説得に成功した勝利の日のことはよくおぼえている。その一方で、民主的な運営であることを強調するために、「センター42」の評議委員としてマイケル・クロフト、シーン・ケニー、ジェニー・リー、ジョン・マックグラス、アラン・オーウェンといった人たちを指名することにした。わたしも参加を求められたので評議委員になった。

委員会は月に一度開かれたが、二、三度出席して、アーノルドはかなり専制的だと思うようになった。友情は大切だと思ってはいたが、いつのまにか彼の意見に賛成するより反対するほうが多くなっていたので、二人で会う約束をして、評議委員を辞任するかしないかふたつにひとつしかない、辞任しない場合は、まったく気が進まなくてもきみの意見には反対せざるをえないだろう、と言った。世界中の魅力を一身に集めたような口調で彼は答えた。「そうか、そういうことなら、辞任するのが一番だろうね」

ロンドンのわが家にはいろいろなものがそろっておらず、アーノルドとダスティの手厚いもてなしに報いることはできないと思ったので、ときどきブラックマウンテンズにあるコテージに招待した結果、二人もコテージを熱愛するようになった。ある日、山歩きをしていたときに、すばらしい場所に建っているなかば朽ちかけたコテージを見つけた。まったくのほったらかしなので、直感的に売りに出されているかもしれないと思い、すぐに問い合わせて売り主をつきとめた。だが、たしかに売りに出されてはいるが、二千ポンドで「契約済み」だと言われてしまった。ひどく落胆したが、二千ポンドより高額で買うといったら売る気になりますか、とたずねてみた。彼はウェールズ人の農夫に特有のそつのなさで、すべては金額によりますね、と答えた。ヘイ゠オン゠ワイを出たところにある電話ボックスからロンドンのアーノルドに電話をかけると、自宅にいた彼をつかまえることができた。胸が高鳴った。明日にもこっちへ来るべきだと伝えたが、それは不可能だった。だが、二人はその翌日にやってきて、思ったとおり一目で気に入った。わたしは二人に、本気でこのコテージを手に入れたいと思うなら提示金額は二千五百ポンドが妥当な線だと思うな、と言った。それより少なくてもだめだし、もっと出すという必要もないよ。そんな金はない、とアーノルドが言うので、用立てようか、と申し出た。わかりきったことだが、修理費用が出せるようになるまでこの家はほっておけばいい、という話もした。修理には七千ポンドから一万ポンドくらいかかるだろうし、そのことを考えれば、購入費用として五百ポンド余分に支払うことくらい何でもないだろう。アーノルドは納得し、売り主に金額を示した。わたしはすぐに返事をくれとせまった。売り主はこちらの申し出を受け入れ、こうしてアーノルドとダスティはウェールズのお隣さんになった。

このころには、アーノルドは単なるとても親しい友人ではなく、「親友」になっていて、おたがいに何でも打ち明けるようになっていた。親友どうしというのはそういうものだ。彼にはわたしも知っている三人の子どもがロンドンにいるが（そのうちの一人はわたしの名付け娘だ）、スウェーデンにも娘が一人いて、ストックホルムで彼の芝居が上演されたときにできた子どもだということだった。彼はその子が産まれるまで知らなかったという。当時、この話を知らされたのは世界中でわたしだけだったし、もちろんこのことは秘密にしておかなければならなかった。実際、それから十五年間、彼もわたしも口を閉ざしていた。

ケイプは何年間もアーノルドが書いた芝居の脚本を出版しつづけた。イングランドで上演されなかったものまで出版していた。驚くにはあたらないが、販売部数はごく少数だった。ある日、そのときまでに何部出版してどれだけの赤字になっていたのかはおぼえていないが、「新作が上演されるのを待ってから脚本を出版するべきだと思うんだ」とアーノルドに言った。彼は単に誠意のない発言だとは考えず、裏切りだと思い込んだ。そして、信じていただけないかもしれないが、怒りのあまり、それから二十五年間もわたしに口をきかなかった。彼とわたしは親密な友人だったのに、あんなことになるとは夢にも思わなかった。

一年くらい前のことだが、一人でブラックマウンテンズのコテージにいたとき、耳の感染症にかかってしまったことがあった。病院とまではいかなくても、緊急に医者に診てもらわなければならなかったが、とても車を運転できる状態ではなかった。妻のレジーナがウェールズにあるアーノルドの家に電話をかけたところ、彼はたちどころに医者に電話を入れてから迎えにきてくれた。われわれはほとんど口をきかなかったが、車内にはやさしさが漂っていた。二十五年ぶりに顔を合わせたこのチャンスを逃さず、二、三週間後にコテージに戻ったときにアーノルドを夕食に招待した。彼は愛想よく招待を受けてくれ、われわれは何時間も話し合った。すべてが昔と同じと言ってもいいほどだった。もちろんあのときのことを話し合おうと思っていたのだが、その夜を台無しにする危険は冒したくなかった。そして、彼も同じ気持ちだった。

三人組

この章のタイトルを「三人組」にしたのは、三人の作家について書こうと思ったからだ。三人ともイギリス人で、ほぼ同時期にわたしの前に登場し、そろって非凡な才能に恵まれていた。イアン・マッキューアン、マーティン・エイミス、そしてジュリアン・バーンズだ。ケイプと契約したのもほとんど同じ年齢のときで、ケイプはまさに処女作からこの三人の作品を出版してきた。あれから何年もたったが、この三人は今でもケイプの作家で、最近の出版界ではこうした義理立ては珍しい。その後、一時的に関係が切れる重要な時期を迎えるのだが、この三人は無二の親友でもあった。三人とも競争心旺盛で、とりわけテニスとスヌーカ〔賭けビリアードの一種〕にかけては相当なものだったが、ブッカー賞のこととなるといささかおとなしかった。しかし、受賞めざして張り合わなければならなかったことは言うまでもない。この三人はケイプのスター作家だっただけでなく、ほとんど最初からもっともすぐれた「イギリスの若手作家」の仲間入りをすると考えられていた。わたしはこの三人に匹敵する才能に恵まれ、しかも彼らと同世代の四人目の作家の作品も出版した。彼は三人組と「徒党」を組んでいなかったからこの章には登場しないが、つぎの一章を丸ごと彼のために当てた。四人目の作家とは、一九八九年に亡くなったブルース・チャトウィンだ。

マーティン・エイミス

マーティン・エイミスに会ったのはバーネットのレモンズにあった田舎の邸宅で、この屋敷はわたしが入社する以前からケイプの作家だった父キングズリーと彼の妻エリザベス・ジェイン・ハワードのものだった。マーティンはまだオックスフォードの学生で、キングズリーは反対だったのだが、ジェインが大学へ行きなさいと力づけたのだ。マーティンは早熟な十八歳で、小説を書くことにとりわけ興味があったわけではなかったが、きっと書くだろうという予感がしたので、水を向けるつもりで、いつでもかまわないから、もしも小説を書いたらぜひわたしに送ってほしい、とたのんだ。

出会いから数年後に『二十歳への時間割』が届き、びっくりした。というのも、わたしがマーティンだったら、父親の作品を出版している出版人ではなく、なんとか自分で別の出版人を見つけようとしただろうと思ったからだ。「三人組」のなかで、マーティンはケイプが出版した最初の作家になった。

週末になるとわれわれはたびたびレモンズで会った。マーティンはいつも一人だったが、わたしはいろいろなガールフレンドを連れていった。そしてあいさつとしておたがいに両頬にキスする。フランスで生活したことがあったのでわたしにはごく自然なことだったのだが、マーティンがこの習慣をきわめてあっさり受け入れたのには驚いた。数年後にマーティンに、あなたのガールフレンド選びには大いに感じ入った、と言われたことを思い出す。だが、すぐにマーティンもまねをするようになり、はじめてマーティンと夕食に出かけることになったとき、友だちを連れていってもいいか、と聞かれた。その友だちがティナ・ブラウンで、彼女もまだオックスフォードの学生だった。いかにもかわいらしいというわけではなかったが、すでに劇作家としてそこそこの成功をおさめていた。のちに彼女はスーパースターのジャーナリストになり、イングランド版とアメリカ版のヴァニティーフェア誌の編集も手がけた。その後、ニューヨーカー誌の編集長になり、イングランドにいるあいだにサンデー・タイムズ紙の伝説的な編集長ハロルド・エヴァンズと結婚している。一方のマーティンは、A・J・エアの義理の娘ガリー・ウェリズや、ニック・トマリンの未亡人で現在はマイケル・フレインのパートナーであるクレアをはじめ、文学界ではよく知られている多くの女性たちと交際していた。

小説家としてマーティンはとんとん拍子で成功を重ね、処女作の『二十歳への時間割』はやや伝統的だったが、じきにほかの作家とはちがう独自の力強いスタイルを生み出した。しかし、今もって不思議なのだが、誰がブッカー賞を受賞するかという賭けでは、ケイプの三人組のなかで一番人気がなかった。だからといって、ほかの二人にくらべて力のない作家だったわけではない。

実際、彼は大勢の愛読者を獲得しはじめた。彼は話し相手としては刺激的で才気があるのだが、いささか抜けているところがあった。いま思い浮かべているのは、またの名を「ザ・ジャッカル」というアメリカ人文芸エージェントのアンドリュー・ワイリーにぜひ自分のエージェントになってもらいたいと思ったマーティンが、その願いを実現させたときのことだ。エージェントの変更そのものは非難されるべきことではないのだが、マーティンは自分のエージェントだったパット・カヴァナにそのことを伝えるのをころっと忘れてしまった。さらにまずいことに、偶然にも、パットはマーティンの親友だったジュリアン・バーンズと結婚することになった。そのためにマーティンは、怒り心頭に発したジュリアンから、ぼくは決してきみを許さないし、今後のつき合いなど問題外だ、という絶交状を送りつけられてしまったのだ。

猛烈に真剣に仕事に取り組んでいるマーティンは、ランチに招かれてもしぶりにしぶったすえにようやく受けるほどで、彼に言わせるとランチは仕事の「邪魔」なのだそうだ。きわめて計画的に日々を送っているのだと思うが、だとすると、これからお話するできごとはなおさら説明がつかない。こんなことがあったのだ。ケイプは（もちろん彼も賛成したうえで）新作の販売促進のためにコベントガーデン書店でサイン会を開く段取りをつけた。ところがサイン会の前日に、まったく文字通り前日になってマーティンが電話をかけてきて、どうしてもサイン会には出席できないと言う。「どういうことなんです？」と販売促進の責任者がたずねると、「明日、結婚するもんで」という答えが返ってきたのだ。

イアン・マッキューアン

出版を引き受けた「三人組」の二番手はイアン・マッキューアンだった。当時のわたしは新人を発掘するのに夢中で、おびただしい数の文芸誌を読みあさっていた。そのうちの二冊、つまりテッド・ソロタロフ編集のアメリカン・リテラリー・レヴュー誌と、イアン・ハミルトン編集のニュー・イングリッシュ・レヴュー誌でたまたまマッキューアンという若い作家の短編小説を見つけた。どちらも非常に印象的な作品だった。風変わりで、気味が悪くて、すごく面白おかしい部分もある。そこでこの作家に手紙を書き、一冊の短編集にするだけの分量の作品があるのならぜひ出版したいと伝えた。返事がきたが、「残念ですが、わたしの本は別の出版人（セッカー・アンド・ワーバーグ社のトム・ローゼンタール）が出版することになっています」とあり、この話はこれで終りだと思われた。だが、わたしは文芸誌を読みつづけ、数ヵ月のあいだにまたまたマッキューアンの新しい短編小説をいくつか見つけた。一作ごとに前作をしのぐできばえになっていく感じだった。こんなことが一年続いてからふたたび、短編集が出版されたという新聞広告を見ていませんがどういう状況なのですか、という内容の手紙を書いた。返事によると、ローゼンタールの考えが変わり、最初に長編小説を出版して二冊目に短編集を出版するのが一番いいと言うので、すなおに提案を受け入れたのだが、どうしても長編が書けないとのことだった。そこで即座に、無条件で短編集を出版するという契約を申し出た。こうしてケイプは『最初の恋、最後の儀式』を出版することになった。

契約書にサインしたとき、お望みなら喜んで二冊目の短編集を出版するつもりです、とイアンに言った。われわれが『最初の恋』と呼んでいたこの本はたちまち評判になったわけではなかった。しかし、どんどん販売部数をのばしていき、どんな本もおよばない部数が、そして短編集としては聞いたこともないと言ってもいい並外れた販売部数になった。結局、『最初の恋』に続いてケイプは二冊目の短編集『ベッドの中で』を出版し、それからイアンは九作の小説を書いた。そのうちの『アムステルダム』(一九九八)はブッカー賞を受賞したが、もっとも高い評価を受け、もっとも成功したのは『贖罪』(二〇〇一)だった。「三人組」でブッカー賞を受賞したのはイアンだけだ。

結果はどうあれ、ブッカー賞の最終候補者名簿に名前が残っても、冷静かつ理性的な態度をくずさない作家もいる。だが、普段はおだやかで、誰からも一目置かれている感じがするイアンはちがった。『黒い犬』で最終候補に残ったとき、イアンの期待は高かった。受賞者の名前が読み上げられた瞬間のことはいつまでも忘れないだろう。われわれはディナーテーブルを囲んでいたのだが、イアンがわたしに向き直り、「行こう」と言ったのだ。そこでケイプのテーブルについていた十二人全員が立ち上がって会場を離れ、わたしのアパートメントでパーティを開くことになった。まだスピーチさえ行われていなかった。翌日の夜にビデオで授賞式のもようを見たが、ギルドホールにはディナージャケットで盛装した文芸関係者がほとんど全員つめかけており、誰

レ・ザスプレで開かれたわたしの60歳の誕生パーティで、
イアン・マッキューアンと

わたしの誕生日にジュリアン・バーンズがディナーに
招待してくれた。左からマーティン・エイミス、わたし、レジーナ、
イアン・マッキューアン

もいないテーブルがぽつんとひとつだけ見えた。

レジーナとわたしはイアンと何度も会ってきたが、長い年月のあいだに、人間としても、父親としても、じつにすばらしい人だと思うようになった。十代の二人の息子をとてもかわいがり、三人だけでよく独立独行の冒険に出かけている。マッキューアンの離婚した妻のペニーはわたしに、あなたがイアンのことばかり考えているのははっきりしているんだもの、わたしはのけ者にされているみたいな気分よ、と不満を口にすることがあった（彼女の言い分は正当だ）。そこで、レジーナとわたしは特別にがんばることにして、マッキューアン夫妻だけをイートンプレースの自宅に招待することにした。当時、彼らはオックスフォードに住んでいた。夕食は八時からということだったのだが、ようやく九時一〇分になって、イアンがなんとなく乱れた姿でわが家の玄関にあらわれた。「ペニーは？」とたずねると、「口論になって、信号で車が停まったときに、いきなり飛び降りて行ったよ」という答えが返ってきた。彼女のために一肌脱ごうとしたばかりにそんなことになってしまったとは皮肉だと思った。イアンは今、アンナレーナ・マカフィーと結婚して幸せに過ごしている。

ジュリアン・バーンズ

三人の著者はまったく個性がちがう。マーティンは一番ハンサムで口がうまいし、ジュリアン・バーンズは強健で寡黙（「三人組」のなかで彼の作品は三番目に出版された）、イアン・マッキューアンは二人の中間というところか。寡黙といえば、ジュリアンとことさら騒々しいわけでもない高級レストランへランチを食べに行ったときのことを思い出す。席に着き、おたがいの顔をじっと見つめたまま一言も交さずに数分が過ぎてからジュリアンが、「トム、ひとつ聞きたいことがあるんだ。今の、聞えなかった？」と言ったのだ。わたしはいま補聴器を使っているので、ああいうことは二度と起こらないでくれるとありがたいと思っている。

　ジュリアンは処女小説『地下鉄地区』の原稿を持ってケイプへやってきた。いい本だとは思ったが、それ以上のものは感じなかった。だが、『フロベールの鸚鵡《おうむ》』には心底夢中になった。これはきわめて独創的で、しかもとても楽しめる小説で、フロベールを読んだことがあるなしにかかわらず非常に多くの読者を猛烈に楽しませた。イングランドではブッカー賞の最終候補作となり、販売部数も大いに伸びた。フランスでも大評判になったが、これはベルナール・ピヴォーというフランスを代表する文芸評論家のおかげでもあった。彼はテレビの文芸番組の学者先生をつとめていて、とんでもない人気者だった。『フロベールの鸚鵡』のコーナーでジュリアンにインタビューをしたピヴォーがカメラに向かって、「すぐにこの本を買いに行きなさい」と言い、番組の視聴者がこの言葉にしたがったからだ。

　ジュリアンと奥さんのパット・カヴァナが南フランスにあるわが家を訪ねてきたので、アプトという近くの市場町へ連れて行ったことがある。中央広場に面した書店に入ったとたん、「よくいらっしゃいました、ムッシュ・バーンズ」と店主にあいさつされた。ジュリアンがピヴォーの番組に出演してから一年か二年後のことだ。ジュリアンはみごとなフランス語を話すし、文学も、食べ物も、ワインも、フランスに関することなら何でも大好きだ。彼一流の流儀もあって、わが家へ来てから一時間もしないうちに、「ゴミョー〈星つきレストランガイド〉を見せてくれないかな。あなたとレジーナをこの辺で一番いいレストランに連れて行きたいんでね」と言い出し、一番のレストランを選んだ。

わたしの六十歳の誕生日にジュリアンは自宅でディナーパーティを開いてくれたのだが、ちょっとおもしろいことが起ったおかげで、彼の手料理はいっそう忘れられないものになった。料理が終り、いよいよデザートというときになって、不意にジュリアンの姿が消えていることに気づいた。さがしに行ったパットが戻ってきてこう言った。「自分のベッドでぐっすり眠りこんでいるわ」。手の込んだすばらしいあの夕食は、たしかにそれだけの代償にあたいするものだった。『フロベールの鸚鵡』のつぎに出版したのが『10・½章で書かれた世界の歴史』だ。書名からもわかるようにこれは想像力に富んだ作品で、『フロベールの鸚鵡』と共通する面はまったくないが、わたしはどちらも同じくらい好きだ。このふたつは優劣がつけられないほどすばらしい作品だと思う。ジュリアンには当意即妙の才があるが、好例はリズ・カルダーがブルームスベリー出版の共同創設者になるためにケイプを辞めたときの台詞だ。彼女といっしょにブルームスベリーへ行くつもりなのか、と聞かれた彼は答えた。「彼女といっしょに行きたいなんて、そんなわけないだろう？　彼女はぼくを捨てたんだぜ」

ブルース・チャトウィン

ブルース・チャトウィンも「三人組」と同世代だが、別扱いにしたのは、すでに亡くなってしまったからだ。彼の才能はまちがいなくイアン・マッキューアンやジュリアン・バーンズと比肩するものだった。

はじめて読んだブルースの仕事は放浪者についての記事で、彼のエージェントだったデボラ・ロジャーズが送ってくれたものだった。いつもの洞察力で彼女は特別な新人を見出したな、と思った。わたしが知っているイングランドの文芸エージェントの中で、才能を見抜くことにかけてはデボラの見識が正しい可能性がもっとも高い。わたしはブルースが書いた記事に感銘を受け、彼の才能を示す証拠はこの記事だけだったが、よろこんで契約の申し出をした。だが、ブルースが送ってきた最初の八十ページは堅苦しく、退屈だとさえ言えるしろものだった。彼がオフィスに来ることになったが、大変つらい打ち合わせになるだろうと思った。言うまでもなくわたしは率直に話さなければならなかったし、同じように言うまでもなく彼は異常なまでに落胆した。送られてきた原稿については不安を感じてはいたが、それでも契約を申し出たことについてはまったく後悔していなかった。ブルースを失ったかもしれないと思うと不安だったが、実際にはそんなことにはならなかった。送られてきた原稿だけが例外で、その後に書かれるものとは何の関係もなかったとでも言いたい展開になった。

作家になる前、ブルースはサザビーズに勤務していた。弱冠十八歳で入社したときには一番つまらない役割しか与えられなかったが、二十三歳になったときには印象派と現代芸術の専門家になっていた。彼は格段に目が高く、芸術の世界で抜群の仕事ぶりを見せていたのだが、勤めはじめた直後くらいから競売会社という世界に不満を感じるようになり、だんだん嫌いになっていって、ついに辞めようと決心した。無一文も同然だったのだから、これはとりわけ勇敢な決意だった。

放浪者の一件があってから、今後はどんなことを書くつもりでいるのかということについて、ブルースは何も言わなかった。彼はサンデー・タイムズ紙にさまざまなテーマで記事を書いていたが、この仕事も短命に終る。予告もせずに仕事を辞め、新聞社宛てに「パタゴニアへ行く」というあっさりした文面の電報を打ったのだ。

三年ほどしてブルースから完全原稿が届いた。『パタゴニア』だ。この旅行記はほかのどんな旅行記ともちがうものだった。この作品は、アルゼンチンの遠隔地パタゴニアで彼が発見したものについての詳細な報告だった。文章は断片的なのだが、説得力がある。わたしはこの本の形式にも、文体にも、内容にも夢中になってしまった。最初に放浪者でつまずいたことを思うとまるで奇跡のようだったし、この作品は今でもお気に入りの一冊だ。チャトウィンの全作品の中でもたぶん一番好きだと思う。しかも、わたしが手放しで感激した本で、まともな書評が書かれたのはこのときがはじめてだった。

そのころになってようやく、ほんの少しだけブルースについて知ることができた。ほんの少しというのは、彼はつねにとらえどころがなく、自分が今どこにいるのかということも、友人関係も秘密にしたがっていたからだ。ブルース自身はすばらしく魅力的な人物だったし、話はいきいきとして聡明だった。あれほど話上手で、同時にすぐれた作家だということがなかなか信じられなかったほどだ。このふたつの資質をあわせもつ人間はめったにいない。

その後、ブルースが『ブラック・ヒル』を書いていたとき（これは現在でも百年前と同じくらい辺鄙なブラックマウンテンズで一生を過ごした二組の双子の物語だ）、ウェールズにある石造りのコテージを貸してあげた。わたしのコテージはケーペル＝Y＝フィン（「突き当たりにある教会」という意味）のすぐそばの山中にある。ブルースはそこで五カ月過ごし、そのあいだにいろいろな人が彼を訪ねていったのはわかっていたが、誰一人として身元をつきとめることはできなかった。ブルースは猛烈な健脚家で、執筆が一段落すると山歩きをしていた。ウェールズの山中では歌手のジョージ・メリーに出会っているし、詩人のジョン・ベッチマンの妻ペネローペ・ベッチマンともときどき顔を合わせている。こうした出会いがあったことは複数の共通の友人が教えてくれたのだが、ブルースは一度も話してくれなかった。ニコラス・シェイクスピアの伝記を読んで、ブルースが子どものころにケーペル＝Y＝フィンに行ったことがあるのもわかった。

こんなことでさえ彼はわたしには教えないことにしていた。わたしの人生にとってあのコテージは大切な場所なのに、彼がなぜ何も話してくれなかったのか、どうも腑に落ちない。『ブラック・ヒル』につづいて書かれたのが、多くの人びとがブルースの最高傑作だと考えている『ソングライン』だった。この作品にもオーストラリア旅行の記述が満載されており、書名はアボリジニの歌の旋律に由来している。ブルースはいつも自分が書いている作品に熱烈な恋愛感情を抱くようになっていったが、先住民に魅了されたことで、彼にとって『ソングライン』はひときわ重要な作品になった。

ブルースがいつ不可解な病気にかかってしまったのかはわからないが、われわれが『どうして僕はこんなところに』をまとめていたときには、たしかに病状は重くなっていた。ピクニックランチに参加するためにケイプにやってきたときも、手を貸してソファに座らせなければならないほどだった。『どうして僕はこんなところに』の表紙に使ってほしいということで、スライドをあずかっていた。抽象画のような感じで、誰がこの写真を撮ったんだい、とたずねると、「ぼくが撮ったんだ」という答えが返ってきた。それからまもなく、レジーナとホーマーエンドと呼ばれていたブルースの自宅を訪ねた。病状はさらに悪化していて、奥さんのエリザベスは夫のためにベッド兼用のソファを用意していた。彼女はずっとブルースの心の支えだった。どこへ出かけても、誰と旅に出ても、彼はかならず彼女のところへ帰っていた。

ベッド兼用のソファに横になったまま、彼は魅力的な声でつぎに書くつもりでいる小説について静かに語った。女主人公はリディア・リヴィングストンといい、舞台はモスクワ、パリ、そしてニューヨークだという。それほど多種多様な都会を描くのはそれまでなかったことで、この作品はもっとも重要な作品になるはずだと思った。だが、その作品を書く時間はもうないこともわかっていた。

ブルースは一九八九年に亡くなった。死因についてはさまざまな憶測が飛びかった。エイズだという者もいたが、人間関係を考えればたぶん理にかなっていると言えるだろう。二、三年前に中国で真菌症にかかったのだと言う人もいた。このふたつが重なったのかもしれない。葬儀はロンドンのロシア正教会で行われた。イスラム教の指導者がサルマン・ラシュディに法的決定を下した翌日だった。にもかかわらずサルマンは参列し、葬儀が終る直前に海外に出た。そのときわたしはすごく日に焼けていて、一人のジャーナリストに、サルマンさんですか、と聞かれたので、ハロルド・ピンターを指さしながら「いいえ、彼はあそこですよ」と答えた。

ブルースの死から一年くらいして、彼が撮影した三十五ミリのネガがぎっしりつまった大きなビニール袋を持ったエリザベスが訪ねてきた。彼女には興味をそそる写真なのかどうかよくわからなかったのだ。まちがいなく興味をそそる写真だった。どれもすばらしいものばかりだったので、さっそくデイヴィッド・キングに写真集としてまとめてもらうことにした。そして、この才気あふれた人物といっしょに楽しみながら、何時間もかけて美しい写真集に掲載する写真を選んだ。デイヴィッド・キングも、ブルースと誰よりも親しかった友人たちも、彼が写真を撮っていたことを知らなかったのはまったく意外だった。

写真集の発売と同時にヘイワード美術館で写真展を開催した。ブルースの友人が一堂に会した楽しい集まりだったが、ジョージ・メリーとは口論になった。わたしが誰かに、ブルースはわたしのコテージで『ブラック・ヒル』を書いたのだ、と話しているのを小耳にはさんだ彼が、「とんでもないたわごとだ、ブルースはわが家であの本を書いたんだぞ」と割り込んできたのだ。彼はすっかり興奮していたが、わたしも一歩もゆずらず、この名誉は共有して、たとえば、ブルースは『ブラック・ヒル』をわたしのコテージときみの家で書いたということにしてはどうかな、と提案した。

サルマン・ラシュディ

リズ・カルダーがケイプの一員になったときに登場したサルマンは、ちょうど『真夜中の子供たち』の原稿を仕上げたところだった。多くの人はこの小説が彼の処女作だと思っているが、じつはそうではない。処女作は『グライマス』という作品だ。『真夜中の子供たち』を読み、すばらしい世界に接したと思った。この小説はまさしく「魔術的リアリズム」〔刻明な表現主義的・写実主義的な方法で超自然的なイメージを描くスタイル〕と呼ばれる文学に属するもので、それもとびきりすぐれた一例といえる。サルマンはもちろんリズが担当する作家だったが、わたしが『真夜中の子供たち』に夢中になってしまったので、うれしいことに出版に向けた一連の仕事をいっしょにやらせてもらえることになった。わたしと同じように、ケイプの誰もがこの作品に熱中していたといってもいいほどで、これは絶対にベストセラーになると確信していたのだが、発売当初はたった二千部しか売れなかった。だがこの小説がブッカー賞を受賞すると、販売部数はたちまち四万部に達し、さらに五万部、六万部と伸びた。ブッカー賞のディナーには何度も出席しているが、受賞作が発表されたときにあれほど興奮したことはなかった。

後年、ブッカー賞のディナーはまったく様変りした。サルマンとはもう一度ブッカー賞のディナーテーブルに着いたことがある。『真夜中の子供たち』をしのぐ作品だと思った者もいたほどの傑作『恥』が候補作になったときだ。受賞者が発表されてから少しして（このときはジョン・マイケル・クッツェーが受賞した）、審査委員長のフェイ・ウェルドンがわれわれのテーブルにやってきた。そして、驚かないでいただきたいのだが、サルマンに向かってこう言った。「ちょっとお話しておきたいんですが、『恥』がもっともすぐれた作品だったことははっきりしていたんです。でも、もっともすぐれた作品が受賞作になるとはかぎりませんのでね」。サルマンは激怒した。当たり前だ。

ラシュディがもう一度ブッカー賞の候補になったときのこともお話しておこう。一九九五年のことで、このときサルマンとわたしは三千二百キロも離れていた。『ムーア人の最後のため息』が最終候補に残ったのだ。ブッカー賞の「創設者」という資格でわたしは毎年ディナーに招待されているし、それまでは毎回出席していたのだが、このときだけが唯一の例外だった。なぜかというと、インドネシアの海上にいたからだ。白人など見たこともないにひとしい首狩り族に会いに行って、ブッカー賞の発表があった夜はちょうどイリアンジャヤを出航したところだった。船客は十八人。アミールという男性もふくめて大半がインドネシア人で、一組のカップル以外は、つまりミック・ジャガーとジェリー・ホール以外はまったくの無名人ばかりだった。ロンドンでブッカー賞のディナーがはじまっているまさにそのとき、わたしは二人の船客といっしょに付属のボートで海に出ていた。ブッカー賞のことと、サルマンが受賞しますように、というわたしの願いはもちろん船客全員に話してあった。わたしが親船を離れているあいだに、アミールがラジオでサルマンがブッカー賞を受賞したことを知り、レジーナにそのことを伝えた。そして、すばらしいニュースをわたしに知らせるために、彼女は大急ぎで別の付属ボートに乗り込んだ。さて、わたしは釣人としてはまったく見込みがないのだが、あのときは運よく巨大なマグロを釣り上げたところだった。あとで計ってみたら六十五キロもあった大マグロを親船へ持って帰るのに小一時間もかかったくらいだ。レジーナがわれわれの船にやってきたとき、わたしは興奮してはしゃぎまわっていた。

親船に戻り、夕食のために着替えをしてから、船に乗っている全員にシャンパンをふるまったが、あの晩みんなで楽しんだマグロ鮨にシャンパンはぴったりだった。夕食の前にサルマンに送るお祝いのファックスを書いていると、一言添えさせてくれませんか、とミック・ジャガーが言った。なんと、ミックは数えるほどだがサルマンに会ったことがあり、著書も何冊か読んでいたのだ。だが、何度も試してみたのだが、ファックスはうまく流れてくれなかった。数日後にバリ島へもどり、はじめてラシュディがブッカー賞を受賞していなかったことが判明した。ラジオで彼の名前を聞いたアミールが、受賞者の名前にちがいないと思い込んでしまったのだ。ファックスがサルマンに届かなくて本当によかったと心底ほっとした。

『悪魔の詩《うた》』をもってきたのは、サルマンの新しいエージェントのアンドリュー・ワイリーだった。だが、彼が提案した前払印税が五十万ポンドだったことと、わたしも同僚もこの作品にあまり夢中になれなかったという事実が重なり、ケイプはこの作品の出版を辞退することにした。だが、前払印税がいくらであっても、なんとしてもサルマンを獲得したいと思っていたペンギンブックスがワイリーの提案を受け入れた。だが、誰もが知っているように、この作品が出版されたことでイスラム教の指導者はサルマンに法的決定を下した。ペンギンブックスにとって事態は一転して悪夢となり、ペンギンの最高経営責任者ピーター・メイヤーは四六時中『悪魔の詩』のことばかり考えなければならなくなった。サルマンの生命がつねにおびやかされ、ペンギンの社員までが身の危険を感じていたからだ。この本を出版したノルウェーの出版人に銃弾が三発撃ち込まれて死体が自宅の前に放置され、日本の翻訳者は刺殺された。そしてサルマンは何年間も定期的に安全な家から家へと移動することを余儀なくされた。

サルマンがどこで暮しているのかまったく見当がつかなかったが、電話番号だけはわかっていたので、いつでも何の問題もなく連絡をとることができた。レジーナと二人でサルマンを夕食に招いたのは、法的決定が下されてから数カ月後だった。その日の午前中に警察がやってきてわが家を徹底的に点検し、夕方になって四人の警察官にともなわれたサルマンがやってきた。警官たちはまったく夕食の邪魔はせず、二人は上階の予備室でテレビを見ていたし、あとの二人は家の前に駐車しているパトカーの中で待っていた。

サルマンがケイプにやって来るときはつねに複数のボディーガードがついていた。社員食堂でスーツを着てネクタイをしめた二人の男性を見かけると、サルマンが建物のどこかにいるというわけだ。なんという警備体制だったことか！　あるときサルマンに、警備の費用は誰が支払っているんだ、と聞いたことがある。はっきりしたことは言いたくないようだったが、一番たくさん支払っているのはイギリス政府だが、彼もかなりの金額を支払っているとのことだった。

レジーナもわたしも、フランスのわが家に滞在したらサルマンも休息できるはずだと思った。居心地のいい家だし、人里離れたところにあるからだ。この話に彼は喜んでくれ、何カ月もフランス政府と協議を重ねた。しかし、最初に言われたのだが、サルマンはわが家がフランスの警察官に取り囲まれることにならないのなら行くと考えていた。しかし、これは避けられないことのように思われた。この問題はミッテラン大統領と話し合うところまでいったのだが、最終的にフランスの官僚政治がサルマンの望みを打ち砕いた。

大変な苦境に立たされていたとき、ナショナル・ポートレイト・ギャラリーからサルマンの肖像画の製作依頼があり、お祝いのために彼の友人で詩人のジェイムズ・フェントンがちょっとしたパーティを開いた。ビュッフェスタイルのパーティで、チキンのティッカ〔インド・パキスタンの料理で、小さく切った肉や野菜を香辛料に漬けてから串に刺して焼いたもの〕も出た。いつものように身振り手振りもまじえて快活にサルマンと話をしながら、わたしはチキンのティッカを噛んでいた。すると突然むせて、喉がつまってしまった。トイレに行って喉に刺さった骨を抜こうとしたがうまくいかない。肘付きのソファに横になったのだが、だんだん呼吸が苦しくなってくる。サルマンはつねにすばらしい気づかいをみせる人なのだが、このときもたちまちわたしが深刻な状態におちいっていることを見抜き、一切を引き受けてくれた。彼が電話で呼んでくれた救急車でレジーナとわたしは救急病棟へ向かい、病院でレントゲンを撮った。だが、喉には何も刺さっていないという。その晩はずっと苦しかったのだが、翌日、どうしても会社へ行くと言い張るわたしを、レジーナがハーリー街の一流医のところへ引っ張っていった。すると即手術ということになって、あの病院では見すごされた骨をやっと取り除いてもらえた。

ふたたびアメリカへ

アメリカ人作家としては最初にジョゼフ・ヘラーの作品を出版したが、最大の満足感を与えてくれたのはトマス・ピンチョンだった。彼の作品を紹介してもらったのは『キャッチ22』のおよそ一年後で、情報源も同じ。つまり、わたしのお気に入りのアメリカ人文芸エージェント、キャンディーダ・ドナディオだった。「あなたに見せたいものがあるのよ」と彼女が謎めいた言いかたをした翌日、滞在していたニューヨークのブラックストーンホテルに大きな荷物が届いた。『V』という作品の原稿で、トマス・ピンチョンという無名の作家が書いたものだった。作家として無名だっただけでなく、どのような人物なのかということも知られていなかった。彼はどんな文芸サークルにも近寄らないことが肝腎だと考えていたのだ。一九六一年から現在にいたるまで、写真を撮られることからもまんまと逃げおおせつづけている。

『V』はどんな文芸作品ともちがう異質な作品だった。サイケデリック的といってもよく、文学的なミステリー小説を読んでいるような気分になった。しかも、窓の外ではいっこうに止む気配を見せない大雪が降りつづいていて、ますます不思議な気分がつのってくる。土曜、日曜と読みつづけ、雪も片時も止まなかった。この作品にはじつにさまざまな地域のことが描かれているので、何年もたってからついにピンチョンと顔を合わせたとき、『V』では多くの国のようすが的確に描写されていて、その点がじつにみごとですね、と言うと、驚いたことに、マルタ島の首都ヴァレッタだけは別ですが、あの作品で描いた場所へはどこへも行ったことがないんです、という返事が返ってきた。

あれほどすばらしい作家に会うことができず、連絡すらとれないのは頭にくることだった。キャンディーダがピンチョンの所在を知っているのはあきらかだったので、教えてほしいとたのんだのだが、だめだった。誰にも居場所を教えないでくれと言われているのだそうで、話はそれで終りだった。唯一のなぐさめは(なぐさめと言えればの話だが)、作品を出版しているアメリカの出版社(ヴァイキング社)の人間もまだ彼に会ったことがない点だった。『V』はアメリカでは成功したが、イングランドの書評は分かれ、たいへん好意的なものもあったが、今でも不当に過小評価されたままだ。ケイプは続いてピンチョンの『競売ナンバー49の叫び』を出版し、それから、非常に難解で、多くの人びとが彼の代表作になると考えた『重力の虹』を出版した。この作品は全米図書賞を受賞したが、いかにもピンチョンらしく、授賞式にも姿をあらわさなかった。

ある日、受話器を取ると(『V』を出版してから十五年くらいたっていたにちがいないと思うが)ケイプの受付係のパッツィに、トム・ピンチョンさんというかたからお電話です、と言われた。彼女は直感的に、特別なことが起きていると判断したのだと思う。「その名前にまちがいないね」と言ってからすぐに「つないでください」とたのんだ。急がないと電話を切られてしまう。のっけから「どこにいるんです？」と聞くと、大英博物館にいるという。「すぐそこですね」「そうなんですよ」と彼が言った。ケイプから大英博物館までは徒歩で五分の距離だ。

「いつ会えますか？」とわたしはたずねた。

「今からというのはどうでしょう」という返事。何年間もどうにもならなかったことが、不意に、いとも簡単に実現するのだ。待っていたあいだの胸の高鳴りは言葉にならないほどだった。

永遠に続くと思われた五分間が過ぎ、背が高くて、ひょろりとしていて、一風変わった感じのハンサムな男性がオフィスに案内されてきた。彼がすっかりくつろいでいるのを見て、昔からの知り合いだったような気分になった。まず、どうしてロンドンに来たんですか、とたずねた。目下、メイソンとディクソンという二人のイギリス人技術者の生涯にもとづいた小説を書いているので、いろいろな資料をさがそうと思って大英博物館に来たということだった。この二人の技術者はアメリカに渡ってメリーランド州とペンシルヴェニア州の州境調査を行い、この州境は彼らの名前にちなんでメイソン＝ディクソン線と命名されている。話したいことは山ほどあったが、別の約束があったので、トムの有名な秘密主義のことを考えるとひどくおずおずとした口調にならざるをえなかったのだが、妻のフェイ（当時の妻）がロンドンのレストラン評論家として活躍しているので、気楽に夕食を食べることができるレストランをすぐ予約できると説明した。そして、今夜、いっしょに夕食をいかがですか、と誘うと、トムは「喜んで」と言い、レストランの住所を書きとめた。あまりにもすんなりとことが運んだので、思わず何年間も行方をくらましていた理由をたずねてしまったが、この質問は礼儀正しく無視された。

トムは約束の時刻ぴったりに姿をあらわした。夕食のあいまに、予定がなければ明日もいっしょに夕食をいかがですか、とたずねると、今度もまた「喜んで」と言われた。世捨て人のイメージからはほど遠いことばかりだった。そこで、それから二日後に思い切って言ってみた。「よろしければわが家の夕食においでになりませんか。そして、おいでいただけるのであれば、ほんの一人か二人の友人も招待したいのですが、かまいませんか？」。トムにはまったく異存がなかったので友人に電話を入れた。もちろんピンチョンの熱烈なファンを選んだが、誰もが、すぐにも本人に会えるなんて信じられない、と口をそろえた。その夜は大成功だったが、夕食の前に『V』にサインをしてもらおうとしたときには、「申し訳ないが」と断られてしまった。夕食がすんでからもう一度たのんでみた。うれしいことに、わたしの手元には著者のサイン入りの『V』がある。

それから二週間、毎日顔を合わせていたが、ある日、彼が借りていたフラットに電話をかけたところ（いかにも彼らしく住所は教えてもらえなかった）、電話は使われていなかった。別れも言わずに行ってしまったことにはがっかりしたが、急を要することがあったにちがいないと思った。あとでわかったのだが、アメリカのランダムハウスがトムにラリー・クレイマーが書いた『ファゴッツ』のプルーフコピーを送った。ところが、この本を猥褻だとみなした警察がとんでもない理由をこじつけて販売を妨害したのだ。この本とは何の関係もなく、送られてきたことについても何の責任もなかったのだが、妄想症のトムは警察が自分をさがし出すのではないかと考え、高飛びしたのだった。

新作『ヴァインランド』が脱稿したとき、トムはこの作品をジョナサン・ケイプに渡してはならないと命じた。ケイプがランダムハウスのオーナーであるシ・ニューハウスに買収されてから間もないころで、ニューヨーク・タイムズ紙でその記事を読んだからだった。これは悲しいショックだった。このときトムはアメリカでの自分のエージェントのメラニー・ジャクソンと結婚していたので、電話で彼女にたのみ込んだのだが、効果はなかった。トムはどんなに犠牲を払ってもランダムハウスとは関係をもたないと決意していた。

そんなことがあったあとでニューヨークへ行ったときにメラニーから、トムがあなたとぜひ一杯飲みたいと言っている、という電話があり、日時の約束をした。わたしが投宿していたピエールホテルにやってきたトムはビニール袋を手にしており、中には『ヴァインランド』が入っていた。それもただの『ヴァインランド』ではなく、サイン本だったのだ！　深い感動をおぼえた。その後、われわれは『メイソンとディクソン』を出版した。つぎの作品も出版することになると確信している。しかし、トムは遅筆家だ。次作が仕上がるのを待ちながら、レジーナとわたしはニューヨークへ行くとかならずトムとメラニーといっしょにディナーをともにしている。二人のあいだには息子が生まれたが、トムはこの子のことを「キッド」と呼んでいる。「キッド」が生まれた直後にニューヨークでランチに行ったとき、トムは葉巻を二本取り出し、息子の誕生を祝って吸ってくれ、と一本をわたしに差し出した（ピンチョンが自分の気持ちをあらわす古典的なやりかただ）。

ジョゼフ・ヘラーとトム・ピンチョンのほかにも、キャンディーダが紹介してくれた大勢の作家の作品を出版した。とりわけあざやかな記憶として残っているのがブルース・ジェイ・フリードマンで、彼の場合も処女作だった。『マザーズ・キス』という作品だ。著者と同じようにこれは猛烈におもしろく、きわめてユダヤ的な作品で、アメリカではかなり成功したが、イングランドではだめだった。ブルースのおかげでわたしは今までまったく経験したことのない週末を過ごすことになった。なぜかというと、ファイアーアイランドへ行ったからだ。ニューヨークから車で一時間ばかり行ったところでフェリーに乗って二十分。ファイアーアイランドにはみごとに長い真っ白な砂浜があり、ニューヨークからこれほど近いところにあのような場所があることにはびっくりした［ファイアーアイランドはロングアイランド南方沖の砂嘴《さし》。夏季リゾート地として有名］。

アメリカの小説を読んで、ファイアーアイランドに住んでいるのは百パーセント同性愛者だと思っていたのだが、異性愛者のカップルが住んでいる地域もあって、ブルースの家はそういう地域にあった。そして、ファイアーアイランドはマリファナを吸う人もいるという場所ではなかった。吸わない人はほんの一握りしかいないのだ。しかも誰もが大酒飲みだった。土曜日にブルースはパーティを開いたが、真夜中を回ったころ、あまりの騒音に疲れ果ててしまった。パーティは一晩中続きそうな気配なので、どこで寝たらいいんだと聞いてみたが、あきらかに誰もそんなことは考えていなかった。それでもブルースが寝室に案内してくれたのでなんとか眠りにつくことができたのだが、夜中に起こされた。一人の女性がいきなり部屋に飛び込んできたのだ。すぐに男性が追いかけてきた。女性は服を脱いでわたしのベッドに入ってきた。男性もご同様で、二人はファックしはじめた。あの一件を表現するにはこの言葉しかない。そしてあっという間にコトを終えて、入ってきたときと同じようにあわただしく出ていった。

*

三度目にニューヨークへ行ったとき、『キャンディ・ストリーム・ライン・フレイク・ベイビー』というエッセイ集の版権を買った。著者はニュージャーナリズムの唱道者のトム・ウルフ。優秀なエッセイストで、しかも芸術から宇宙飛行士まで幅広いテーマを扱う名文家だったうえに、街の名士で、有名なプレイボーイだった。当時も今もトムのトレードマークは真っ白なスーツだ。彼がロンドンに来たとき、ケイプの販売促進部長が、どうしていつもシミひとつない真っ白なスーツを着ていられるのか、と聞いたことがある。彼は彼女を化粧室に連れていき、クローゼットの扉を開けた。そこにはずらりと六着、完璧に真っ白なスーツが並んでいた。

トムがはじめてロンドンにやって来たときにヒースロー空港に出迎えに行ったのだが、彼は今でもあのときの話をする。彼を歓迎するために（もちろん白いスーツを着ていた）わたしはどうしてもヴェスパ［イタリアのピアッジョ社製のスクーター］で空港へ行きたかった。言うまでもないが、ものすごい数の荷物を運ぶタクシーも呼んであった。いっしょにヴェスパに乗って行きましょう、と言うと、予想どおりトムはひどく緊張し、いやだと思っているのが手に取るようにわかった。だが、彼は何も言わなかったし、お気に入りのコンノートホテルに着いたときにはスクーターに魅力を感じはじめていた。

トムはいくつかノンフィクションを書きつづけてから、小説に着手する決心をした。そして、小説を書くためにどうしても二、三年の時間が欲しいと言い、相当額の前払印税を要求したが、これはきわめて理にかなった申し出だった。思考力の面からも文筆家としての彼の才能には絶対の信頼を抱いていたので、大金を支払うことにまったく異存はなかった。あれほどの大金を前払いして第一作目の小説を依頼したのは、あとにも先にもこのときだけだと思う。トムが選んだのは、まずローリングストーンズ誌に草稿を連載し、リライトしてハードカバーで出版するというやりかただった。『虚栄の篝火《かがりび》』というこの小説は極端なまでに構成がたくみな猛烈におもしろい読み物で、処女作であることをにおわせる部分がまったくない。この小説は大西洋の両側で大成功した。あれから何年もたったが、自分を信頼してくれたことについて、今でもトムは感謝の言葉を口にする。

この人物についてはまだほんの少ししかお話ししていないが、彼はびっくりするほど愛想がよく、おだやかな口調で話し、読書家で、完璧に礼儀正しい。また、大変な知性の持ち主で、一流のジャーナリストらしく探求心も旺盛で、他人に対して情熱的に思いやりを示す。何年も前にレジーナが不可解な病気にかかったことがあって、われわれはアメリカのメイヨークリニック〔ミネソタ州ロチェスターにある世界最大級の医療センター〕なら治療できるかもしれないと考えた。トムはメイヨークリニックを代表する教授を一人どころか二人も紹介してくれたうえに、まるでわれわれが親友でもあるかのように、わざわざ彼らに手紙まで書いてくれた。

最近、レジーナといっしょに、ニューヨークでもひときわしゃれたレストランにトムとセーラを案内したときのことだ。わたしはお気に入りのワインを注文した。ヴォーヌ・ロマネだ。われわれは愉快に過ごしていた。オードブルが終り、メインの料理を楽しみに待っていたときだった。となりのテーブルのレディがちょっと大げさな身振りをした拍子に、われわれのテーブルに置いてあった赤ワインの瓶をひっくり返してしまったのだ。もちろんいつものように真っ白なトムのスーツに赤ワインがかかり、身の毛もよだつようなシミが広がった。謝罪の言葉をくり返すレディはみじめきわまりなく、飛んできた大勢のウェイターたちは真っ赤になってしまったスーツをなんとかしようと絶望的な努力を重ねた。トムはいつもと変らず愛想がよかったが、歯噛みをしているのがよくわかった。それからはとってつけたような会話しかできなくなってしまい、四人とも努力はしたのだが、その夜は台無しになってしまった。

*

気持ちのいい友人になったアメリカ人作家が大勢いるということは自慢してもいいと思う。どう考えても、一年に一度しか会えないことはすばらしい友人関係のさまたげになってはいない。とりわけ信頼にたる友人になったのがカート・ヴォネガットだ。大半の読者はご存じないと思うが、カートはサイエンスフィクションの作家として仕事を始め、最初のころはしばしば(そして好意的にではなく)パルプフィクションと呼ばれる分野の作品を書いていたのだが、「良質なサイエンスフィクション」と絶賛された『猫のゆりかご』を発表し、それからは「一直線に」進みはじめた。ケイプがイギリスの版元になったのはちょうどそのころだった。

はじめて会ったとき、カートはケープコッドに住んでいて、週末に自宅に招待してくれたのだが、幸運にもその日はちょうどカートが考案した年に一度の特別競技が行われる日だった。カートは手順を説明する前に、気になるようなら無理に参加しなくてもいいんだからね、と念を押したが、もちろん参加しないわけにはいかない。何をするのかというと、こういうことだった。カートの家（実際には納屋よりいくらかマシという家）の近くに、一年中どろどろべたべたしている泥水の湖がある。深さは九十センチから百二十センチくらいだ。もちろんカートもふくめて(しかも彼はすごく背が高いので有利なのだ)競技の参加者全員が湖の岸に並ぶ。そしてヨーイドンで湖に入り、向こう岸をめざすのだ。湖の幅は百メートルくらいで、たいした距離ではないのだが、なかなか前には進めず、優に一時間はかかった。参加者たちは頭のてっぺんから爪先まで泥まみれで岸にあがってきた。カートは毎年一番で、うれしそうに笑いながら岸に座っていた。

あとでわかったのだが、カートの結婚生活が終ったのはちょうどわたしが訪問していたときだった。いかにもカートらしく、彼と最初の奥さんは今も親友同士だ。彼女の再婚相手は判事だったと思うが、理由はどうあれ、カートはそれを底抜けにおもしろいことだと思っている。一方のカートは、魅力的だが猛烈に気が強いジル・クレメッツという写真家に夢中になった。「気が強い」というより「厚かましい」と言ったほうがたぶん正確だろう。このレディはニューヨークの文学界では伝説的な存在で、かかわりをもったことがある人間は誰でも、ジル・クレメッツにまつわる逸話をひとつやふたつは話せるほどだ。ジルを知っている人間はこれからお話する逸話にもまるで驚かないし、彼女の夫ほど彼女のことをよくわかっている人間もいない。カートが心からジルを愛しているのも本当なら、これからお話することもジルにまつわる本当の話だ。わたしの知人の中でカートは誰よりも想像力豊かで、鷹揚で、魅力的な男だから、ジルは本当に運がいいと思う。

最初の一件は販売促進ツアーのためにカートをロンドンに呼んだときに起こった。そのときまでにケイプは『スローターハウス5』というすばらしい作品を出版していて、カートはメディアからひっぱりだこの著名人だった。テレビ出演者としてもなかなかの仕事ぶりだっただけでなく、講演者としての技量も並ではなかった。大変おもしろく、しかもまじめな話をしてくれるのだ。カートとジルにはコンノートホテルに滞在してもらった。ホテルのスイートルームに電話がかかってくると、きまってジルが受話器をひったくり、自分が気に入らないことはかたっぱしから拒否するのだが、関心をもっていることについてはどこまでもあきらめなかった。カートがケイプへやってきたときはジルもいっしょで、ジョン・ファウルズの電話番号を教えてほしいと言われた。彼の作品を非常に高く評価しているので、どうしても写真を撮りたいというのだ。しかしジョンは写真を撮られるのが大嫌いだから、たぶんそのためにジルの働きかけに応じなかったのだと思う。わたしはジルに、電話番号は誰にも教えないでほしいと特別にたのまれているのだ、と言った。口論になったが、わたしは態度を変えなかった。すると突然、彼女が部屋を出ていったので、すぐにジョンに電話をかけて、彼女はなんらかの方法でかならず電話番号を手に入れるから、心の準備をしておくべきだよ、と警告した。一方ジルはわたしのオフィスを出て階段を下り、まっすぐ販売促進部へ行くと、ジョンの電話番号をどこかに置き忘れてきてしまったので聞いてきてくれないかとわたしに言われた、と言ったのだ。まずいことに彼らは電話番号を教えてしまった。ジルはなんとしてもジョンのスケジュールに合わせてヘリコプターを雇い、ライム・リージス〔イングランド南部ドーセット州のイギリス海峡に面したリゾート地〕まで飛んで行こうとしたが、撮影は実現せず、わたしは胸をなでおろした。

ニューヨークではカートがかならずディナーに招いてくれて、ほぼ例外なくイレインの店に行った。アッパーイーストサイドにあるこのレストランは見た目にはみすぼらしいが、あか抜けしていて、料理はやや平凡なのだが、強烈な雰囲気がただよっていた。イレインの店はこの二十年あまり繁昌してきたレストランで、カートは常連客のなかでも有名人に数えられている。もっとも、彼が自分は有名人だと思っているのかどうか怪しいものだが。かならずといってもいいくらい目撃できるのはウッディ・アレンで、ほとんど毎日来ている。ここでもうひとつ、ジル・クレメッツの逸話をお話しないわけにはいかない。ボブ・ゴットリーブの娘リジーはものすごくかわいい小さな女の子だった。あるときジルから電話があって、ぜひお嬢ちゃんの写真を撮らせてほしいと言われたボブは断固として断った。しかし、ジルのもくろみどおりに言い負かされてしまい、ついに条件をひとつつけて承諾した。リジーの写真をどんな新聞にも絶対に売らないと約束すれば、という条件だ。ジルはこの条件をのんだ。撮影の日に、ジルは新品のうっとりするほどかわいいテディーベアを持ってやってきた。リジーはこのテディーベアとこのうえなく幸せに遊び、ジルはしかるべく写真を撮った。そしてテディーベアを持って帰ってしまったのだ。当然のことながらリジーは大泣きした。二週間後、ニューヨーク・タイムズ紙にリジーの大きな写真が掲載された。さらにクリスマスの少し前に、ジルがボブの奥さんで女優のマリア・トゥッチに電話をかけてきて、クリスマスプレゼントとしてボブにリジーの写真をあげようと思っているんだけど、ともちかけたうえに、あなたに写真を売ってあげてもいいのよ、と言ったというのだ。それもたったの二百ドルで！　この話にはうれしいオチがある。いきさつを知ったジョゼフ・ヘラーが、あちこちさがし回ってまったく同じテディーベアを見つけ出し、クリスマスにリジーにプレゼントしたのだ。そのあとでジルにばったり出会ったボブ・ゴットリーブは、「わかるかい、何もかもうまくいったんだよ」と言ったそうだ。ボブが何の話をしているのか、ジルにはわかっていなかったのではないかと思う。

カートはケープコッドを離れてイーストハンプトンに家を買った。ジルはニューヨークで精力的に仕事をつづけているが、カートはすっかりくつろいで多くの時間を自宅で過ごしているし、わたしが週末に訪問するのを歓迎してくれる。海岸はべつに魅力的な場所ではないと思っていて、家で一日中仕事をしているほうがいいそうだ。昼間わたしは弁当をもって出かけ、夕方になると顔を合わせる。カートと過ごすのは本当に楽しい。好奇心にあふれ、どんなときでも人生のおもしろおかしい面を見ているように思う。だが、じつは鬱病なのだ。夜にはたいていカートとわたしのほかに一人か二人の招待客があるパーティやディナーがあり、ふたりで有名な『ラグタイム』の著者エドガー・ドクトローや、グロリア・スタイネムの家に行くこともある。

ロンドンでもニューヨークでも、パーティの主催者としてひときわ有名だったのはジョージ・プリムトンだ。彼はすごく背が高く、社交界のハンサムな常連で、ジャッキー・ケネディをはじめとするたくさんの美女たちのエスコートをつとめていたが、作家でもあり、パリス・レヴューという文芸誌の創設者でもある。この雑誌はインタビュー記事が有名で、ジョージはさまざまな作家や批評家と契約し（かならずしも著名人ばかりではない）、一線で活躍している著者への徹底したインタビューを行ってきた。非常にすぐれたインタビューも多く、それらを集めてハードカバーで出版したことがあるくらいだ。ニューヨークで会ったとき、ジョージはケイプが出版してきた作家たちをほめちぎり、パリス・レヴュー誌のロンドン編集長にならないかと勧められた。わたしは長年にわたってこの文芸誌に大きな貢献をしてきたとは言えないが、ロンドン編集長という肩書きには誇りを感じている。

三十年ほど前にジョージがニューヨークで開いた悪評の高かったパーティのこともお話しなければならない（お断りしておくが、わたしは出席していなかった）。このパーティでノーマン・メイラーが泥酔し、怒りのあまり奥さんを刺してしまったのだ。奥さんは病院に連れて行かなければならなかったのだが、パーティはそのまま続行された。パリス・レヴュー誌のパーティでノーマン・メイラーに会うことができたのは喜びだったし、その後も何度も顔を合わせてきた。彼には、あなたと顔見知りであることをうれしく思わずにはいられません、と言わせてしまう何かがある。メイラーは好戦的だというのがもっぱらの評判で、体つきも精神的な構えもまるでボクサーだが、はじめて会ったときから、礼儀正しく、温和だとさえ言える人物だと思っている。メ

ジョン・アーヴィング

イラーは魅力的だし、まちがいなくずばぬけて生命力にあふれた作家の一人だ。十代のころに彼を一躍有名にした戦争小説『裸者と死者』を読んでからというもの、彼の作品にはずっと畏敬の念を抱いてきたので、たぶん贔屓目に見ているのだろう。

　イーストハンプトンで一番楽しかったディナーパーティのひとつがジョン・アーヴィングの自宅で開かれたごく内輪のもので、彼の手料理をごちそうになった。キッチンカウンターの向こう側に立ってビールをがぶ飲みしていた彼の姿は忘れられない。ジョンはおしゃべりで、ハンサムで、筋骨たくましい男なのだが、あの晩の数々の手料理にはすばらしくおいしいホタテ貝もあったし、最後はブルーベリーパイだった。カートもいっしょで、その数年前にジョン・アーヴィングの作品を紹介してくれたのがカートだったことを思い出した（ジョンの本は大半の作家の本よりよく売れる）。カートが紹介してくれた問題の作品は『ガープの世界』だった。プルーフコピーをくれて、すごく気に入ったからすぐに読んでもらいたい、と言われたのだ。そのときわたしはボブ・ゴットリーブの家に滞在していて、偶然にもボブの家はイースト四十八番街をはさんでカートの家と向かい合っていたから、カートは郵便受けにプルーフコピーを入れてくれた。読みはじめたら止まらなくなってしまい、翌日エージェントに電話を入れた。言葉にならないほど興奮していたのだが、イギリスでの版権はすでにゴランツ社のリズ・カルダーが買いとっていた。その後、リズがケイプの一員になったときにジョン・アーヴィングも連れてきてくれたのはうれしいできごとだった。

ジョン・アーヴィングのディナーパーティの話にもどろう。カートはジョゼフ・ヘラーと勝手気ままな話をしていたが、あのときは絶好調で、その日の午後に出席したぜいたくきわまりない結婚式の話をはじめた。そしてあまりの浪費ぶりに目をむきながら、「考えてもみろよ、たった一晩のために、あのテントだけで二万ドルもかかってるんだぜ」と言った。

「なんでそんなことを知ってるんだよ」と誰かが言った。

「おれはジル・クレメッツというレディと結婚しているんでね」という答えが返ってきた。

ジョン・ファウルズ

ロンドンの小規模な文芸エージェント、ジェイムズ・キンロスから手紙がきた。簡潔な内容だった。「ジョン・ファウルズの『コレクター』をお送りいたします。気に入っていただけるとよいのですが。お返事をお待ちしております」。わたしは面識のないミスター・キンロスに返事を書いた。この作品だけでなく著者も気に入りました。大変な才能がありますし、未来は輝かしいものになる見込みがあります。彼は『コレクター』をはるかにしのぐ作品を書くでしょう。

早くジョン・ファウルズに会いたくてたまらなかったが、段取りをつけるのはむずかしいことではなかった。彼はハムステッドに住んでいて、自宅にほど近いセント・ゴドリックス・スクールで教師をしていることがわかったからだ。二日後、彼はベドフォード・スクウェアにやって来た。雨が降っている灰色の日で、黒っぽく湿ったレインコートを着ていた。ボタンは外されていたが、脱ぐのは気が進まないみたいだった。『コレクター』を読んで感激したことを伝えてから、真っ先に聞きたかったことを単刀直入にたずねた。「これは処女作ですか？」

すぐに返事が返ってきた。「いえ、そうじゃありません」

「ほかにもあるんですね?」

「ええ」

「何作くらい?」

「九作です」

「完成している小説が九作あるということですか?」

「そうです」

「その小説はどうしたんです?」

「ある作品をふたつの出版社に送りました」。自信のなさと自尊心とが入り混じった口調だった。教師なので、ときに学者ぶっているような気がしたのかもしれない。


数年後に九作のうちの二作が完全に書き直されたことがはじめてわかり、『魔術師』と『フランス軍中尉の女』として出版したが、残りの七作の行方は今後も絶対にわからないだろう。ジョンの奥さんのエリザベスが話してくれたのだが、ドーセットシャーのアンダーヒル農場をひきはらってライム・リージスのベルモント・ハウスに居を構える少し前に、庭のはずれにあるジョンが仕事場にしていた小屋の煙突から、数日にわたって煙が立ちのぼっていたのを目撃したそうだ。たしかにエリザベスも行方不明の作品を一作も読んでいないし、わたしの知るかぎりではほかにも読んだという人間は一人もいない。ジョンは書きかけの小説は誰にも見せないことにしていて、奥さんも例外ではなかった。

『コレクター』は最初の小説としては並はずれた大成功をおさめた。とくにアメリカではすごかった。あれ以来ずっと、書評についても販売部数についても、ジョン・ファウルズの作品はイギリスより合衆国で大きな成功をおさめている。イギリスでも多くのまじめな読者が彼の作品を絶賛しているという事実を考慮に入れると、評論家が彼の作品をもっと高く評価しない理由が今もってよくわからない。第一線で活躍している小説家について議論がなされるときも、なんとも不思議なことにジョン・ファウルズの名前は出てこないのだ。

『コレクター』につづく『魔術師』は、ジョンが愛するギリシアの孤島を舞台にした魅力的なミステリーだ。この島でイギリスの寄宿学校の教師をしていたとき、彼は同僚の男性教師の妻と恋に落ち、しかもこの同僚の男性教師は彼の親友で、さらにまずいことに、野心はあるが、まだ作品が出版されたことのない小説家だった。ジョンは昔からすぐに罪の意識を抱いてしまうところがあったが、親友の妻と恋に落ちたら、どんな男もそれだけで罪の意識を抱くだろう。

六〇年代には出版人とセールスマンは現在よりはるかに親しい関係にあったから、スコットランド担当だったセールスマンのアンドリュー・ジェフリー・スミスに、グラスゴーのスミス書店（アンドリューとは無関係の書店）でジョン・ファウルズに講演してもらえないだろうか、と言われたときにも、彼の提案をジョンに伝えた。スミス書店の店長ウィリー・アンダーソンと連絡をとると、小説の愛好家で、しかもファウルズの大ファンだということがわかった。ジョンは、スコットランドへ行くのは一向にかまわないが、前もって準備をして講演をするというのは気が進まないから、講演ではなくて、以前にどこかでやったように、きみと「雑談をする」というのはどうだろう、と言った。いっしょにスコットランドへ行くのはうれしいことだったので、日取りを決め、航空券とホテルの予約を入れた。言わずもがなだが、費用はすべてケイプ持ちだった。しかし、今回の催しにスミス書店がチケットを販売していたことが判明し、書店が費用を出すつもりなのかもしれないと思った。販売したチケットは二百枚あまりもあり、書棚などをどけて店の半分を会場に当てることになっていたが、それでも二百人ものお客を収容することは不可能だったので、当日の夜は少なくとも百人以上の入場を断らなければならなかった。

すばらしい夜だった。ジョンは上機嫌で、お客からの数々の質問もいつになく知的だったし、ジョンの著書も合計三百冊も売れたが、主力は『魔術師』で、売れた本の大部分がハードカバーだった。聴衆は大満足で帰って行き、八人が残った。ジョン、アンドリュー・ジェフリー・スミス、わたし、そして店長のウィリーと店のスタッフ四人だ。すでに八時半だったのだが、夕食のことでちょっとした責任逃れがはじまった。とても信じられないことに、ウィリーがわたしに、レストランの予約はしてあるのですか、と聞いたのだ。たぶん、抜け目のない仕事上の習慣にすぎないと考えることもできるだろう。きっぱりと「していませんよ」と言うと、彼はすぐにかなり贅沢なレストランの名前を二、三あげた。ケイプとしてはすでにきわめて価値のある貢献をしたと思っていたし、八人分の高価な夕食代を払うつもりはなかった。そこで、ホテルからここまで歩いてくる途中にレストランがふたつばかりあったから、みんなで行って調べてみたらどうです、と言ってみた。そして一方のレストランで楽しく酔っぱらって夜を過ごした。もうすぐ真夜中でレストランも閉店というとき、勘定書がきた。テーブルに勘定書が置かれてから何分か過ぎ、ウィリーにはそれを取り上げるつもりがまったくないことがはっきりした時点で、わたしは勘定書をつまみ上げた。この一件があったのは六〇年代の終りだ。その後、ケイプにとってウィリーは指折りの売上部数を誇る書籍販売業者になった。

『魔術師』を出版したときには、先妻のフェイとわたしはジョンとエリザベスのファウルズ夫妻と親しい友人になっていて、ライム・リージスで何度も週末を過ごした。だが、友人を批判的な目で見ないわけにはいかないことだってある。とくに相手がしみったれていると思える場合だ。ファウルズ夫妻とのつき合いではこんなことがあった。ベルモント・ハウスでは午後の五時から七時のあいだに風呂に入らなければならなかったので、彼らの美しい家に滞在するたびに苛々した。その時間帯だけ湯沸しのスイッチが入るのだ（今でもきっと変らないだろう）。同じくらい不思議だったのは、ジョンは上等なワインに目がないのに、地元の酒屋ではないどこかの店か、スーパーマーケットで買ったようなワインが、それもごくごくたまに出たことだ。不思議なことはまだまだあるのだが、きわめつけはわたしの娘のハンナの誕生日に（しかもジョンが名付け親なのだ）、使いかけのクレヨンが送られてきたことだった。あまりにも奇妙なできごとだったので、このときは何かの手ちがいにちがいないと思ったくらいだ。

ジョンの頭は金銭のことで一杯で、これは他人だけでなく、自分のことについてもそうだった。彼の家には手入れ不足で荒れ果ててしまった古い温室があって、彼は植物に夢中だったし、『フランス軍中尉の女』が映画化されて大金を手にしていたので、自分へのご褒美として新しい温室を奮発したらどうだ、とすすめたことがある。ジョンはいつもの大げさな口調で、「温室がいくらするのか知っているのかい、トム！」と言った。いくらするのか知らなかったので肩をすくめると、「千五百ポンドから二千ポンドはするんだぞ」と言われた。この金額をひどく高価な出費だと考えているのはあきらかだった。

ある日、エリザベスとシリー諸島へ行くのでフェイときみも来ないか、と誘われた。そこでトレスコ島のアイランドホテルを予約した。昔からジョンが愛してやまないトレスコ島はバードウォッチングが趣味の人間にはこたえられないところで、彼は鳥についての知識を惜しみなく披露してくれた。あれは何鳥だとか、あの声は何鳥だと興奮しながら教えてくれるジョンの姿はほほえましかった。シリー諸島の主島であるセントメアリーズ島経由でトレスコ島へ渡ったのだが、ジョンはセントメアリーズ島で、「ギブソンの店に寄りたい」と言い出した。世界中の人間がどういう意味なのか知っていると言わんばかりの口調だった。わたしはまんまと罠にはまってしまい、思わず「ギブソンの店って？」とたずねてしまった。そこは写真家の一家が経営している文房具屋で、彼らは四世代前からずっとシリー諸島で難破した船の写真を撮影しており、今でもオリジナルのガラス板を使った写真を現像しつづけていた。ジョンはコレクションを増やしたくてうずうずしていて、わたしもつられて二、三枚買った。写真はどれも美しく、ジョンはそれぞれの難破船にまつわる話をしはじめ、全員がすっかり心を奪われてしまった。まるでジョン・ファウルズが考え出した一連の筋書きに耳をかたむけているような感じだった。夢中になって話を聞いているうちにアイディアがひらめいた。ジョンに難破船の写真に短いキャプションを書いてもらって、写真集を出版するというアイディアだ。こうして『難破船』という写真集が生まれた。

ライム・リージスのベルモント・ハウスで
ジョン・ファウルズと

二年後、ジョンは三作目の小説『フランス軍中尉の女』を脱稿した。彼がいつ作品を完成させるかはいつも謎で、大いに気に入っている出版人にさえ絶対に教えないことにしているみたいだった。『フランス軍中尉の女』を脱稿したときは、会いに行ってもいいかい、と電話をかけてきた。つまり、はるばるライム・リージスからやってくるというわけで、ジョンはロンドンが大嫌いだったから、これはきわめて珍しいことだった。彼は持参した原稿をわたしの巨大なデスクの端に置くと、「きっと気に入らないだろうな」と言ったが、まったく彼の見当ちがいだった。それまで何年も小説を読んできたが、『フランス軍中尉の女』はまさに最高にすぐれた物語だった。この小説は二重構造で、ヴィクトリア時代を背景にしている部分と、現代を背景にしている部分があるにもかかわらず、物語の展開がじつにみごとなのだ。結末も二重になっていて、文字どおりまったく異なるふたつの結末を迎えるのだが、驚嘆すべきことに不自然さがまったくない。

すぐにジョンに電話で感激したことを伝え、読後に電話をしたのはこのときがはじめてだったのだが、それでもこの作品はすばらしい映画になるだろうと言わずにはいられなかった。映画化された『魔術師』のこともお話ししないではいられない。『魔術師』はとりわけ複雑な小説なのだが、それがマイケル・ケインとキャンディス・バーゲンとアンソニー・クインのありふれた演技のせいでわけのわからない映画になってしまったことの言い訳にはならない。あれはわたしが観たうちで最悪の部類に入る映画だったと確信している。だから『フランス軍中尉の女』のときには、小説を「守る」のがジョンの一番の義務だとしつこく言い張った。じつに単純なことじゃないか、すべてを手放さなければいいんだよ。どんなに金をつまれても丸投げしてはいけないんだ。

「でも」とジョンが言った。「ぼくのエージェントが、そうだなあ、たとえば百万ドル出すと言われた、と言ってきたら？」

「辞退するんだね」わたしは機嫌よく答えた。

ジョンはどぎまぎしていた。それだけの大金がほしかったからではなく、断るとバツが悪い思いをするはめになるのではないかと心配していたからだ。

わたしは続けた。「なにより大切なのは、最高に質のいい映画を作ることなんだ。こちらの思いどおりに相手を動かす力を手放さないということは、監督を選んだり、脚本家を選んだり、場合によっては俳優を選ぶことにまで発言権がある、ということなんだからね」

ジョンは当惑していたが、やがていいことを思いついた。そして、「手伝ってくれるかい？」と聞いてきた。かつて映画界で仕事をしようともくろんだことがある者の夢が実現するわけだ。ジョンからは一ペニーももらおうとは思わなかった。かかわることにしたのは完全に彼の小説のためを思ってのことだったが、猛烈に興奮した。

関心をもってもらえるのをひたすら待っているのではなく、わたしは『フランス軍中尉の女』を正当に評価してくれる知性と才能がある監督は誰だろうと考えはじめ、まずカレル・ライスに当たってみることにした。彼はたまたまチャルコット・クレッセントにあるわが家の三軒向こうに住んでいたので、出かける途中でまだ原稿の段階だった『フランス軍中尉の女』を届けた。だがタイミングが悪かった。カレルはヴァネッサ・レッドグレイヴ主演の『裸足のイザドラ』という時代劇を撮り終えたところで、すぐにつぎの作品にとりかかろうとは思っていなかった。

つぎは大穴に賭けた。リチャード・ハリス主演で『孤独の報酬』を撮ったリンゼイ・アンダーソンだ。だが、またしても空クジだった。リンゼイは『フランス軍中尉の女』にはまったく興味を示さず、話はそこで終りだった。

しっかりとした判断力で手法を選び、創意もあると思われたディック・レスターもふくめて、話をもっていった相手はたしか六人くらいいたと思う。本気で契約するつもりだった監督もいた。『真昼の決闘』の監督として有名なフレッド・ジンネマンだ。『フランス軍中尉の女』に夢中になった彼はつぎの映画はこれだと言い、たちどころに脚本家に支払う金額を示した。彼はたいへん著名な監督だったから、撮影スタジオの手配もまったく問題なかった。フレッドが選んだ脚本家はデニス・ホッパーだったが、できあがった脚本は期待を裏切るもので、フレッドはがっくりしてしまい、この企画はあきらめざるをえなくなってしまった。

このころにはジョンも失望しかけていた。精力的に動き出してからすでに二年以上たっていたし、わたしは相変わらず絶対にあきらめないぞと思ってはいたが、たぶん方針を変えるべきなのだと考えた。脚本が一番の問題だと思われたので、われわれが抱えている問題を解決できる人間はかならずいるはずだから、映画専門の脚本家に当たってみよう、とジョンにもちかけ、選んだのがハロルド・ピンターだった。『フランス軍中尉の女』が彼の心に響くかどうかはまったくわからなかったが、当たってみるだけの価値はあると思ったのだ。一週間もしないうちに、猛烈に興奮しているハロルドから電話がかかってきた。だが、またしても問題があった。彼はジョゼフ・ロージー監督のためにプルーストの脚本を書く契約を結んだばかりで、これはどう見ても一晩でできる仕事ではなかった。結局この映画は撮影されなかったのだが、ハロルドが真剣に『フランス軍中尉の女』について考えるさまたげになってしまった。

ここで話は一気に四年後に飛ぶ。チャルコット・クレッセントの家を出ようとしたとき、カレル・ライスが通りかかった。しばらく見かけなかったので、今はどういう仕事をしているんだと聞くと、見込みがある企画がいくつかあるんだが、ぜひハロルドと何かやりたいと思っているんだ、という答えが返ってきた。「ハロルドって?」と聞きかえす必要はなかった。チャンスとばかりに、六年前にカレルに見せた本にピンターが夢中になった話をした。「きみたち二人にとって、たぶん実現可能な企画かもしれないよ」。カレルは懐疑的だったが、「すぐにハロルドに電話をして、彼の気持ちをきいてみたらどうだい?」としつこく食い下がった。なんとなく乗り気ではないようすでカレルは書斎に行き、わたしは奥さんのベッツィとキッチンで待っていた。書斎から出てきたカレルは「今度の月曜日にハロルドと会うことになったよ」と言った。

月曜日の話し合いはうまくいき、カレルとハロルドは仕事を開始することになった。ハロルドのエージェントのジミー・ワックスと報酬について交渉するのがわたしの仕事になった。それからワーナー・ブラザーズのジョン・キャレイに電話を入れた。以前から『フランス軍中尉の女』の価値を認めていたキャレイは、ワーナーとしては話を進めたいですね、と言った。ライスとピンターの予想は彼を喜ばせ、ハロルドの報酬も承認された。そして、ハリウッドの伝統にのっとってこんな言いかたをした。「ボブ・シャピロ（ワーナーの社長）とわたしは明日にはそちらへは行かれませんが、明後日うかがいます」。彼らはロサンゼルスにいたのだが、まるで各駅停車のバスでやって来るような言いかただった。この時点では話し合うべきことはもう何もなかったので、わざわざ来てもらう必要はないような気がしたが、彼らの決意は固かった。

この九年間ではじめて映画化が実現するような気がした。キャレイがロンドンに来たことは、わたしの立場について話し合うよい機会になった。どのような肩書きがふさわしいと思いますか、とたずねると、いかにもキャレイらしいくつろいだようすで、どのような肩書きがいいのですか、と聞きかえしてきた。「もっとも強い印象を与える肩書きがほしいですね」と言うと、当然だと思ったようで、「チーフプロデューサー」にしましょうと言われた。なかなか聞こえがいいと思ってカレルに話すと、ばかばかしいくらい偉そうでとても認められないと言い、納得できる最高位の肩書きは「アソシエイト・プロデューサー」だと言うので、じゃあそれでいこう、ということになった。

カレルとハロルドは定期的に顔を合わせていて、脚本は順調に書き進められていたが、そうこうしているあいだにカレルがたいへん重要なことをしてくれた。サラ役をやらないかとメリル・ストリープに声をかけたのだ。メリルは快諾しただけでなく、この企画にすっかりほれこんだ。脚本がいよいよ完成に近づき、カレルがキャレイにコピーを送ると、今まで読んだうちで最高の脚本の部類に入るという返事がテレグラムで送られてきた。

カレルはいよいよ経費を準備する仕事にとりかかり、脚本が完成してから三週間後にロサンゼルスに伝えた。八百万ドルだ。キャレイの返事は、六百万ドルで映画を完成させることができなければこの企画は「中止する」というものだった。六百万ドルでは不可能だ。キャレイに電話をかけて説明しないわけにはいかなかった。彼は、「これは芸術映画だということを考慮に入れてもらわなければならないのですよ」と言った。わたしは指摘した。ワーナーはハロルド・ピンター脚本（しかも、キャレイ自身もすばらしい仕上がりの脚本だと認めているのだ）、カレル・ライス監督による映画『フランス軍中尉の女』を制作する契約をしたんですよ。今になって芸術映画だとおっしゃるが、そのことは最初からはっきりしていたではありませんか。だが彼は譲歩せず、われわれはこの映画をハリウッドでは「転向」として知られているものにせざるをえなくなってしまった。そして、この映画制作のために喜んで経費を出してくれ、しかも付随的にワーナーがすでに負担している経費の払戻金も出してくれる別の配給会社を見つけることが仕事になった。

おまけに計り知れないほど貴重な時間を失ってしまったのだ。そのときはもう三月だったし、ライム・リージスの夏は信じられないほど激しいから、夏になる前に映画を完成させるためには撮影開始まであと一カ月しかなかった。なのに配給会社はなかなか見つからない。ここまできて映画化が失敗に終ってしまったら、わたしにはもう一度はじめからやり直すエネルギーはないかもしれないと思ったものだ。

だが、そんなことにはならなかった。メリルのエージェントのサム・ショーという思いがけない協力者が現れたのだ。この映画にとことん惚れ込んでいたメリルは、もう少し待つと言ってくれただけでなく、力になってほしいとサムにたのんでくれたのだった。サムはエージェントとしていいコネをもっていたうえに、多大な権力を行使して、あれよあれよという間にユナイテッド・アーティスツ社〔チャールズ・チャップリン、ダグラス・フェアバンクスらが一九一九年に設立したハリウッドの映画制作・配給会社〕に話をもっていく段取りをつけてくれた。

撮影開始にこぎつけるまでのことを思うと、撮影そのものはある意味で拍子抜けするほど簡単だった。プロデューサーの経験がなかったわたしは、「アソシエイト・プロデューサー」という役割に大きな満足感を味わった。カレルは大変な太っ腹で、撮影現場にも立ち会わせてくれたし、撮影日の終わりにラッシュを観るときも歓迎してくれた。

自分でも適役だと思ったのが宣伝の仕事で、初仕事はメリルを撮影するためにやってきたスノードン卿の相手をすることだった。彼は崖の下でメリルの写真を撮りたがったが、彼女は往復の時間がもったいないから崖の上で撮ってもらいたいという。わたしは断固としてメリルの肩をもつつもりだったのだが、彼女が折れたのでスノードンの思いどおりになった。撮影が行われているのを見ていたとき、彼が驚くほど神経をとがらせていることに気づいた。そしてわたしと口論になった。メリルをぼくの要求どおりにさせるのがきみの仕事だろう、とスノードンが言ったのだ。わたしとしてはメリルの面倒をみるのがわたしの仕事だと考えていますが、と言い返した。彼はおもしろくない男だった。

スノードンにまつわるこの話につづいて、もうひとつ気にさわることが起こった。デイリーメール紙に、わたしがメリルの夫の彫刻家のためにアトリエを探しまわっている、という記事が出たのだ。マシュラーは彼をできるだけ遠くにいさせたいと思っている、と記事は述べていた。そうすれば今よりも容易にメリルとの情事が実現するからだ、というのだ。わたしは弁護士のマイケル・ルーベンステインに電話をかけ、訴訟を起こすべきかどうかたずねた。「そんな必要はまったくありませんね」と彼は言った。「あなたがメリル・ストリープと浮気をしているのではないかというその記事は、お世辞以外のなにものでもありませんよ」

撮影が終盤に入り、本格的に宣伝活動を開始することにした。そしてユナイテッド・アーティスツ社に、ある特定のことをやったほうがいいのか、それとも可能な限りいろいろなことをやってもらいたいと考えているのか、とたずねた。どういうことなのか理解できず、まごついているらしいので、「イングランドにはカラー版の別刷りを発行している新聞が五紙あるんですよ。五紙ぜんぶに記事を載せますか？　それともいちばん魅力的な新聞だけにしますか？」と説明した。ユナイテッド・アーティスツ社としてはそんなことは想像もつかない離れわざだと思っていたのだが、五紙ぜんぶに載せましょう、という答えが返ってきた。映画の宣伝用の資料を配るだけというのものやりかたに対抗するものとして、書籍を編集するときの要領でまったくちがう五本の記事を書き、さらに二紙から話し合いのうえで報酬をもらうことにした。そしてユナイテッド・アーティスツ社宛てに小切手を切ってもらった。小切手を転送すると、ユナイテッド・アーティスツ社はすっかり困惑してしまった。記事を掲載してもらったうえに稿料をもらったことなどかつて一度もなかったし、そのようなたぐいの金をどう処理すればいいのかもわからなかったからだ。もちろん、わたしにはその金がどうなろうと関係なかった。わたしの理論的根拠は簡単なもので、つまり、無料であげるより売ったほうが本気で受け止めてもらえるからだ。

大事な「封切り」はもうすぐだった。どんなかたちであれ、カレルは派手なことが好きではないので、たとえばカンヌ映画祭などは問題外だった。イギリスのプレミアショーも嫌いだった。彼はオデオン・ヘイマーケットで映画を観ることにして、切符売場でチケットを七枚買った。観客の反応に興味があったのだ。そんなわけで、カレルと奥さんのベッツィ、メリル・ストリープ、ジェレミー・アイアンズ、ハロルド・ピンター、アントニア・フレーザー、そしてわたしの七人で映画館に行った。映画の完成を祝うにしては一風変ったやりかただった。最後に制作参加者のクレジットがスクリーンに流れ、「アソシエイト・プロデューサー」の肩書きとともにわたしの名前もあらわれた。自分といま観たばかりの映画とはまったく無関係な感じもしたが、完璧に役割を果たした気分でもあった。わたしがいなかったら、いま観たばかりの映画は絶対に制作されなかったからだ。

評論家

わたしはフィクションだけでなく、ノンフィクションについてもその手法を重視してきた。三人の傑出した評論家たち、クライヴ・ジェイムズ、バーナード・レヴァイン、ケネス・タイナンとの出会いをお話しよう。

クライヴ・ジェイムズ

クライヴはオーストラリア生まれで、三十三歳のときにオブザーバー紙にテレビ評論を書くようになり、わたしはその記事を読んだ。誰もが読んでいたのだが、文章は目を奪うもので、宝石をちりばめたようなテレビ評論を読むのが日曜日の楽しみだった。言うまでもないが、誰だって番組を見るのかどうかを決めるためにテレビ評論を読むわけではない。純粋におもしろいことが書いてあるから読むのだ。テレビ評論の本を出版するとなると、どうしても数年前に書かれたものも収録することになる。仕事仲間は困惑したが、わたしは少し古くても内容が非常にいいものは収録するべきだと思った。最初の評論集は『真夜中になる前の映像』という書名で七百部しか売れなかった（平均的な本では三千部売れれば収支とんとんになる）。だが、二冊目で夢にも思わなかったほど十二分に報いられた。クライヴが書いたのは自伝的な本だったのだが、読者層が十七歳にまで広がったのだ。『当てにならぬ思い出』というこの本はハードカバーだけで八万部も売れた。もちろんわたしはクライヴがこんな本を書くとは思ってもいなかったし、彼自身もそうだった。

それからもテレビ評論集やエッセイ集、小説、詩集、そして自伝的な本の続編などを出版したが、『チャールズ・チャーミング、王座への道に挑戦する』という詩集はびっくりするほど販売部数がのびた。マンガ家のマーク・ボクサーにイラストを描いてもらったのがみごとに効を奏したのだ。マークが描いたチャールズ皇太子の絵を見ていいことを思いついた。チャールズのものすごく大きな耳を柄にしたマグカップを作るというアイディアだ。そしてカップの片側にマークのイラストを入れ、反対側にクライヴの詩を入れることにした。このマグカップは宣伝用に使うつもりで作ったのだが、どうしてもほしいという人があとを絶たなかったので、販売用に数千個も作った。決定的な栄誉のしるしは、チャールズとダイアナの結婚式の栄《は》えある記念品のひとつとして、スノードン卿がこのマグカップを選んだことだった。

クライヴとわたしはある意味では親しかったが、電話だと親しい話ができる場合が多かった。

編集上の問題もふくめて、彼の著作の細かい部分について議論したのも電話でだった。最初にテレビ評論集を出版してから二、三年もしないうちに、クライヴはテレビ番組の司会者として有名になった。そして、話をしていてもいつもなんとなく熱狂的で、息もつけないほど興奮しているような感じになり、一、二度、ランチに誘い出したことがあるが、それ以上のつき合いにはならなかった。彼はわたしとランチに出かけるより、ダイアナ妃をル・カプリスへ連れて行くほうが魅力的だと思っていたのだ。非難はできないだろう。わたしが一年の半分をフランスで過ごすことに決めたとたんに彼がケイプを去ったことについても、非難はしない。ケイプを去るむねを告げたわたしへの手紙はたいへん格調の高い作品だった。格調が高く、真摯でもあった。

バーナード・レヴァイン

バーナード・レヴァインにはタイムズ紙に掲載された有名な記事を集めて出版したいという手紙を送ったのだが、彼の返答にはうなった。というのも、こんなふうに言われたからだ。ぜひあなたに出版していただきたいし、一冊の本にするというアイディアはたしかに魅力的です。けれどもその前に「わたしは本物の本を書かなければならないのです」。そのためには数年間という時間が必要で、わたしはそのあいだに何度も本を作ろうと働きかけたのだが、バーナードにとっては「本物の本」を書くことが絶対的な信条だった。そしてついに『振り子の時代』が完成した。

著書を出版するまでは何となく近寄りがたい人だと思っていたのだが、知り合ってみるとバーナードは著者の鑑《かがみ》のような人だった。つねに時間厳守で信頼できるのだ。かつてのよそよそしい人物は一転して心の温かい思いやりのある友人になった。ひどく自己中心的になりがちな著者は多いが、バーナードはわたしの仕事だけでなく、個人的なことにも関心があった。その一方で自分のことを話すのはいやがり、私生活について、つまり自分がつき合った女性の話をするのを何よりもいやがった。そんな話は一から十まで私的なことだ。彼は独身を通していた。

社交的な場でバーナードに会うことはめったになかったが、彼がことのほか楽しんだディナーパーティのことをお話しよう。ほかのお客はユリ・ゲラーと彼の奥さんだけだった。ユリはいっしょにランチを食べたことがある美人のアメリカ人女性の話をした。彼女はそうとう高価なアンティークの金のイヤリングをつけていた。ユリがテーブルの向こうにいる彼女を見つめ、それからイヤリングに視線を移すと、イヤリングが溶けて、彼女の皿の上に音をたてながら落っこちたというのだ。この話を聞いてから間もなく、わたしの金の架工義歯《ブリッジ》がゆるくなっていることに気づいた。ブリッジをつけたのはその十年くらい前だった。

フリート街［一九八〇年代まで主要な新聞社が集まっていた通り］ではバーナードは高く評価されていて、つねに力強く、そして印象的な書きかたのコラムで自分の意見を述べていた。賛成か反対かは別にして、あの問題の取り上げかたにはすごいと思うしかなかった。バーナードは今、パーキンソン病だ。誰にとっても恐ろしい病気だが、バーナードのように行動的な人には非常に不愉快なことにちがいない。

ケネス・タイナン

評論家

ケネス・タイナンは二十七歳のときからオブザーバー紙に執筆するようになり、わたしが出会った一九五六年には、表現形式についても、見識についても、すでに当時としてはもっともすぐれた劇評家になっていた。会うことになったのは、わたしのほうから電話をかけて、ぜひ話し合いたい企画があると伝えたからだ。その結果、マウント通りにある彼のフラットに出向くことになった。『若き世代の発言』を編集していたときで、彼にもエッセイを寄稿してもらいたかったからだった。承知してくれたときにはびっくりしたし、最高にやりがいがある冒険的な企画だと思う、と言われたときにはもっと驚いた。じつをいうと、ほかの寄稿者のせいで、とくにコリン・ウィルソン（『アウトサイダー』の著者）が寄稿者に名前を連ねていることで、ケネスは参加する意欲を失ってしまうのではないかと思っていたのだ。彼はコリン・ウィルソンのことを笑止千万なやつだと思っていた。

ケンとはロイヤルコート劇場で頻繁に会ったが、わたしは数年間この劇場に通いつめ、そのあいだに上演された芝居はほぼ残らず観ている。「オルダーマストン行進」でも会った。ロンドンから核兵器研究所があるオルダーマストンを目指す反核デモだ〔一九五八年から六三年にかけて行われた〕。この行進には社会主義者の識者が、とくに音楽や文学もふくめた芸術分野で仕事をしている人間が数え切れないほど参加した。ドリス・レッシング、ロバート・ボルト〔劇作家〕、クリストファー・ローグ〔詩人〕、アーノルド・ウェスカー、マイケル・フット〔政治家〕も参加した。わたしの顔を見分けたケンは（いつもわかってくれるとはかぎらないのだ）うれしそうだった。その後、彼が開くパーティの招待客リストにわたしの名前がのった。ケンは最初、ひょうきんなアメリカ人女性のエレイン・ダンディと結婚した。エレインは生気に満ちた『にせもののアヴォガド』という小説を書き、それからすばらしくおもしろい自伝を書いたが、大酒飲みで、結婚生活が破綻すると合衆国へもどり、ケンはキャスリーンと再婚した。彼女は冷静で落ち着いた女性で、美人だと思っていた者も大勢いた。キャスリーンはよく電話をかけてきたものだった。「トム、金曜日にパーティを開くんだけれど、絶対に来てちょうだいね」「ありがとう、ぜひうかがうよ」「カート・ヴォネガットがどこかへ出かけていないなら、どうぞ遠慮なく連れてきてよ」。彼女はカートが出かけていないことをちゃんと知っているのだ。しょっちゅうこういうことがあったが、わたしの実力で招待されることもあった。いずれにしてもケンとキャスリーンのパーティは魅力に満ちていたから、逃すわけにはいかなかった。あるときのパーティで妊娠後期だったわたしの妻のフェイを伴ってアバ・ガードナーと話をしていたとき、アバがいきなりフェイのお腹を指さして、「最初の子どもは女の子で、二番目も女の子だったでしょう。今度は男の子よ」と言った。大当たりだったが、彼女は「魔女」と呼ばれてはいなかった。

ケンは驚くほどひとつのことに熱中したたし、生来の運動家だった。当時はチェンバレン卿が健在で、演劇は彼に屈服しなければならず、彼が猥褻だと見なした場面はつねに執拗に削除を迫ら

『若き世代の発言』の出版記念パーティ。
左からビル・ホプキンズ、ジョン・ウェイン、リンジー・アンダーソン、わたし、ドリス・レッシング、ケネス・タイナン

れた。そこでケンはあることを思いついた。さまざまな匿名の協力者による『オー・カルカッタ』という舞台ショーを上演することにしたのだ。複数の劇作家が台本を書いたが、彼らはケンが知るかぎりの最高の顔ぶれで、サミュエル・ベケットまで一役買ってくれた。あからさまに性的な舞台にしてチェンバレン卿を怒らせ、上演を中止しろと言われた時点でケンが戦いにいどむという計画だった。こうした状況では簡単に資金が調達できるはずもなかったので、ケンは友人たちに投資を呼びかけた。彼がやろうとしていることには大いに価値があると確信していたので、わたしも友人の一人として五百ポンド投資した。ショーはラウンドハウス劇場で初日を迎え、誰もがびっくり仰天したことにチェンバレン卿は上演中止を言い出さなかった。もっとびっくり仰天したのは『オー・カルカッタ』がウェストエンドの劇場に移り、何年にもわたって長期公演されたことだった。ショーの制作費はものすごく安かったから、利益はとんでもない額になり、ささやかな投資でわたしも大金を、なんと二万ポンドもの大金を稼いだ。

ケンの著作のすばらしさにあれほど感激していたわたしとしては、もっと彼の本を出版したかったと思っている。演劇評論と同じように、エッセイの作風も独特だった。ニューヨーカー誌に掲載されたバレンシア地方についてのエッセイを思い出す。あのエッセイを読んだことがない人はバレンシアに行ってみたいとは夢にも思わないかもしれないが、ケンは驚嘆すべき筆致で生き生きと描き出し、おかげでバレンシアはたまらなく魅力的な場所になった。ケイプは彼のエッセイ集を一冊出版し、自伝を出版する契約も結んだ。彼は契約書に署名し、前払印税も受け取った。だが、大勢の読者を夢中にさせるはずだった自伝はついに書かれずに終った。

ラテンアメリカの作家たち

ラテンアメリカ分野に思い切って乗り出したことはまさしく幸運の部類に入るし、これからお話することはけた外れの幸運といえるだろう。キューバ革命が起きてから間もなく、カーサ・デ・ラス・アメリカス（キューバの文化団体）からキューバを訪問してほしいと招待された。費用はすべてあちらもちだということだった。ところがハバナに着いてから、その年に発表されたスペイン語で書かれた小説の中から最優秀作品を選ぶ選考委員をつとめることがわかった。ばつが悪いことにわたしはスペイン語が読めない（少しはしゃべれるが）。誰もが事前に確認する手間を省き、どんな目的で招待するのかということさえ知らせてくれなかったのだ。そこで、わたしはスペイン語が読めないのですが、選考会に出席してもよろしいのでしょうか、と聞いてみた。だが、何の問題もなかった。『大佐に手紙は来ない』という独特な書名がたびたび話題にのぼったからだ。これは小説ではなく短編集で、無名のコロンビア人作家の処女作だった。著者の名前はガブリエル・ガルシア・マルケスといった。

三週間後にロンドンにもどり、すぐに問い合わせると、カルメン・バルセルスという人物がマルケスのエージェントだということがわかった。彼女は当時、大部分のラテンアメリカ人作家のエージェントをつとめており、さんざん押し問答をした結果、先例のない契約をした。あの短編集もふくめて五冊の本を出版するという契約に署名したのだ。翻訳小説の出版はきわめて投機的だし、ふつうはまったく採算がとれないから、一度に一冊以上の契約をしたのはあとにも先にもあのときだけだ。『大佐に手紙は来ない』はみごとなできばえだったが、舌を巻くほどの作品ではなかった。それならどうして一度に五冊も契約するという先例のないことをしたのか、と聞かれるかもしれない。その答えはおいおい明らかになっていくだろう。

はじめてマルケスに会ったのはロンドンでだった。しばらく前からロンドンにいることはわかっていたから、電話をくれるだろうとずっと待っていたら、ようやくかかってきたので、「いつからロンドンにいるんです？」と聞くと、三カ月になるという。そこで、「いつまでいるんですか？」というと、あと二日で発つと言われた。わたしは「どうしてもっと早く電話をくれなかったんです？」と言った。英語であなたと話がしたかったので、という答えが返ってきた。だが、彼の英語はまだひどいカタコトだったのですぐにフランス語に切り換え、ようやくつぎの日にランチをともにすることになった。

彼はぼうっとしている感じだったが、ケイプが今までにどのような作品を出版してきたかということについて正確に知っていたし、五冊の契約についても、イングランドでは自分の作品が成功していないことについても十分に承知していた。そして、忘れもしないあの言葉を口にしたのだ。「お金のことは心配しないでください。つぎの作品は歴史に残る作品になります。売れて、売れて、売れまくりますよ」。まったく傲慢な口調ではなかった。彼はただ、わたしと同じように確信していただけだった。それが契約した五冊目の作品、『百年の孤独』だった。この作品が完成したことでもちろんあの契約は意味をなしたわけだ。

二度目に会ったときにはすでに『百年の孤独』は出版されていて、ガボ(彼は友人仲間にはガボと呼ばれている)はラテンアメリカでは神とあがめられる高い社会的地位にあった。作品は書店はもちろん新聞雑誌売場にも並んでいたし、南アメリカでは大学教授から道路の清掃人まで、文字どおり彼の作品を読んでいない人間は一人もいなかった。文学作品をめぐってこのような現象が起こるとは夢にも思わなかった。

つぎにガボがイングランドにやって来たときにはうれしいことに数日前に知らせがあったので、敬意を表してこじんまりとしたディナーパーティを開く手配をする時間があった。彼と奥さんのメルセデスにはほかのお客よりも少し早めに来てもらい、じゃまが入らないうちにわたしが大いに自慢にしているちょっとした記念品をガボに見せた。圧倒的に数が少ない『百年の孤独』のプルーフコピーだ。サインをたのむと、彼はものすごく嫌な顔をしてサインをしてから、お得意の本気をよそおった口調で、「こんなにばかばかしいことはもう終りにしたいので、サイン本の複製を一万部印刷してくれと出版社にたのんだんだ」と言い、わたしが手にしているプルーフコピーを指さして、「その本は五千ドルにはなるな」と言った。

食べてばかりいるみたいな気がするが、ガボと会うときはいつもそうだった。そのつぎにガボと食事をしたのは、ガルシア・マルケスがノーベル文学賞を受賞したことを祝うために、ストックホルムで開かれたスウェーデン国王主催の宴会場でだった。残念なことにわたしの席は著者からは遠かったが、歓びと、誇りと、満足感は少しもそこなわれることはなかった。国王主催のディナーパーティで席が離れていたことの埋め合わせに、翌日はガボが滞在していたホテルのスイートルームを出たり入ったりしながら過ごし、スイートルームでくりひろげられた絶え間ない浮かれ騒ぎに参加した。ガボはファンに取り囲まれていた。キューバ人が大勢いて、彼らはいろいろな種類のタパス〔酒のつまみ〕をスウェーデンに持ち込んでいた。あとで聞いたのだが、彼の作品を出版しているほかの出版人を、スウェーデンの出版人でさえ、あれほどガボは歓待しなかったそうだ。わたしが特別扱いされたのは光栄だと思ったが、他の出版人にたいしてはきまりが悪かった。だが、認めなければならないことがある。ガボが（スペイン語で書かれた作品の出版社は別にして）自分の作品を残らず出版した唯一の出版人として紹介してくれたときにはうれしかったことだ。

ノーベル賞受賞のお祝いがあってから二年後くらいに、レジーナとメキシコへ行く計画を立てたのでガボに電話をかけた。それまでにも電話をかけたことは何度もあったが、すぐに彼をつかまえることができたためしはなかった。ところがこのときは神様が味方になってくれ、彼が受話器を取った。メキシコシティに来るのはいつなんだい、と聞かれたので、二日間いるつもりだと答えると、どちらかの日のランチに招待するから十二時に自宅に来てくれという話になった。ランチは一時ころにはじまり、なんと夜の八時に終った。あれは忘れようにも絶対に忘れられない

ガブリエル・ガルシア・マルケスと

ランチだ。いろいろな種類のモレ〔メキシコ風の辛ロソース〕をはじめ、すごくおいしい家庭料理を食べたのだが、もちろんそれだけが忘れられない理由ではない。つぎからつぎへと料理が出てきて、ガボの子どもたちと、孫と、ひ孫も入れ替り立ち替り食事のテーブルにやってきた。料理の合間に、レジーナとわたしはホストに案内されて中庭をぶらぶら散歩したりもした。ガボの家はメキシコシティの中心部からタクシーで一時間ばかりの郊外にあったので、都会暮しがなつかしくないかい、とたずねたのをおぼえている。「そんなことはないさ、街中に住んでいたら、きっと郊外が恋しいと思うはずだからね」と彼は言った。八時にわれわれはガボと、それから奥さんのメルセデスとも大きく、そして力強く抱き合い、別れを告げた。おたがいにあれだけの好意を抱き、心から打ちとけた間柄だったが、また一度か二度でも彼に会えたらわたしは幸せ者だろう、と思ったものだ。

*

わたしはイングランドでガボの作品を最初に出版したが、ペルー人作家のマリオ・バルガス＝リョサの場合もそうだった。彼の処女作『都会と犬ども』についてアメリカ人が書いた批評を読み、イギリスでの版権を買うことができたのだ。マリオは毎年ロンドンに長期間滞在していたので、たちまち仲良くなった。つねにほのぼのとしていて、微笑をたやさず、わたしの妻に言わせればすごいハンサムでもあった。そして、どんなときでも異常なほどパリッとした身なりをしていた。ケイプから自分の作品が出版されるということは、自分にとって大きな意味があることなのだ、と言われたときは、もちろんたいへん気分がよかった。彼はガルシア・マルケスの作品に関するすぐれた論考も書いたが、この本は千ページもある。この論考を執筆していたころはガボとマリオは親しい関係だった。しかし、ペルーの大統領選挙に立候補すると意を決めてからマリオはしだいに強硬な右派になっていった。ガボは極左で、カストロの親友でもあったから、マリオを許せなかったのだ。その後もケイプはマリオの著書を数冊出版し、それから彼は『ラ・カテドラルでの対話』という八百ページにものぼる大長編小説を書いた。これよりもはるかに短いほかの小説はどれもあまり売れず、採算が取れていなかったから、残念ながら『ラ・カテドラルでの対話』を引き受けるだけの勇気はなかった。

＊

メキシコ人小説家のカルロス・フェンテスの場合は、チャンスがあれば喜んで出版していたはずだが、処女作は出版していない。イワン・オボレンスキーという聞いたこともない当時の彼のアメリカの出版人からコピーが手渡された。それからまもなく、そして大歓迎でカルロスを引き受けた。仲良くなるとたちまち、ぼくはしょっちゅう旅行をするから、どうしても一度あなたをメキシコへ連れていきたいと思っている、と言い出した。時期は決めてくれということだったので、なんとか予定を立ててオアハカで会うことにした。オアハカにはかつて修道院だった有名なホテルがある。予約を取るのは至難の技だと聞いていたのだが、あのホテルに滞在したいと思った。カルロスはあっさりと、何の問題もなく泊まれるよ、と言った。すごく世慣れたあの口ぶりからすると、ホテルの予約などというささいなことでカルロスが大変な思いをしたことがあるとはとても思えない。彼の話によると、古い友人のローズとビルのスタイロン夫妻も合流することになっているので、ますます家庭的な集いになるということだった。

カルロスのお膳立てで、最初の晩は州知事の家で開かれるディナーパーティに出席することになっていた。ホテルにリムジンが迎えにきて、警察の車がずらりと並んで警備にあたっているのを見て、これはちょっと異常なのではないかと思った。ホテルから州知事の家までリムジンで三十分もかかったが、歩いてもほんの数分の距離だったのだ。ディナーテーブルではとてもりりしい感じのする女性の隣の席に案内された。ジーン・スミスと紹介されたのだが、心当たりがある名前ではなかったので、どんなことをなさっておられるのですか、とたずねたら、向かいの席にいたレジーナがもじもじしはじめた。それもそのはず、ジーン・スミスはジョン・F・ケネディの妹だったからだ。しかも最近、彼女の息子が強姦容疑で裁判にかけられ、アメリカのテレビは一カ月以上も毎晩この裁判のもようをニュース報道しているという。彼女はそのストレスから立ち直るためにメキシコに来ているということだった。ディナーのあとでカルロスに、帰りは歩いて行ってもいいか、とたずねた。有体《ありてい》にいえば、あの自動車行列にひるんでしまったのだ。ジーン・スミスもふくめて（彼女に敬意を表してあれだけの警備がしかれていたのだったが）全員が歩いてホテルに帰った。

＊

偉大なラテンアメリカ人作家ホルヘ・ルイス・ボルヘスの作品も出版した。だが、ケイプだけがボルヘスの作品を出版していたわけではなかったし、彼と親しくなる機会には恵まれなかった。六〇年代にはボルヘスは時代の最先端をいっていて、作品は非常に多くの人びとに読まれ、とくに若い人たちに支持されていた。彼はずっと詩だけを書きつづけていたが、五〇年代の終りから散文を書くようになった。どうして詩から散文に方向転換したのか、とたずねたことがあるのだが、彼の答えは絶対に忘れないだろう。どうもひどく転倒して頭を打ったことが原因だったらしい。数カ月間、彼は脳震盪に苦しみ、書くことができなかった。いくらか回復してからも、二度と書けないかもしれないという恐れは消えず、やがて散文を書いてみようと思いたった。散文が書けなければ、自分には散文を書く才能がないことは証明されるだろうが、詩の世界にはそのまま可能性が残っているだろうと考えたからだ、ということだった。

＊

以前からずっと、カルロス・フェンテスはわたしのことを「ミスタ・ラテンアメリカ文学」と呼んでいるが、わたしが出版したラテンアメリカの作家はまだまだいる。一九六七年にノーベル賞を受賞した小説家のミゲル・アンヘル・アストゥリアス、一九九〇年に同賞を受賞したエッセイストのオクタビオ・パス、一九七一年に同賞を受賞した詩人のパブロ・ネルーダなどをはじめとする作家たちだ。ネルーダについてはどこかで短い文章を書いたことがあるが、「わたしの作家」がノーベル賞を受賞したことは、一九六三年以来、まことにうれしいことに十一回もある。つけ加えておく価値はあると思うが、ノーベル賞は自分がその作品を出版した作家に授与される賞というより、自分に授与された一種の戦利品だと思っている出版人は多い。ケイプの作家がノーベル賞を受賞すれば、わたしだってもちろん満足するが、そうした作家たちの人生で、わたしが果たした役割と受賞とが具体的な関係にあるという事実に大きな歓びを感じる。ノーベル賞というと、残念ながらイギリス人作家がスウェーデンの芸術協会に気に入られることはめったにない。最新の受賞者はウィリアム・ゴールディングだ〔一九八三年。さらに二〇〇五年、『フランス軍中尉の女』の映画脚本を担当したイギリスの劇作家ハロルド・ピンターがノーベル文学賞を受賞した〕。ノーベル賞委員会の審議はみごとな秘密主義だが、何人かのスウェーデンの出版人が話してくれたことにもとづいて考えると、グレアム・グリーンが受賞者候補から外されたことにまつわるつぎのような憶測はたぶん当たっているのではないかと思う。グリーンがスウェーデンの美人女優アニタ・ビョルクと浮気をしたことははっきりしている。彼女はスウェーデンで大いに愛されていた詩人と結婚していたのだが、彼はガスオーブンに頭を突っ込んで自殺した（どうも妻の行為に悩んでいたらしい）。ところがグレアム・グリーンは『鉢植え小屋』という戯曲でまったく同じ自殺方法を選んだのだ。

最後にもうひとつ、ノーベル賞についてはっきり言いたいのは、この賞はほとんどの国でびっくりするほど高く評価されていて、その作家の仕事ぶりを一変させる場合が非常に多いということだ。売上部数は二倍に、いやそれどころか十倍にもなるかもしれない。だが、ずばりと言ってしまえば、イングランドの読書人はノーベル賞にはハナクソほどの関心もないのだ。

ジョン・レノン

出版の仕事は幸運に左右される場合がとても多い。これからお話することと以上によい例はないのではないだろうか。まったくちんぷんかんぷんな分野なのだが、ポピュラー音楽の本を作ったときのことだ。著者はマイケル・ブラウンという若者で、ときどきわたしのオフィスにやってきて、仕事の進めかたについて話し合いをしていたのだが、彼がある日、ブライトンと、マンチェスターと、グラスゴーにあるホテルの備えつけの便箋を何枚か持ってきた。手書きの詩と線画がびっしり書かれている。ひとつずつ見ていくうちに、そのユーモアと独創性にたちまち引き込まれてしまった。すごくおもしろいのだ。思わず声を上げて笑ってしまうほどおもしろいものもあった。「いったいぜんたい、誰がこんなものを書いたんだい？」とたずねた。その答えが「ジョン・レノン」だった。ブラウンがジョンにインタビューしたとき、書いたり描いたりする「いたずら書き」が趣味なんだ、と言ったらしい。そしてブラウンに見せたものが目の前にあるというわけだ。もちろんわたしの胸は高鳴り、即座にこの「いたずら書き」を出版したいと思った。ジョンが一冊の本になるだけの「いたずら書き」を書いてくれればの話だが。

何よりもまずジョン本人に会わなければならない。段取りをつけ、ウィンブルドン南部地区ファンクラブのコンサートに行くことになった。コンサートが終ってから案内されて舞台裏に行くと、鉄格子を前にして四人のビートルズが並んで立っていた。格子の下に幅の狭い窓があって、アイドルがサインしてくれるかもしれないと、ファンがプログラムや紙切れを押し込んでいる。わたしは裏手のドアからビートルズが並んでいる場所へ案内され、熱狂的な騒ぎを見守ることになった。あわただしくジョンを紹介されたが、今は話をするどころではないので、座って待っていることになったのだ。サインの儀式は軽く一時間以上も続いた。プログラムや紙切れを手にしたファンが一人ずつ列を作って進んでくるのだが、格子の前で気絶してしまうファンも大勢いて、待ちかまえていた救急車に意識が回復するまで山積みにされていた。

ようやくジョンと静かに話ができるようになった。「いたずら書き」が気に入られたことについてはいかにもうれしそうだったが、出版の専門家が興味を抱いていることには当惑していた。軽い気持ちで書きなぐったものでしかないと思っていたからだ。ジョンの冷笑的な口ぶりのおかげで、ちょっとした彼のお楽しみに感銘を受けたりしたのはいささか間抜けだったかな、という気分にさせられたが、それでも出版人と著者との楽しい関係はあの晩から始まった。ジョンの「いたずら書き」は『絵本ジョン・レノンセンス』という本になったが、わたしが最初に見たものはこの本のごく一部にすぎない。それから数カ月のあいだにあの手この手を使いながら、ジョンにこの薄い本の残りの部分を書いてもらった。ときどきあまりできがよくないものを渡され、ボッにするよう彼を説得しなければならないと思ったこともあったが、つねに頭にあったのは、手厳しすぎるとジョンがこの企画を投げ出してしまう可能性は十分あるということだった。

いつもは著者がベドフォード・スクウェアにやってきて、オフィスで静かに話し合いをする。だが、ジョンは可能なかぎり外出しないようにしていたので、クロムウェル通りからちょっと入ったところにあるフラットに出向いた。ジョンがポールとリンゴとジョージの四人で共同生活をしていたそのフラットにたどり着くには、建物の正面玄関の前で待ちかまえている数百人のファンをかき分け、もみくちゃにされながら突進しなければならなかった。ジョンの部屋は手に負えない子どもたちだらけの運動場みたいだったが、大混乱の場所にもかかわらず、ジョンとわたしはいつも比較的静かな一角を見つけた。そうは言っても、ああいう状況で仕事をするのは楽ではなかった。

ジョンに会いに行くときに、ケイプで出版することになっていたマンガの原稿を持っていったことがある。メル・カルマンの作品で、ジョンの作品とはまったくちがう作風だと思ってはいたが、気に入ってくれたらジョンの言葉を引用させてもらえるかもしれないと考えたのだ。ジョンに何かをたのんだのはこのときだけだった。彼はものすごい速さでページをめくり終えると、あの有名な丸眼鏡の向こうからわたしの顔をじっと見つめてこう言った。「彼にギターを始めるといいよって、すすめたらどうです?」

契約を結ぶときがきて、ブライアン・エプスタインと話し合ってほしい、とジョンに言われた。エプスタインはビートルズを見出しただけでなく、四人の生活のあらゆることを取り仕切ってい

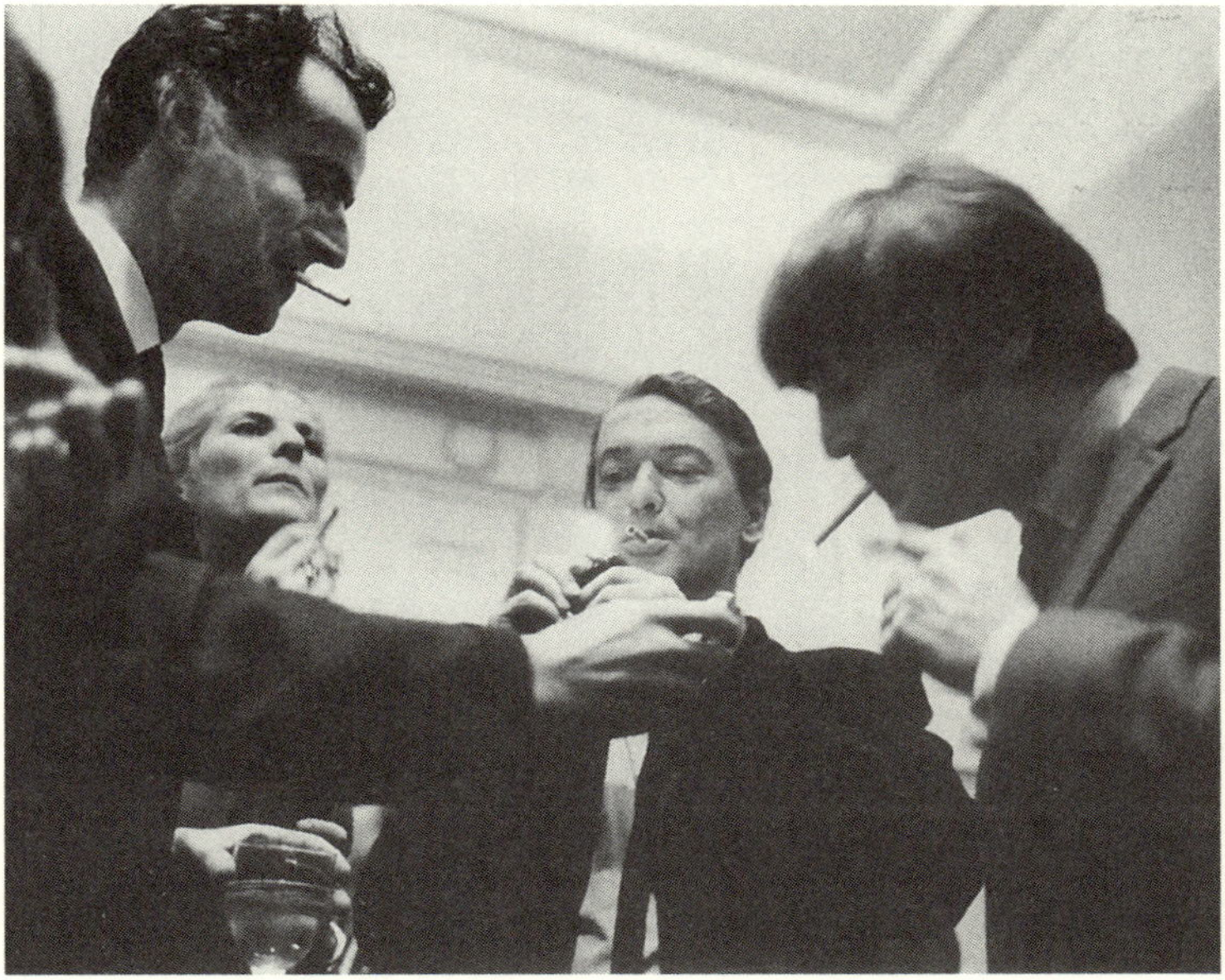

年に一度のジョナサン・ケイプ社のパーティ。
左からわたし、エリザベス・ジェイン・ハワード、
キングズリー・エイミス、ジョン・レノン

る人物だ。きっと手ごわい相手で、相当高額の前払印税を要求されるにちがいないと思い、彼のオフィスへ向かうタクシーの中でたぶん十万ポンドは要求されるな、と見当をつけたのをおぼえている。ところが、覚悟を決めて会った大御所の関心事は、どのような本になるのかということだけだった。ブライアンはたいへん魅力的な人物だった。ついでながら、彼はジョンに熱をあげているといううわさだったが、その可能性は十分あったと思う。いわゆるハンサムではなかったが、ブライアンが面倒を見ていたその若者にはたしかにきわめてセクシーな雰囲気があった。

前払印税は一万ポンドで話は決まった。そして、予想は大幅にはずれて、イギリスでは四十万部、アメリカでもほぼ同じくらいの部数が売れ、しかも数ヵ国で翻訳版が出版された。この本には翻訳不可能と思われる駄洒落が満載されているのにだ。じつに摩訶不思議なことに、ジョンはあれほどの有名人だったにもかかわらず、書籍販売業者はこの本の販売部数については懐疑的だった。予約部数を増やすために、販売促進部長を説得してイギリス中の書店を一気に回ってもらったのだが、それでも予約はたったの二万部だった。ところが発売されたとたん、『絵本ジョン・レノンセンス』は、文学的にも、商業的にも、とてつもない大当たりになった。この本をどうしても手に入れたいと思った読者がどれほど多かったかというと、発売後のはじめての月曜日にわたしが朝の九時にオフィスに着いたとき、当時はベドフォード・スクウェアの裏手の馬屋を倉庫にしていたのだが、その倉庫の前に大勢の書籍販売業者が列を作っていたのだ。追加注文に応じるために、必要な冊数をなんとしても確保しようとしてケイプまでやってきた人たちだった。あんな経験はあとにも先にもあのときだけだ。

サンデー・タイムズ紙はジョンとエドワード・リア〔画家・作家〕とをかなりくわしく比較した記事を掲載し、オブザーバー紙には、ジョンはルイス・キャロルにひけを取らないすばらしい作家だという書評が掲載された。この本がもっと目新しさに欠けるかたちで出版されていたら、たとえば表紙にわれわれが使った肖像写真ではなく、ジョンがギターを弾いている写真を使っていたら、こうした途方もなくすばらしい書評は書かれなかったかもしれない。いろいろなことが明らかになってくるにつれて、考えられるかぎりでは最高の偉業を達成したことがわかった。並外れた販売部数になっただけでなく、ジョンは文学の世界でもその名をはせることになったからだ。

『絵本ジョン・レノンセンス』が大成功したので、二冊目も出版しようということになった。今度も同じように詩と絵の本だったが、ジョンは書名を決めていなかったので、思いついた書名をいくつか上げてくれるようにたのんだ。斬新な書名を考え出すのに苦労する作家は多い。ジョンの場合は大喜びで仕事に取りかかり、二十四時間もしないうちにすばらしい書名をいくつも考え出した。たとえば、『立ち止まってわたしを買ってよ、左手、左手』〔詩人イーディス・シトウェルの『左手、右手』という自叙伝が出版されたばかりだったからだ〕、『トランジスタ・ニグロ』、そしてもちろんわれわれが選んだ『作品に描かれたスペイン人』〔邦題『らりるれレノン　ジョン・レノン・ナンセンス作品集』〕などだ。この本も『絵本ジョン・レノンセンス』と同じくらい売れたが、二冊目の本があれだけ売れることはまずないといってもいいだろう。

二冊目の出版後、しばらくしてジョンから電話があり、本を書いた友人がいるので紹介したいから会いに行ってもいいかと言われた。『グレープフルーツ』というその本をわたしは引き受けなかった。著者もだ。著者の名前はヨーコ・オノ。ジョンがオノのように冷ややかで、ユーモアもわからないような感じがする女性にのぼせあがっているのは火を見るよりあきらかで、そんな彼を見るのは悲しかった。それから間もなく、ジョンは愛すべき妻シンシアと別れて「われわれの時代における屈指の大恋愛」を開始し、ジョンとたいへん親しかった大勢の人間ですらすっかり当惑してしまった。わたしのことをいえば、ヨーコとはあと一度しか会っていない。ジョンの死後、少ししてからダコタハウスに弔問に行ったのだ〔ダコタハウスはジョンとヨーコが住んでいたニューヨークの超高級アパート。一九八〇年、ジョン・レノンはこの建物の前で錯乱したファンに射殺された〕。彼女に会うのは、奥まったところにあるマフィアのボスの私室に入って行くようなものだった。壁は黒っぽく、かすかな明りがついていて、気味が悪いほど静かだった。幅が狭くて座り心地の悪いベンチに座ったまま四十五分も待たされたあげく、ようやく案内されて彼女の前に立ったが、自己紹介するよう求められた。わたしがジョンの著書を出版した人間だということを百も承知のうえでだ。彼女と心を通わせることはまず不可能だと思った。だから、会う約束を取りつけるのに数カ月も折衝を重ねてきたが、十分そこそこでその場を辞した。悲しみをともにできればと思っていたのだが、彼女はそんな思いをまったく受けつけなかった。

レン・デイトン

レン・デイトンの作品を出版することは、単にすばらしい作家の作品を出版するということではなく、とんでもない個性を出版するということだ。レンの処女作『イプクレス・ファイル』はホダー・アンド・ストートン社が出版した。彼は二冊目の『海底の麻薬』を持ってケイプにやってきて、こんな話をした。『イプクレス・ファイル』のカバーには一冊残らず「皺《しわ》がよっていた」というのだ。もっともなことだが、レンはじっとしてはいられず、本を持ってホダーとの話し合いに行くと、ニス仕上げをしたからだと言われた。薄すぎる紙にニス仕上げをすると皺がよることがあるという説明だったので、どうしてもっと厚い紙を使わなかったのだとたずねると、「調べてみます」という。レンはそれ以上聞く耳をもたなかった。もうひとつ、しかももっと重大なことがあった。ホダーはレンに印刷部数を教えることを拒否したというのだ。「オーケイ、絶版にしないのであれば、それでもかまいません」とレンは答えた。一方、レンのエージェントのジョナサン・クローズは彼独特の当たりの柔かい口調で、ぜひ『イプクレス・ファイル』の連載権を売りたいと思っている、とホダーに告げた。ホダー側はきわめて疑り深かった。しばらくしてからジョナサンは、連載権はイブニング・スタンダード紙が買ったと電話で伝えた。ホダーは今度も感銘を受けなかった。それから少しして、ジョナサンは電話で、ハリー・サルツマンが『イプクレス・ファイル』にたいへん興味をもっていることを知らせた(「ご存じでしょうが、ジェームズ・ボンド映画のプロデューサーですよ」と彼は念を押した)。実際、ザルツマンは映画化権を買ったのだ。それでもホダーは感銘を受けなかった。しかも、こうしたことがあったあげくに、『イプクレス・ファイル』は出版されてから二週間もしないうちに絶版になり、だからレンはケイプにやってきたのだった。

つき合いはじめたころに、主人公のハリー・パーマーが生まれたいきさつを聞いたことがある。イアン・フレミングのジェームズ・ボンド・シリーズにヒントを得て、ジェームズ・ボンドとは正反対の人物を創造することを思いついたのだそうだ。もちろんレンも自分の作風を見つけたが、これもフレミングとは正反対だった。

作品を出版するときにレンほど楽しい著者はめったにいなかった。要求は多かったが、それはレンの権利だし、その一方で楽しいことは山ほどあった。彼もわたしと同様に食べることが大好きなのだが、注目にあたいするちがいがひとつある。彼は料理をするが、わたしはしない点だ。レンはしょっちゅう自分で食材を作っていて、自家製でないパスタがテーブルにあらわれたことは一度もなかった。ソーセージを使った料理を作るときでさえ、肉を細かく刻んでスパイスを加え、ソーセージの皮にタネをつめて自分で作ってしまうのだ。エレファント・アンド・キャッスルの彼のキッチンはまるで実験室みたいで、珍しい食材がきちんと積み上げてあった。しかも、モデルをやっているきれいな女性がいつも二、三人いて、彼女たちはキッチンをほめる以外にはほとんど何もしないのだが、「助手」としてふるまっていた。執筆の才能に加えて、レンは天分のあるアーティストでもあって、オブザーバー紙に毎週、料理マンガ（さし絵と説明文）を描いていた。われわれはこの料理マンガをまとめ、『アクション・クックブック』という、それまでに見たこともない料理の本を出版した。

『海底の麻薬』の契約をするための話し合いの席でジョナサン・クローズを説得して、連載権についてはケイプに（この場合はわたしに）まかせてもらうことになった。この作品の連載権はデイリー・エクスプレス紙に売ったが、これは予想以上の出来だった。一流の全国紙はスリラーの連載にはめったに興味を示さないからだ。デイリー・エクスプレス紙での宣伝は大々的な効果を生み、『海底の麻薬』の販売に役立ったが、デイリー・エクスプレス紙からの支払いは三千ポンドだった。つぎの『ベルリンの葬送』の場合も提示された金額は三千ポンドで、レンは四千ポンド請求するべきだという意見だった。「絶対に四千ポンドは払わないよ」とわたしは言った。すでに値上げ交渉をしてみたからだ。レンは「彼らは自分たちに独占権があると思っているんだな」と言い、わたしも事実上そのとおりだと思った。「こちらの戦法としては、相手の言いなりにならないことしか打つ手はないね」とレンは続けた。だからわたしは相手に屈しなかったが、相手も譲らなかったので、この本の連載は実現しなかった。つぎの本は五千ポンド請求してほしい、とレンが言い、デイリー・エクスプレス紙が同意したので大喜びだった。『ベルリンの葬送』

で提示された金額をのんでいた場合に比べたら稼いだ総額は少なかったが、レンにとっては金額よりも信条のほうが大切だったのだ。わたしは彼の考え方が気に入っている。

『ベルリンの葬送』の映画が撮影されているときにレンといっしょにベルリンへ飛び、夜な夜なハリー・パーマー役を演じていたマイケル・ケインと過ごした。マイケルがベルリンには最高にゴージャスなレディたちがひしめいているナイトクラブがあるという話を耳にしていたので、ある晩、夕食を終えてから探検にでかけた。

最初に入ったクラブでわれわれの夢はかなったかにみえた。ところが、マイケルがそれはそれはすばらしいレディの体を抱きしめた拍子に彼女の袖がまくれ、腕に毛がはえているのが見えた。服装倒錯者だったのだ。店内を見回すと、全員がそういう人たちばかりではないか。大急ぎで店を出てつぎのクラブへ向かった。今度は慎重にすばやく店内を見渡したのだが、その店の「レディ」たちも前のクラブのレディたちと同じだった。われわれはクラブからクラブへと渡り歩くことになり、絶対に本物のクラブがあるはずだ、とマイケルは言い張った。だが、そんなクラブはなかった。少なくともわれわれには見つけられなかった。そんなわけで、当てがはずれてがっくりした三人のイギリス人の酔っ払いは、明け方ちかくまでベルリンの通りをさまよいつづけたのだった。

それから一、二年後に、レンはポルトガルの南海岸にあるアルブフェーラという町に家を買い、その町で家を買った最初の外国人グループのひとりになった。家は質素だったが、立地には目をむいた。断崖の上に建っていて、崖には人気のない砂浜にまっすぐ降りて行く専用の階段が掘られていたのだ（ものすごい数の段々だった）。数日滞在するようにと招待してくれたので、到着した日に海へ降りて行ったのだが、レンはペンキ塗りをするといって家に残った。翌日もいっしょに海へは行きたくなさそうなそぶりだったので、困ったことでもあるのかと聞くと、ちょっと恥ずかしそうに、じつは泳げないのだと白状した。何度も挑戦したがだめだったのだという。よければ教えてあげるよ、と言っても疑っているような顔をしているので、わたしは泳ぎを教える達人なんだぞと言って（これは嘘）、なだめすかして海岸へ連れて行った。子どもとちがって、大人に泳ぎを教えるのはとんでもなくむずかしかったが、五日後に帰るときには、レンが泳げるようになっていたことを鼻を高くしてご報告する。まだ息継ぎにちょっと苦労していたが、やったぞ、と思ったし、もちろん彼もそう思っていた。

フレミングは宣伝をとくに気にしていなかったが、レンにはこの分野で並々ならぬ才能があり、細かいことにも気を配る人だった。一例をあげると、わたしのオフィスにもってきたノートだ。ノートに描かれていたのはレン自筆のカリグラフィと、細かいところまで描き込んである線画を組み合わせた芸術作品だった。そして、数ページを印刷して製本し、じらし広告〔商品を見せなかったり、賞品をつけるなどして購買欲をあおる広告〕の無料進呈品として書籍販売業者に送ったらどうだろう、と言うのだ。これだけでもすごい発想だが、もっとすごかったのは手作りの切手帳だった。表紙はふつうの切手帳で、開くと本物の切手と大きさも色も同じで目打ちもある模造切手が並んでいるのだが、女王の顔があるべきところにヒトラーの顔があったのだ。あの切手を見たときには背筋が寒くなった〔イギリスの切手には国名が記されておらず、元首の肖像かシルエットが配されている」。

レンのものの考え方を示すできごとがたびたび起こり、はたで見ているのはおもしろかった。著書とは関係がないのだが、好例をひとつお話しよう。あるときレンはアイルランドで暮すことに決めた。作家としては税金面で莫大な恩恵を受けられるからだ。彼は決して派手な人間ではないし、自分のために多くの金を使うことなど考えられないが、彼のように大当たりした作家がイングランドで支払わなければならない税金は納得がいかないほどの金額になる。アイルランドに居を移してからも一年に数回、気楽な気分でロンドンにやってくるので、ロンドンにも車を確保してあった。さて、レンは駐車スペースをさがすのは腹立たしいほどの時間のむだだと考えていたから、ところかまわず駐車して一日に何枚も駐車違反キップをもらい、ロンドンに数日いただけで積もり積もってなんと二百ポンドにもなってしまった。罰金を支払えという手紙がきたので、レンは五百ポンドの小切手と、これで不足な場合は金額を教えていただきたい、という手紙を当局に送った。すると、あなたが支払わなければならないのは二百ポンドであって五百ポンドではありません、という返事がきて、現金化するつもりはないからと小切手も送り返されてきた。レンは勘違いしたふりをして、こちらのミスでした、と詫び状を書き、今度は埋め合わせのための二百ポンドに最初の五百ポンドを加えた七百ポンドの小切手を郵送した。レンの話によれば、それから間もなく当局の人間は根負けしたそうだ。

ロミリー通りにあるイタリア食堂《トラットーリア》テラッザで、レンと、ファッション写真家のダフィとディナーをともにした夜のことだ。あのレストランはわたしたちのお気に入りで、当時はマリオもフランコもあの店で働いていて、その後、二人とも一財産作った。アルヴァロもあの店で働いていて、数十年後の今もラ・ファミーリャというレストランを経営している〔ラ・ファミーリャはビバリーヒルズにある高級イタリア料理店〕。十一時ころに夕食を終えたとき、突然レンの頭に、ブラックマウンテンズにあるわたしのコテージまでドライブしたらきっと楽しいだろうという考えが浮かんだ。四人みんなでだ（レンは女の子を連れてきていた）。三時間はかかるよ、とわたしが言うと、「まだ宵の口じゃないか」と言う。わたしはまったく行きたくなかったし、抜き打ちみたいなやりかたは好きではなかったが、レンは行くと決めていたし、いったん決めてしまうと彼はやりたいようにやることが多かった。

コテージに着いたのは夜中の二時だった。というのも、ありがたいことにあのときは雨が降っていなかったので、車で私道を登っていくことができたからだ。みんなでワインを三本あけてからベッドに入り、翌日は朝寝坊したが、ウェールズでは珍しいすばらしい好天に恵まれた。朝食になるものが何もなかったので、コテージの前の草地にしばらく座り込み、それから車でロンドンに戻った。

ある日、ジョナサン・クローズが電話をかけてきて、つぎの作品はケイプもふくめて五つの出版社に渡してほしいとレンにたのまれた、と言われた。レンはアメリカの出版社から莫大な前払印税をもらっていたから、この作品がイングランドでもよい値段で売れるかどうか知りたかったのだろう。わたしはジョナサンにこう言った。「いいかい、大当たりした作家の新作は、すでにその作家の作品を出版している出版社より、まだ出版したことのない出版社のほうが高く評価するものなんだよ。われわれはレンの作品をきわめていいかたちで出版してきたと思っているし、これからもぜひそうしていきたいと思っている。でも、レンがいろんな出版人の意見を聞きたいと本気で思っているんなら、ぼくのことは勘定に入れないでくれ」

五人のアメリカ人作家

五人のアメリカ人作家について手短にお話しよう。そのうちの二人、つまりカーソン・マッカラーズとソール・ベローの作品は出版の一歩手前までいった。エドワード・オールビーの場合は、彼がまさに仕事をはじめたときから引き受けてきた。よその出版社からケイプに移ってきたのはアイザック・バシェヴィス・シンガーだ。五人目のアーウィン・ショーはわたしが入社したときにはすでにケイプの著者だった。

カーソン・マッカラーズ

ニューヨークでは、連日だいたい同じくらいの比率で出版人とエージェントに会った。もちろん、可能なかぎりケイプの作家にも会ったが、こちらはたいてい夜に会っていた。エージェントロビー・ランツはおもに俳優のエージェントをつとめていて、作家は数えるほどしか抱えていなかったので、彼に会わない出版人は多く、そのためかわたしと会うときはいつもとてもうれしそうだった。ロビーはみごとに要を得た人物で、あるとき彼のオフィスに顔を出すと、あいさつもそこそこに「カーソン・マッカラーズの作品を出版しませんか?」と切り出してきた。わたしは思わず「本気ですか？」と聞き返した。

まったくの偶然なのだが、はるか昔の十代の終りに、わたしは彼女の作品に熱中していた。彼女の作品には超自然的といってもいい雰囲気があり、それが何より魅力的だったのだ。それまでに彼女の著書が話題になったことさえなかったのに、ロビーにはどうしてわたしの思いがわかったのだろう。ロビーのデスクにすごい写真が飾ってあるのには気づいていた。二人のしわくちゃなお婆さん、カーソン・マッカラーズとアイザック・ディネセンの肖像写真だ。二人とも大昔の人物で魔女みたいだった。しかも、真ん中に立って満面に笑みを浮かべながら二人の肩を抱き寄せているのがマリリン・モンローなのだ。ロビーの説明によれば、クレセット・プレス社はイングランドでカーソンの作品を正当に評価しているとは思えないし、あなたならはるかによいことができるだろうと思ったからだ、ということだった。そして、これは勘ですが、カーソンとあなたは気が合うはずですよ、と言いそえた。そういうことであればカーソンが住んでいるニューヨーク州ナイアックへ行かなければならない。一日仕事になるとは思ったが、もっと充実した時間の使いかたなど考えられなかった。ロビーはカーソンが癌におかされていることも打ち明けてくれ、やせてはいるけれど彼女はとても強い人だから、まちがいなく癌など撃退してしまうでしょう、と言った。

ドアを開けてくれたのはカーソン自身で、フクロウのようなとてつもなく大きいあの目に見つめられながらわたしは家に入った。少し前に発作を起こしたせいで咳ばかりしていたし、ひどくどもった。しかも南部訛が強いので、ふつうの人には何を言っているのかわけがわからなかっただろう。だが、不思議なことに彼女の話はよくわかった。ナイアックへ向かう途中でどんな話をすることになるのだろうと思っていたのだが、実際に会ってみると何の問題もなかった。カーソンとわたしは大昔から友だちだったみたいにおしゃべりをし、偉大な作家に対面しているのだということをあらためて思い出さなければならないほどだった。新しい作品の話をしているときに(彼女はあまりくわしく話してはくれなかったが)、なかなかはかどらなくてね、とカーソンが言ったので、思い切って、何ページ書いたんですか、とたずねると、どもりながら「十七ページ」と答えた。読ませていただけませんか、とは言わなかった。彼女が望んでいないのがよくわかっていたからだ。

その後、カーソンを訪ねたのは四回で、五回目の訪問の前に彼女は亡くなった。ありきたりの言いかただが、ほんのわずかでも彼女に似ていると思える人には二度と出会えないだろう。

ソール・ベロー

ソール・ベローがどうしても出版社を変更したがっている、とある友人が教えてくれた。当時の出版社はバリー・アリソンだったが、大手出版社（セッカー・アンド・ワーバーグ）の系列下にある小出版社から作品を出版することに満足していないという。ベローは今ロンドンにいるが、それもたった三日間だけだということもわかった。その日はちょうど二日目の朝で、わたしがどんなに興奮したかご想像いただけるだろうか。ソール・ベローがノーベル文学賞を受賞するずっと前のことだったのだが、当時でさえ彼はまぎれもなく「偉大なアメリカ人作家」だった。なにはさておいても彼とランチをともにしなければならない。すぐに電話をかけると、運のいいことにホテルにいたベローにつながった。彼はわたしがどういう人間なのか知っていたので助かった。今日か明日のランチに時間をいただけませんか、と言うと、明日のほうがいいということだったので、レストランに予約を入れた。一時十分前にレストランに行くと、彼はすでに席に着いていた。

わたしは共通の友人のことを話題にし、たまたまベローがマーティン・エイミスのファンだということを知っていたので、彼の話もした。

ベローの声はとりわけ低く、口調もおだやかなので、得意の悪口もそれほど痛烈には聞こえない。どうやら意地が悪いことを楽しんでいるらしく、やわらかな微笑を浮かべながら毒舌をはくのだ。メインの料理が出たところで要件を切り出した。「出版社を変えることを考えておられると聞いたのですが、本当ですか？」。彼はうなずいた。当然のことながらわたしはケイプの立場を説明し、あなたの『ハーツォグ』は屈指の現代小説だと思います、と言った。これは事実だったが、もちろん彼は気をよくし、出版についての熱い会話が続いた。するとベローが、ぜひケイプにわたしの作品を出版してもらいたいね、と言い出したのだ。その言葉に疑いの余地はなかったから、わたしはいわば未決のままにしておいた。きちんと手紙を書くつもりだったのだ。翌日手紙を投函すると、彼の要望があらためてはっきり書いてある返事がきた。わたしはこの手紙をくり返し読んだ。子どもっぽいプライドを感じさせる手紙だった。そして、それっきり音信が途絶えた。だが、追求することも、非難することもできないと思った。あれは嘘みたいにいい話だった。何年も前のことだが、今でも彼には釈明の義務があると思わずにはいられない。

エドワード・オールビー

二度目に合衆国に行ったとき、若い劇作家の作品が二本、グリニッチ・ヴィレッジの小劇場で上演中だと聞いた。エドワード・オールビーという劇作家の『動物園物語』と『ベシー・スミスの死』だ。楽しい夜になりそうだと思った。

このふたつの芝居にはとても感動したので、すぐにオールビーのエージェントに連絡をとった。不思議なことではないが、イギリスでの出版権は売れていなかったので小額の前払印税で買い取った。投宿していたアルゴンキンホテルのバーにいるアンドレ・ドイチュのもとへ駆けつけたのをおぼえている（このホテルは、ジェイムズ・サーバーをはじめとするつわもののニューヨーカーたちが連日のように顔を合わせていたことで有名だ）。アンドレがいつもの負けずぎらいの口調で、何か買いつけたのか、と言うので、オールビーの芝居の話をすると、「頭がおかしいんじゃないか」と言われた。そう思われてもちっとも驚かなかった。

オールビーは信じられないほどの人見知りだと聞いていたので、会おうとは思わなかった。ケイプは何年も彼の脚本を出版しつづけたが、わたしが観たふたつの芝居の脚本を出版したほぼ直後に『ヴァージニア・ウルフなんかこわくない』が発表されたのは幸運だった。この芝居は世界中で大ヒットし、その後リチャード・バートンとエリザベス・テイラーの主演で映画化され、それから間もなく、オールビーはアーサー・ミラー以来のアメリカでもっとも偉大な劇作家として絶賛されるようになった。『ヴァージニア・ウルフなんかこわくない』を別にすれば彼の脚本はあまり売れなかったが、出版するだけで十分だった。オールビーとは連絡をとらないほうが望ましいというのはまことに残念だったが。

ところがある夏、ロングアイランドで大勢の著者に会っていたとき、このあいだの夜はオールビーもいっしょだった、と誰かが言った。どうもイーストハンプトンに住んでいるらしい。思わず彼に会うための行動に出た。電話をかけたのだ。電話の向こうの声はかならずしも歓迎してはいなかったが、ねばった。わたしはイーストハンプトンの近くにいるのだし、ちょっと立ち寄りたいと思うことはまったく理にかなっていると考えたのだ。だが、彼の家に行くと、ほんの数分で落ちつかない気分にさせられてしまった。侵入行為が歓迎されていないことははっきりしていたので、すぐに退散した。

アイザック・バシェヴィス・シンガー

ニューヨークで出版人のロジャー・ストラウスとランチを食べていたとき、彼がこんなことを言った。「アイザック・バシェヴィス・シンガーの出版社を変えなければならないと思っているんだ。セッカー・アンド・ワーバーグのやりかたは救いようがないんでね。きみならもっとうまくやれるよ」。シンガーの本は二冊しか読んでいなかったが、彼には独自の意見があって、それも人を深く感動させる意見だということを理解するには十分だった。しかもすぐれた物語作家だ。シンガーは当時もまだイディッシュ語で書いていたが、訳文が大変こなれているので、読者はおそらく翻訳を読まされていることに気づいていなかったろう。興味があるどころのさわぎではなく、矢も楯もたまらない気分だった。ロジャーが出した条件はひとつだけ、つまり、ケイプは既刊の作品も出版することに同意しなければならない、ということだった（シンガーはこのことを強調していないような印象を受けたのだが）。われわれは契約を結び、おやじさんと会う次回のニューヨーク行きが猛烈に待ち遠しかった。そのときはたまたまレジーナもいっしょに行くことになり、これはまことに好都合なことのように思われた。彼女はニューヨーク生まれだが、ポーランド語とロシア語が話せる。

ニューヨークに到着してから二日後にシンガーに電話を入れ、夫妻をディナーに招待した。だが彼は、自分たちが招待すると言ってきかず、反論の余地はなかった。六時にアパートメントに来るようにと言われ（六時という時刻は吉兆ではない！）、角を曲がったところにある彼のお気に入りのレストランに行こう、という話になった。ウェストサイドの北のほうにあるアパートメントは薄暗く、陰気で、ほこりまみれだった。すべての壁際に本が天井近くまで積み上げられていて、その横には古新聞が山になっていた。シンガーはわたしにしか話しかけず、レジーナは語学力をひけらかすどころか、ほとんど一言もしゃべらせてもらえなかった。奥さんも同じだった。七時になり、いよいよレストランへ行くことになった。最悪の事態になるのを覚悟したが、実際には最悪よりさらにひどかった。われわれが向かったのは、ごくごくありふれたユダヤ料理しかメニューになく、飲み物は水とリンゴジュースだけという店だった。

二度目に会ったのはストックホルムで、あれほど対照的な場はほかにはないだろう。あの小柄な姿が大広間に立って、世界でもっとも権威がある文学賞を、ノーベル文学賞を受け取ろうとしていたのだ。わたしは彼のことを計り知れないほど誇りに思ったが、高額な賞金で何をするつもりなのかは想像もつかなかった。でも賭けてもいい。彼はセルマといっしょに、今も定期的にあの角を曲がったところにあるレストランに通っているはずだ。

アーウィン・ショー

わたしが入社したとき、ケイプの著者リストにはすでに重要なアメリカ人作家がひとりいた。『若き獅子たち』の著者アーウィン・ショーだ。

アーウィンと奥さんのマリオンのシャーレがあるクロスタースに行ったときのことだ（クロスタースはスイス東部のオーストリアとの国境に近いアルプス山中にあるリゾート地）。ショー夫妻のシャーレは満室だったし、スキーのリゾート地で生計を立てているシャーレはたいていどこも満室なので、ヴァイネックに予約を入れた。ヴァイネックは見向きもされないホテルではないうえに、魅力的なグリシュナ・ホテルの四分の一の宿泊料金だ。

最初の晩にショー夫妻がディナーに招待してくれた。デボラ・カーと夫のピーター・フィアテルも招待されていた。デボラは相変わらずすごくきれいだったし、二十代のときに『ホワイトハンター、ブラックハート』という小説を書いたピーターは背が高くハンサムだった（この小説は広く読まれるようになり、アーネスト・ヘミングウェイにも注目された。ヘミングウェイはピーターが気に入り、何度も狩猟会に招待している）。ピーターはベアトルト・フィアテルの息子だ。ベアトルトはウィーンを代表するブルク劇場の経営者で、偶然にもわたしの父の友人だった。この社交の場でとりわけ興味深かったのは、ピーターの母ツァルカがグレタ・ガルボの親友だったことだ。残念なことにわたしがクロスタースに滞在しているあいだにガルボは登場しなかったが、しょっちゅう訪ねてきているのはあきらかだった。

夕食がすんでからアーウィンに、明日の午前中に二人の友人とスキーに行くから、よかったらきみも来ないか、と誘われた。ヘリコプターで周囲の山のどれかに行くというのだ。ぼくらは有名なパッセン・ランやその辺のピスト〔雪面を固めた滑降コース〕では絶対にスキーをしないんだよ。まったくひどい雪だし、おまけにすごく混雑しているからね。ヘリコプターの力を借りれば誰にも邪魔をされずに新雪を滑ることができるし、費用もまったく手ごろなんだ、とアーウィンは話を続けた。たった五百ドルだし、もちろん四人でワリカンにしよう。彼には手ごろな金額かもしれないが、わたしにとっては大金だった。

クロスタース行きの目的は、アーウィンの作品に興味があることを伝えたかったのと、そのとき執筆中の短編集とわたしが読んだ作品について話し合うためだった。アーウィンと静かに話す時間を作るのはむずかしいような気がしたので、ぐずぐずせずにすぐに切り出すことにした。帰るまぎわに、明日の夜、グリシュナ・ホテルで一杯やりませんか、ともちかけたのだ。アーウィンはうれしそうだった。約束の時刻は七時だったが、十五分ほど前にホテルのバーに行き、腰をおろしてマティーニをちびちび飲んでいると、三、四人の人間が入ってきた。そのうちの二人はアーウィンのディナーパーティに招かれていた人だった。アーウィンは三十分遅れて七時半にあらわれたが、数人のギャングどもを引き連れていた。静かに話をするには人数が多すぎた。アーウィンは埋め合わせに、明日の夜、七時にシャーレで静かに話をしようじゃないか、と言った。

ところが、翌日シャーレに行くと、カクテルパーティの真っ最中だった。アーウィンは四六時中人に囲まれているのが好きなのだということがよくわかったので、二人だけで会うのはあきらめた。

三日目の夜はデボラとピーターがディナーに招待してくれたのだが、クロスタースの上のほうにある二人のシャーレにはぞくぞくした。何年も前に建てられたあの家は、まさにハリウッドからはるか遠く離れたところにある映画スターの夢の自宅だった。客間にはみごとなスイスのアンティーク家具が置かれ、一方の壁には見たこともないほど堂々とした暖炉があった。アーウィンのディナーパーティで顔を合わせた客もいた。新顔はフレッド・チャンドンという人物で、わたしはたちまち彼が好きになった。ホテルへもどる途中で、大きなスノーブーツをはいた大変な美人を見かけた。フランス人の小説家で、ゴンクール賞を受賞した夫ロマン・ギャリイの腕にすがっている。ジーン・セバーグがグリシュナ・ホテルに向かって夜道を歩いていたのだ。翌日、わたしはロンドンに向けてクロスタースを発った。

その後、マリオンとアーウィンの結婚生活が終ったという話を伝え聞き、それから二年くらいして二人がニューヨークの五番街でばったり出会ったという話が聞こえてきた。二人は抱き合い、もう一度いっしょになったということだった。

デズモンド・モリス

デズモンド・モリスに出会ったとき、彼はロンドン動物園の哺乳類管理者で、何年も前からその仕事をしていた。住いは動物園のすぐ隣でリージェントパーク通りを入ったところにあり、わたしの家はそこから歩いて五分くらいのチャルコット・クレッセントにあった。共通の友人が開いたあるパーティで居合わせたとき、わたしはすぐさまデズモンドに注目した。おだやかで丸みのある顔をしているが、強烈な何かがあったのだ。はえぎわの髪を落ち着かせようとしてしょっちゅうなでつけていた。彼はものすごいエネルギーをこめて話をし、独創性のない発言をすることはほとんどない。このときは動物行動学について、つまり自然環境にいる動物の行動に関する学問ついて話をしていた。彼がとくに興味をもっていたのは、人類はほかの哺乳類から何を学んだのか、ということだった。動物園で仕事をしていたのだから、そうした研究には理想的な場にいたことになる。デズモンドは人びとに囲まれていたが、わたしと同じように、誰もが興味をそそられていることはあきらかだった。つねに自分が注目されていることに慣れている感じで、えんえんと話をしながら何気なく「裸のサル」という言葉を使っている。自分の主張が正しいことを力説したいだけなのだが、この言葉には痛快で魅惑的といってもいいひびきがあると思った。早まったことを言ったと思われるかもしれないが、わたしはデズモンドにはじめて出会ったこの席で、「裸のサル」というのはすばらしい書名になるでしょうね、と言った。もちろん、デズモンドは本を書こうともくろんでいるにちがいない、と思ったのだ。

当時、デズモンドはグラナダ・テレビの「動物園の時間」という番組に出演していた。ケイプの若手作家の一人であるシーナ・マッカイからじかに聞いたのだが、彼女はデズモンドが登場するといつもブラウン管にキスしていたという。この話は彼がスターだったことの証だ。テレビの出演料はとてもよかったから、本を出版することは金銭的な面からするとちっともうれしいことではなかった。しかし、彼の著書ではないが、『人間とヘビ』『人間とサル』『人間とパンダ』などの本はすでに四千部以上売れていた。そして今、デズモンドの前には一人の狂信者がいて、まだ書かれてもいない本が数万部も、いやそれどころか百万単位で売れるなどと言っているのだ。デズモンドが恐れていたのは、わたしの予想どおりにこの本が成功したら、厳粛な科学界で威信を失うだろうということだった。科学者が大衆向けの本を書くことは許しがたい罪だと考えられていたからだ（しかも、数百万ポンドも稼ぐなど滅相もないことだった）。

それから三年以上ものあいだ、何度もデズモンドとランチをともにした。そして、この本については自信があることを強調するために、前払印税額を決めてほしいと主張した。彼はついに折れて契約を結ぶことになった。千ポンドから一万ポンドまでの金額で、いくらにするかはきみが決めるべきだと思う、とわたしは言った。彼が選んだ金額は三千ポンドだった。本を書いてくれることに賭けてから数日後、彼の自宅に行って二人で章立てを考えた。半日仕事だった。内容についてはそれまでに数え切れないほど何度も話し合っていたので、構成は簡単に決まった。デズモンドはこの本を「白熱した状態」で書くつもりでいたし、はっきりそう言った。そして毎日、午後に書きはじめて、朝の七時まで徹夜で書いていた。唯一の息抜きは冷蔵庫の残り物だけだった。執筆には三カ月かかるだろうと彼は見積もっていたが、まさしくそのとおりになった。脱稿した日に、猛烈に興奮しているデズモンドがわざわざわが家まで原稿をもってきてくれたときのことをおぼえている。わたしも猛烈に興奮し、ありとあらゆるものを脇に押しやってすぐさま原稿を読みはじめた。あの日は日曜日で、ケイプの同僚たちにも同じ思いを味わってもらいたくてたまらなかったのだが、翌日までおあずけだった。

ケイプではまったく異議は出なかった。この本は大変な数の読者を魅了し、知識を与えてくれるはずだ。われわれは原稿のコピーを海外の出版社に発送しはじめた。反応は大変なもので、この本が国際的な事件になることはたちまち明らかになった。予約数だけではなく、おもな国（ドイツ、フランス、イタリア）ばかりか、出版事情がよくわからないギリシアやイスラエルやアイスランドまで翻訳権を買ったからだ。連載権について問い合わせがあったことも自信につながった。こうした種類の本としては異例なのだが、一紙どころかつぎつぎに申し出があったのだ。サンデー・ミラー紙とサンデー・タイムズ紙はどちらも同じくらい熱心だったが、「高級な」新聞ではないほうが売上げにつながるはずだと考えてサンデー・ミラー紙を選んだ。予想は的中し、

マルタ島のデズモンド・モリスの家で

『裸のサル』はびっくりするほどの大成功をおさめたが、科学者としてのデズモンドの名声はまったく損なわれなかった。ハチャード書店が主催する「今年の著者」パーティに出席したとき、あの伝説的なビリー（ウィリアム）・コリンズが近づいてきて、あっさり「おめでとう」と言われた。わけがわからず、何のことです、と聞きかえすと、「『裸のサル』を出版するまでのきみのやりかたについてさ」と言われた。この書名が『オックスフォード辞典』に掲載されるまで、さほど時間はかからなかった。

商業的な成功だけでなく、デズモンドは思いがけない特別配当金を手にした。動物行動学者でノーベル賞受賞者のニコラース・ティンバーゲンから大変な敬意を表した長い手紙をもらったのだ。意義深い方法で一般の人びとが動物行動学に関心をもつように仕向け、科学に寄与したデズモンドへの感謝の気持ちが述べられている手紙だった。

『裸のサル』の報酬を手にしたデズモンドはマルタ島に居を構えることに決めた。もちろん税金面でも有利なうえに、イギリス人には言葉の壁もない天気に恵まれた島だ。いくつかの言語に通じているわけではないデズモンドにとって、マルタ島はとりわけ魅力的だった。彼は広大なレモンの果樹園つきの堂々とした邸宅を購入し、フルサイズのビリヤードテーブルとロールスロイスを輸入した。マルタ島にあるもう一台のロールスロイスは総督の自家用車で、デズモンドはいつもこのことをおもしろそうに話していた。マルタ島を訪問したわたしは、ロールスロイスには絶対に乗らない、と言い張った。ロールスロイスでもあの狭い道はかろうじて通れるが、奥さんのラモーナが使っていたスポーツカーのほうがずっと好ましかった。歩行者をはねそうになるのは別にしても、マルタ島のような不毛の田舎でロールスロイスに乗るのはじつに気まずかった。いつものデズモンドは目立ちたがり屋ではないので、この車のことだけは不思議なくらい彼らしくないと思った。

マルタ島での彼の暮しぶりでもうひとつ困惑させられたのは、毎日、温かい三品料理のランチを食べなければならないことだった。暑いさなかに温かい料理を食べるという試練の論理的根拠は、使用人たちが夕食を料理してからでは自宅に帰れないほど遠くに住んでいたからだ。まったく金持ちというのも不自由なものだ！　デズモンドとわたしはときどきラモーナを残して夕食に出かけた。ラモーナは子育てがもっとも上手なチンパンジーの流儀で、つまり最大限にスキンシップをしながら赤ちゃんのめんどうをみていたので、めったに家を離れることができなかったのだ。

マルタ島での指折りの楽しみはデズモンドとバレッタ〔マルタの首都。一九八〇年にユネスコ世界遺産に指定された〕に出かけ、歩道のカフェでデズモンドが「マンウォッチング」と名付けた行為にふけることだった。このテーマは（そして書名としても）すばらしい本になるのではないかということで、ふたたび共同作業が始まった。このときは最終的にイラストをふんだんに使った大判の本として出版し、デズモンドの二番目に成功した本になった。

このころからデズモンドは感銘深い本をつぎつぎと書きつづけるようになり、若いころに情熱をかたむけていた絵を描くことも再開した（驚くなかれ、彼はまだ二十代のときにミロと二人展をやったことがあるのだ）。誇らしく、また大変うれしいことに、わたしはデズモンドが若いころに描いた作品をふたつもらった。彼はいま、現代的なギャラリーを所有していて（メイジャー・ギャラリーという）、分厚い作品集も出版されている。

デズモンドとわたしは『裸のサル』のように独創的で特別な本をさらに追い求めたが、どうもうまくいかなかった。何年にもわたって何度も何度も話し合い、ときには近くまで迫ってきたような気がしたこともあったが、ことは起こらなかった。出版人として、わたしはデズモンドに一段とうちとけ、彼に自分を重ね合わせていたのだと思う。たしかにわたしは彼の仕事歴を後押ししたが、例外的な後押しのしかただったし、不機嫌な言葉ひとつない何十年にもなるつき合いを楽しみ、文字通り何百回もわが家で夕食をともにした。ほかの人が同席したこともあったし、お客は彼一人だったこともたびたびあった。誰よりも親しい親友だと思っていたのだが、やがて何かがさめているのを感じるようになった。不可解だった。われわれの関係には絶対的な自信があったので、何があったのかをさぐろうとデズモンドに手紙を書いた。何のことを言っているのかまったく心当たりがない、とデズモンドは主張したが、にわかには信じがたい。出版と友情の両立は危機に瀕することがままあるのだと考えて、わたしは自分をなぐさめている。

ブッカー賞

五〇年代のはじめのころだから大昔のことだが、ソサエティ・オヴ・ヤング・パブリッシャーズに招かれて話をしたことがある。選んだテーマは文学賞についてだった。わたしは文学賞を猛烈に意識していたが、文学界ではほとんど誰も気にしていないような感じがしていたからだ。そんなわけで、いろいろな文学賞について、わたしが重要だと考えていたことに重点をおいて話をした。世界では（アメリカ、イタリア、ドイツ、スペインでは、そしてとりわけフランスでは）文学賞の重要性はすでに理解されています。現在、イギリスでもっとも高く評価されている文学賞はサマセット・モーム賞です。賞金は二百五十ポンドで、旅費に当てることになっています。受賞作品は、五百部くらいは余分に売れるかもしれませんが、それ以上は伸びません。わたしは熱をこめて若いころにパリで体験したことを語った。いろいろな文学賞はいつも秋に発表され、わたしの知人は一人残らず熱狂的に興奮したものでした。当時も今も文学賞はたったひとつではなく、いくつもあって、もっとも重要な文学賞はゴンクール賞です。この賞の場合、受賞した作品は五十万部も売れる可能性がありました。受賞しなければ、非常に控え目に言ってもわずか五千部しか売れない作品がです。発表から一週間もたたないうちに、わたしが会った人はほとんど例外なく受賞作を読んでいましたし、議論のテーマになっていました。イギリスでは、とわたしは続けた。ゴンクール賞がもつあれだけの影響力を再現することはできそうにありませんが、少なくとも参考にはなります。

文学賞を創設できるかもしれないという話に聴衆は興奮した。すると誰かが、「大変けっこうなお話なのですが、賞金はどう工面するのですか？」と言った。考えがあったので、実行に移すことにした。当たってみようと思ったのはブッカー・ブラザースという金持ちの会社で、ほかの企業とともに西インド諸島でサトウキビを栽培していた。ブッカー社のチャールズ・タイレルに会いに行き、小説を対象にした文学賞にささやかな賞金を出すつもりはありませんか、とたずねた。とくにブッカー社に当たってみようと思った理由はもうひとつある。ブッカー社は大成功をおさめた作家の作品の著作権を共同所有する会社を立ち上げていて、一番の大物作家はアガサ・クリスティとイアン・フレミングだった。作家にとっては節税できる利点があり、結果としてブッカー社もかなりの利益をあげることができる仕組みだ。たまたまイアン・フレミングの作品はケイプが出版していたので、このベンチャー事業がどの程度の収益をあげているのかということについて多少の知識もあった。タイレルは二、三分でもどってきて、「了承しました」と言った。こうしたいきさつでブッカー賞が生まれたのだ。

賞金は確保したので、今度は組織として機能させるためのこまごまとした議論が始まった。まず、運営はナショナル・ブック・リーグにたのんだらどうだろう、と提案した。この組織の長はマーティン・ゴフで、あのときから今日にいたるまで彼はブッカー賞を強く擁護してくれている。選考委員は五人(一人が委員長になる)で意見が一致し、選考委員を選ぶための委員会を設立することになった。イギリスと英連邦諸国の作家を対象とすることも了承された。当初の賞金は五千ポンドで、受賞作の発表の場としてギルドホールで飲み物だけの略式パーティを開くことにした。わたしの提案でもっとも価値があったのは、毎年六人の最終候補者名を発表して、その中から受賞者を選ぶという方式だと思っている。もっとも望ましいのは、最終発表の前にできるだけ多くの憶測が飛び交うことだと思ったのだ。最終候補者名を発表すれば、たった一人ではなく、六人の作家が恩恵を受けることにもなる。選考会は三回開き、受賞作発表の一カ月前に開く最終選考会で、最終候補者名と受賞作品名の両方が選出されることになった。もちろん受賞者名は極秘で、絶対に口外してはならない。

今までのところ、受賞作の選考は非常にうまくいっているのだが、残念なことに受賞者の名前が漏れたことが何度かあった。こんなことを言っても信じていただけないだろうが、ある年には委員の一人がこれから選考会の報告書を書くという段になって、一カ月も早く受賞者の名を出してしまったことがあった。数年後に、秘密を保障する方法はひとつしかないと考え、そのときには飲み物だけのパーティではなく、全員が椅子席に着く豪華なディナーパーティになっていたので、ディナーパーティの直前に選考委員が受賞作を選ぶことにした。秘密という点から考えると、ぎりぎりになって決定することが肝要なのだが、人間という点から考えると、このやりかたには欠点があった。座って食事をしながら発表を待つことになる最終候補者たちが、極度の緊張状態におかれるからだ。

はじめてブッカー賞が発表されたのは一九六九年だった。受賞作品はP・H・ニュービーの『責任を負うための何か』だった。この作品は二、三週間、イブニング・スタンダード紙のベストセラーリストに載りつづけた。イギリスで出版された小説が、文学賞を受賞したことでベストセラーリストに載ったのはこのときがはじめてだった。この本は増刷分が三千部売れた。大きな数字ではないが、鬼の首を取ったような気分だった。だが、誰もが道なかばだということを承知していた。創設から間もなく、ブッカー賞はテレビ中継されるようになり、新聞や雑誌でもかなりの紙面を占めるようになった。節目は一九八〇年だった。その年は二人の非凡な才能の持ち主が競い合い、その結果、大変な憶測が飛び交った。問題の作品はウィリアム・ゴールディングの『通過儀礼』と、アンソニー・バージェスの『地上の力』だった。受賞したのはゴールディングだったが、バージェスが受賞したとしても、売上げへの影響はゴールディングの場合と同じで非常に大きかったと思う。いくつかの出版社が出してくる数字を頭から信じているわけではないが、自分が経験したことは話せる。一九八四年にアニータ・ブルックナーが『秋のホテル』で受賞したとき、ケイプの販売部数は八万部だった。それまでに出版したアニータの作品はどれも七千部以上売れたためしはなかったのにだ。

つまずいたことは一度ならずあった。一九七二年にジョン・バージャーが『G.』で受賞したときがそうだった。あのころはカフェロイヤルでディナーパーティが開かれていて、受賞の挨拶をするために立ち上がったバージャーが、賞金の半分をブラックパンサー運動に寄付する、と公言したのだ。彼がいうところの「植民地主義者の方針」に、つまりブッカー社がサトウキビのプランテーションを経営していることに対する抗議だった。バージャーは受賞そのものを辞退してもよかったわけだし、賞金を全額ブラックパンサーに寄付してもよかったのに、なぜそうしなかったのだろう。理解に苦しむところだ。二年後の一九七四年にキングズリー・エイミスの『結末』が候補にあがったときも論争が起きた。選考委員の一人がエリザベス・ジェイン・ハワードで、彼女はエイミスの妻だった。最終候補者を決定する選考会で彼女はこう言った。「わたしはこの場にいないほうがよかったのです。キングズリーにとってこれはおそらく最高の作品だと思います。これは傑作です。でも、わたしはみなさんに影響力をおよぼすべきではないのです」。選考委員なのに何を思ってこんなことを言ったのか、わたしにはよくわからない。

当時と比較すると、今ではブッカー賞ははるかに大きな文学カレンダーの行事になった。テレビではかならず一時間番組が組まれ、いくつかのチャンネルが放映権争いまでしているし、最終候補者が発表されるときは、メディアのために相当広いスペースが用意されている。おかしなことを言うと思われるかもしれないが、出版人としてのわたしの人生を振り返ったとき、ブッカー賞を創設したことが、おそらく出版界へのもっとも効果的で永続的な貢献だったろう。

ロアルド・ダール

ロアルド・ダールとの出会いをお話しよう。彼が書いた子どもの本はアレン・アンド・アンウィン社のレイナー・アンウィンが出版していたが、ダールの言葉によれば、「ふさわしい」児童書出版社から出版したいと思うようになり、五人の出版人と話し合ってみてくれないか、とエージェントにたのんだのだそうだ。そのうちの一人がわたしだった。そしてびっくり仰天したことに、ダールはケイプを支持してくれた。わたしは彼が求めていた子どもの本の専門家でも何でもなかったし、そのことははっきりしていたから、選ばれたことがなによりもうれしかった。

ケイプで最初に出版したロアルドの本は『ダニーは世界チャンピオン』で、一九七五年のことだ。ロアルドはジル・ベネットにイラストを依頼したいと思っていた。それまでずっと、彼の子どもの本には彼女がイラストを描いていた。ジル・ベネットはどこまでも写実主義のアーティストで、それなりによい仕上がりなのだが、独創性が感じられなかった。そこで、どうして彼女に描いてもらいたいと思うのですか、と慎重にたずねた。ぼくの考えでは、イラストは文章を補うだけで、それ以上のことはすべきではないからだよ、とロアルドは説明した。彼は一筋縄ではいかない性格だし、とりわけ新参者には手ごわい相手なので、わたしは口を閉じた。つぎの本は一九七八年の『大きな大きなワニのはなし』で、このときには彼のことがよくわかっていたから、少なくともジル・ベネット以外のイラストレーターのことを考えてみてはどうでしょう、と水を向けた。この本はわたしのアイディアから生まれたものだったので、わたしのほうがほんの少しだけ分がよかったのだ。ロアルドがケイプの作家になってからずっと、なんとか絵本の文章を書いてもらいたいと思っていたのだが、彼はいつも反撃に出て、絵本の文章の量はほんの数ページ分しかないだろうが、物語を書くよりよっぽどむずかしいだろうよ、と言って話にのってこなかった。ロアルドがついに屈して『大きな大きなワニのはなし』を書きあげたので（ついでに言っておくと、この絵本の文章はかなり分量があった）、完璧な絵はクェンティン・ブレイクが描いてくれると思いますよ、と言ってなんとか彼を説得することができた。いろいろなアーティストの作品をサンプルとして集めますから、オフィスにいらして、どのアーティストにたのむか考えるというのはいかがですか？

選んだアーティストの中にはケイプで出版した人もいたし、そうでない人もいたが、わたしの一番のお気に入りはクェンティン・ブレイクだった。一方、ロアルドはクェンティンの表現方法はあまりにも独特すぎると考えた。それでもあきらめず、ロアルドが意見を変えて同意してくれるかもしれないと期待して、クェンティンの本を三冊持ち帰ってもらった。数日後、ロアルドが電話をくれて、「きみのお勧めの彼はじつにいいねえ」と言った。話はそれで決まった。そして、

『大きな大きなワニのはなし』だけではなく、クェンティンはロアルドが亡くなるまで彼の作品にイラストを描きつづけることになった。二人で組んで仕事を続けていくうちにロアルドはますますクェンティンの作品に夢中になっていき、ついには自分が抱いていたさまざまな不安に打ち勝ったばかりか、そもそも不安を抱いていたことさえ忘れてしまったようだった。一冊ごとにクェンティンがそれまでとはちがう新しい手法で登場人物の個性の本質をみごとにとらえてみせるので、どの本もロアルドを喜ばせた。

ロアルドが『マチルダは小さな大天才』でその年のもっともすぐれた児童書に贈られるウィットブレッド賞を受賞したとき、授賞式が行われる醸造所に向かうタクシーの中で、こういう儀式に出席するのはちょっとうんざりでしょうね、と言ったのを思い出す。「いいや、ぜんぜん」とロアルドは答えた。「気づいていないかもしれないが、賞をもらうのは今回がはじめてなんだよ」。わたしは気づいていなかったし、わたしに言わせれば、これは驚くべき怠慢に対する非難の言葉である。つまり、権威者たちがどれほどロアルドを過小評価しているか、ということだ。ロアルドは決して相手にされてこなかったわけではないが、なぜか気に入られていない。けたはずれの成功をおさめ、裕福でもある作家がこうした目にあっている例は枚挙にいとまがないが、ロアルドの場合、作品の独特な面が、わたしに言わせれば彼の天分が存分に発揮されているところが、全面的に、そして解釈しがたく過小評価されている気がする。

年月がたつうちにロアルドのことがもっとよくわかるようになっていったのと同時に、わたしはだんだん彼の拡大家族の一員になっていった。彼といっしょだと何もかもが最高に楽しかったし、グレイト・ミセンデンのジプシー・ハウスを訪ねるのは大きな喜びだった。母家から四十五メートルほどのところにロアルドの小屋があり、彼はあのぼろぼろの肘かけ椅子に座ってすべての作品を書いたのだった。小屋はロアルドの体と肘かけ椅子で半分以上がふさがっていて、おそろしく散らかっていたけれど、ロアルドが適当に置いた思い出の品物があちこちにあって、途方もなく力強い雰囲気をかもしだしていた。あの雰囲気はロアルドの人間的な魅力そのものだった。

わたしが夕食に行くと、ロアルドはきまってみごとな品揃えのワインセラーから特別なワインを一、二本出してきてくれたものだ。彼はただ上等なワインを買うのではなく、ワインのことをよく知っていた。彼と奥さんのリシーに招かれて何度もジプシー・ハウスに泊まったし、そんなときには彼が大好きだったビリヤードをやった。わたしはぜんぜんうまくないので、いつも彼が楽勝した。何度もジプシー・ハウスを訪ねるうちに、ロアルドの人生をいつくしんだリシーの人となりを知る喜びを味わい、すばらしい女性だと思うようになった。ロアルドと出会ってからまもなく知ったのだが、女優のパトリシア・ニールとの結婚はずっと前に終っていた。リシーがどれほど彼を愛していて、どれほど気づかっているかということをこの目で見るのはうれしいことだった。二人はおたがいに相手のことをすばらしい人だと思っていた。

ロアルドには独特な面がたくさんあったが、ひとつあげるとすれば、驚くほど度量があったことだろう。わたしは異例とも言うべきやりかたで彼の包容力の大きさを体験した。十年ほど前に、数カ月にわたって深刻な鬱状態におちいってしまったときのことだ。どんなことにも集中できなくなってしまったために、休暇をとりなさいという医者の勧めにしたがって南フランスで過ごすことにした。するとロアルドから、わたしが今までに受け取った中ではもっとも長く、もっともすばらしい手紙がきたのだ。手書きで、九枚の紙にぎっしり書かれていたから、数日がかりで書いたにちがいなかった。それも、わたしを楽しい気分にさせることだけを考えて書いてくれたのだ。言うまでもないが、彼が採用した心の広い方法は十二分に効を奏した。

ロアルドは思慮深く思いやりがある人にもなれたが、ひどく腹を立てることもあった。軽蔑されたと感じたり、さらに不愉快なことに、だまされたと思ったときにはなおさらだった。たとえば、アメリカの複数の出版人とひと悶着あったときがそうだった。くわしいいきさつは知らないが、金銭がからんでいたことはわかっている。だからロアルドは憤慨したのだ。そして、怒りのあまり彼らと手を切ったばかりか、生涯許さなかった。

ロアルドの七十歳の誕生日には、当然ながら特別なディナーに招待したいと思っていた。会場として選んだのはギャリック・クラブ〔ロンドンの高級クラブ。客には演劇・法曹関係者が多い〕だった。とくに招待したい人がいたら教えてほしいと言うと、ロアルドは二人の名前をあげた。一人はジョアンナ・ラムリーで、彼女は猛烈に魅力的で知的だからだという。彼女は喜んで招待を受けてくれた。しかし、もう一人はいささか疑問の余地がある人選だった。フランシス・ベーコン〔戦後イギリスのもっとも重要な芸術家とされている人物〕だ。それまでに二人が顔を合わせたことがあったのかどうかは忘れたが、ロアルドはベーコンの作品を非常に高く評価していて、何年も前に絵画を二枚買い上げていた。問題は、ベーコンの言動は手に負えないし、いつも酔っぱらっているという評判だった。ベーコンが正式な行事への招待を受ける可能性はきわめて低いような気がしたが、わたしはロアルドのために「招待状を出す」ことに決めた。それに、たとえ招待を受けてくれたとしても、評判どおりの状態で現れたら、ギャリック・クラブに入れてもらえない危険もあった。ところがベーコンは、招待を受けると即座に書き送ってきた。そして当日、ダークブルーのピンストライプのスーツ、白いシャツ、そしてネクタイというでたちでほかの出席者全員を恥じ入らせた。テーブルに着いた男性のうちで、群を抜いて誰よりもピシッときめた姿だったのだ。しかも、それだけではまだ足りないとでも言うように、絶えずみんなを楽しませ、礼儀正しかった。ベーコンの多大なる貢献があったればこそ、あのディナーは成功したのだ。彼はたいそう優雅に別れの言葉を口にし、わたしに向かって、招待してくれたことに感謝する、と言ってから引き上げていった。わたしは彼がドアを出て、近くのソーホー地区へ向かって歩いていくのを見守った。今夜、彼の身に何が起こるのだろう、と思わずにはいられなかった。

晩年、ロアルドは白血病を発症した。ほぼ四六時中、激痛にさいなまれていたのはあきらかだったし、絶えず表情に現れていたが、愚痴を聞いたことは一度もなかった。ロアルドの死後、リシーは彼がやっていたチャリティの仕事を引き継いだ。そして彼をしのんでロアルド・ダール基金を創設し、さらにグレイト・ミセンデンにロアルド・ダール記念館を建てる資金を集めた。事実上、彼女はこのふたつの事業に人生をささげている。

ロアルドが亡くなってから少しして、いろいろな本から作品を抜粋して『まるごと一冊ロアルド・ダール』という作品集を編集しようと思い立った。この作品集は四百四十二ページにもおよぶ分厚い本で、イラストをふんだんに入れた。多くはクェンティン・ブレイクが描いたが、ロアルドの作品にイラストを描いたことがない大勢のアーティストにも参加してもらった。『まるごと一冊』の編集作業をしていたとき、「競売」という気まぐれな名案を思いついた。そこで、現在サザビーズ社の副社長をつとめている友人のメラニー・クロールに、作品の売上金を寄付してくれるようアーティストたちを説得できればの話だが、この本で使われているイラストの原画のオークションを開くというのはどうだろう、ともちかけてみた。サザビーズの取り分はゼロで、売上金は全額ロアルドが気に入っていた慈善団体に寄付するのだ。アーティストたちが一人残らず賛成してくれたので、話は決まった。このオークションは実際にはアートイベントで、ロアルドが絵画の収集家だったことを考え合わせるとひときわ感動的だった。オークションは大成功で、予想していた金額の二倍、三倍、四倍の値段で落札された作品もあった。誰もがこのうえない喜びを味わい、もちろん『まるごと一冊ロアルド・ダール』の宣伝としてもすばらしい方法だった。そう、ロアルドも賛成してくれただろう。

子どもの本

一九六〇年に入社した当時、ケイプの図書目録には子どもの本はほんの少ししかなかった。アーサー・ランサム、『ドリトル先生』シリーズのヒュー・ロフティング、ジョーン・エイキン、『エーミールと探偵たち』の著者エーリヒ・ケストナーといった数人の重要な作家の作品だけだった。ケストナーの作品はわたしの父が経営していたベルリンの小さな出版社でも出版していたのだが、父はケストナーの作品を出版していることを非常に誇りにしていた。

子どもの本の出版については何も知らなかったが、まったく偶然に、ケイプのために大人向けの本の原稿を読んで感想を報告する仕事をしていたアン・カーターという女性から、ケイプの角を曲がってすぐのパーシー通りにあるスタジオに彼女の友人が住んでいて、すばらしい絵本を作ったという話を聞かされた。彼がその作品をもって何人もの出版人に売り込みに行き、採用されなかったことははっきりしていた。作品を見てあげてくれないかしら、とアンが言うので、そうすることにした。純粋に彼女を喜ばせたかっただけだった。そんなわけで、そのアーティストを、ジョン・バーニンガムを訪ねたのだ。

出版人をさがしていたアーティストのジョンは口をきわめた賛辞の言葉に心をやわらげ、彼の作品は驚くほどしっかりとわたしの心をとらえた。『ボルカ　はねなしガチョウのぼうけん』というその絵本は、生まれつき羽根のないガチョウのお話だった。ひときわ感心した絵があった。母さんガチョウが子どものために一心不乱に新しい羽根を編んであげている絵だ。母さんガチョウの足元では、チビさんが目をこらして編みあがるのを待っている。わたしは、自分には子どもの本についての専門知識がないことを説明し、でもこの絵本を出版するために戦います、と約束した。するとジョンが、イラストが入っている大きなホルダーを持っていってもかまいませんよ、と言った。わたしのボスで、その少し前に亡くなったジョナサン・ケイプと共同でケイプ社を創設したボブ・レン・ハワードは、わたしがすっかり錯乱してしまったのだと思った。彼が辛抱強く説明してくれたところによると、カラー印刷の場合は製作費が高額になるので、契約に先立って、「同時出版」ということを企画しなければならないのだという。つまり、喜んで翻訳出版に参加するという外国の出版人を見つけなければならないということだ。『ボルカ』にすっかり夢中になっていたので、何が何でもやらせてほしいと訴えた。レン・ハワードは納得しかねていたが、それでも認めてくれて、わたしは信任投票してくれたことを心からありがたく思った。言い添えておかなければならないのは、レン・ハワードが時を置かずして報われたことだ。出版の日までに『ボルカ』の版権を買い取った国は八カ国もあり、この絵本はケイト・グリーナウェイ賞を受賞し、その年に出版されたもっともすぐれた絵本としてイギリス図書館協会賞も受賞したのだから。図書館協会賞は例年、多くの仕事をしたアーティストに贈られ、処女作に贈られたことはかつて一度もなかった。このとき、ジョンは二十九歳だった。

わたしはジョンの絵本を三十冊くらい出版しつづけ、あれ以来ずっと、彼はイギリスでも指折りのアーティストと見なされてきた。わたしの考えではもっとも完成度が高いのは『ガンピーさんのふなあそび』で、この絵本もケイト・グリーナウェイ賞を受賞した。数年後に、彼は『おじいちゃん』を生み出した。小さな女の子と、彼女のおじいちゃんとの関係を描いたわかりやすいお話だ。最後のページに、ジョンは誰も座っていない肘かけ椅子を描いた。おじいちゃんが死んだのだ。感動的なこの絵本は、ジョンには子どもを感動させる並はずれた能力があることをみごとに示している。それどころか、大人も感動させられてしまう。わたしはいたく興奮し、ジョンがこの絵本を持って来てくれてから一時間もしないうちにジョン・コーツに電話をかけた。レイモンド・ブリッグズの『ゆきだるま』をアニメ映画にしたプロデューサーだ。うれしいことにすぐにコーツにつながり、さらにうれしいことに彼の仕事場がシャーロット通りにあることがわかった。ジョンの住いがある通りの角を曲がったところで、ケイプとも目と鼻の先の距離だ。それまで顔を合わせたことは一度もなかったが、わたしはジョン・コーツに、あなたが映画化したいと思うかもしれない絵本を受け取ったばかりなんですよ、と言った。どのくらいでこの絵本を見に来られますか？　なんとか午後には行けるでしょう、と彼は答えた。絵本を見た彼は「あなたのおっしゃるとおりだと思いますね」と言った。コーツが帰るとすぐに電話をかけてジョンにこのニュースを伝えた。もちろん映画界では計画が狂ってしまうことは珍しくもないのだが、このときはうまくいき、コーツは『おじいちゃん』を映画化したばかりか、原作に忠実な映画を作った。

当然のことながら、『ボルカ』で大成功をおさめたわたしは、同じことをもう一度やってみたいと思った。必要なのはただひとつ、ジョンに比肩するもう一人のアーティストだ。大人向けの本を出版することに加えて、子どもの本の編集者という役割を引き受けようと決心したのはこのときだった。学ばなければならないことは山のようにあったが、ついには大人向けの本を出版するのとまったく同様に、どの点からみても子どもの本を出版することに満ちたりた気分を味わうようになった。大人向けの本の出版人で、同じことに挑戦した人間がいるとは思えない。

クェンティン・ブレイクの作品で夢は現実のものとなった。最初に出版した作品(文章も絵も)は一九六九年の『パトリック』だ。あれ以来ずっと、ケイプはクェンティンの作品を出版しつづけてきたし、一、二の例外を除いて、ほとんどの絵本は彼が文章も書いている。わたしの知るうちでクェンティンは誰よりも文学に通じたアーティストで、文章を書く天賦の才能もある。だが、もっとも重要なのは、何と言ってもイラストレーターとしての才能で、彼の特異な画風は子どもにも大人にも大いに愛されている。クェンティンの想像力はつきるところを知らない。四十年近くも彼の作品を出版する楽しみを味わってきたが、喜ばせてもらえなかったことは一度もない。お気に入りは『道化師』(文字のない絵本)と『ザガズ　じんせいってびっくりつづき』の二冊だ。クェンティンとはずっと仲良く仕事をしてきたし、批判的な意見を言っても歓迎してくれているような気がする。クェンティンほどの才能もなく、彼ほど成功してもいないのに、批判的な意見をいやいや受け入れるアーティストはいくらでもいる。何年も前からクェンティンはロイヤル・カレッジ・オヴ・アートでイラストレーションを教えていて、今では同校の教授におさまっている。

わたしが一役買ったことで何より大きな成果が得られたのは、前の章でお話したように、クェンティンとロアルド・ダールを「結婚」させたことだ。ロアルド・ダールとクェンティンの共同制作はどちらにとってもたいへん意味のあることだったが、わたしは傍観者にすぎなかった。だが、ケイプで『まるごと一冊ロアルド・ダール』を出版することになったときは、クェンティンと二人で親しく仕事をする喜びを味わった。毎週一回顔を合わせ、あの本のあらゆる面について構想を練った。クェンティンは毎回あたらしいイラストを持って来てくれ、仕事のはかどりぐあいをこの目で見るのは言葉では言いあらわせないほど胸躍ることだった。そして忘れもしないあの日、クェンティンがやって来るなりこう言った。「今度は何をしようか?」。わたしと同じように、あきらかに彼もいっしょに仕事をするのを楽しみ、これで終りになったらさびしいと思っていたのだ。

一九九九年に、クェンティンはケイプはじまって以来の「桂冠児童文学作家」に選ばれた。そもそもこのアイディアは、桂冠詩人という存在と、テッド・ヒューズ〔桂冠詩人。児童文学作品も多数ある〕と、フィリップ・プルマンから生まれたもので、子どもの本の重要性を広く知ってもらうことを目的にしている。それから二年間、クェンティンは「桂冠作家」としての仕事にすべてのエネルギーを注ぎ込み、すばらしい成果を得たが、まったく無私無欲の人なので、必然的に自分自身の仕事はまるでほったらかしだった。

とりわけうれしいのは、ケイプが出版したすべてのアーティストは一人残らず、誰ともまったくちがうスタイルの仕事をしていることだ。大げさだと思われるのは承知だが、彼らはほかの出版社が出版したアーティストとはちがう、ということも言いそえておかなければならない。その理由として、わたしに言えるのは作品の趣向ということだけだ。だから、アーティストは心の底から湧き上がってきたものをそっくりそのまま作品にすべきだ、ということを何よりも重視している。ほかの出版人と同様、わたしも新人アーティストが持参する紙ばさみ入りの作品を拝見する。ほんの数枚の作品を見せてもらってから、「ほかのスタイルでも描けます」と言うアーティストがいるが、そう言われた時点でそのアーティストはわたし向きではないことがわかる。

ニコラ・ベイリーの作品に出会ったときのことをお話しよう。ロイヤル・カレッジ・オヴ・アートで開かれた展覧会で彼女の作品を三点見た（この三点の作品は、のちに『オックスフォードの年老いたぶきっちょ』として出版した本に所収した）。わたしが見た作品はカレッジの学生としてニコラが卒業制作したもので、度を越えるほど美しく、ほぼ完璧だと思った。そして、ニコラはスターになるだろう、ケイプで彼女の作品を出版しなければ、と確信した。すぐにも契約の申し出をしたかったが、彼女のスタイルにふさわしい文章がなかったので、伝承童謡集を作りましょう、と提案した。ニコラはこのアイディアにすっかり夢中になり、この本が彼女の処女作になった。仕上がった作品を見て、『ニコラ・ベイリーの伝承童謡集』という書名にすべきだと思ったのだが、このような向こう見ずな書名にしたことについては今でも誇りを感じている。なぜかというと、彼女がこの本で有名になることにはゆるぎない確信をもっていたから、彼女の名前を冠した書名が突飛すぎるとは夢にも思わなかったのだ。

『ニコラ・ベイリーの伝承童謡集』の発売に合わせて、サンデー・タイムズ紙にニコラの仕事を特集記事で大きく取り上げてもらうよう手配し、読者に子どもたちが作ったお話を送ってもらい、そのお話にニコラがイラストを描くという企画を立てた。なかなかいい企画だと思ったのだが、ふたを開けてみると、一万通におよぶ応募の中にこれはというお話がひとつもないことがわかった。さらにひどいことに、おろかにも募集要項に「応募者は封筒に投稿の内容を明記のこと」と書くのを忘れてしまったおかげで大混乱になってしまった。手紙を仕分けし、ケイプの誰もが「通常」郵便を受け取るのに数日かかるという状態が二週間くらいつづいたのだ。

しかし、ケイプとニコラ・ベイリーとの関係は円満には終らなかった。当時、ケイプの海外エージェントをつとめていたのはセバスチャン・ウォーカーというわたしの友人だった。別の言いかたをすれば、わたしが一方的に友人だと思っていたのだ。ウォーカー・ブックスという自分の会社を立ち上げたとき、セバスチャンは札束をぎっしり詰めたスーツケースを手にニコラのところへ行き、ウォーカーに鞍替えするよう言いくるめたと言われている。あれ以来、わたしはセバスチャンとは一言も口をきいていないし、もっとはっきり言うと、ニコラに対してもそうだ。ウォーカーにどれほど腹を立てているかということを十二分にわかっていただくために申し上げておこう。彼は最初に十二人のアーティストと作家の名前を発表したが、大多数がケイプのアーティストと作家だったのだ。

絵本の出版人として、わたしは本物の自信をもつようになった。文章の良し悪しを判断するのに比べると、絵画の場合はとてもわかりやすいと思う。絵本の出版でとりわけやりがいがあるのは、アーティストと作家の組み合わせだ。ラッセル・ホーバンの『さすがのナジョーク船長もトムには手も足もでなかったこと』をはじめて読んだときには、イラストレーターとして即座にクェンティン・ブレイクのことを考えた。その結果、この絵本は、文章と絵を合体させた作品としてはここ数十年間で指折りのすばらしい仕上がりになった。

文章と絵といえば、すでに鬼籍に入ったわたしの父が創設した「カート・マシュラー賞」のことをお話しておこう。父はエーリヒ・ケストナーの作品の完璧なイラストレーターとしてワルター・トリヤーを見出した。そしてケストナーとトリヤーの関係にヒントを得て、自分の名前を冠した賞を創設しようと思い立った。この賞は絵と文章が最高にみごとなかたちで結びついている絵本に贈られている。受賞者にはトリヤーが描いた「エーミール」のブロンズ像と、千ポンドの小切手が贈られる。

アーティストの供給源のひとつは言うまでもなくアートスクールで、もうひとつはエージェントだ。しかし、とくに報われたと思ったのは、似たような分野ですばらしい仕事をしているアーティストに当たってみる方法で、ポージー・シモンズの場合がそうだった。ガーディアン紙に掲載されていた彼女の驚くべき続きマンガを読んで、彼女ならマンガと同じくらいすてきな子どもの本を創るかもしれないと思ったのだ。彼女に考えを伝えた結果が一作目の『フレッド　せかいいちゆうめいなねこ』で、その後も一作目と同じように独創的で楽しい子どもの本を何冊か出版した。

また、出版人は「発生の絵本」を創ることを具体的に考えているかもしれない。大成功をおさめた例をひとつだけお話しよう。わたしが考えたのは、おさない子どもに（読者対象は二歳以上）どうやって赤ちゃんを作るのかということを説明する、そのものずばりの（そして可能であれば愉快な）絵本を出版するということだった。伝道師になったみたいにやる気満々だった。きわめて重要なこの問題を、学校の先生も、親も、子どもにはなんとしても秘密にしておこうとしているのがまったく理解できなかったのだ。

最初に選んだのはアーティストのバベット・コールだった。彼女のスタイルにも、ユーモアのセンスにも、想像力にも信頼をよせていたからだ。手短に言えば、この企画に取り組むには非の打ちどころがない彼女の能力が必要だったからだった。わたしは彼女の出版人ではなかったが、ためらうことなく打診した。彼女はこのテーマが大いに気に入り、ぜひやってみたいと言ってくれた。そしてすぐさま、『ママがたまごをうんだ！』という文句のつけようもない書名を考え出してくれたのだ。こうしてわれわれは輝かしいスタートを切った。バベットはどのような構成にすれば下品な言葉を一切使わずにお話を進めていけるかを考え、非凡な才能を発揮してその方法をあみだした。まず、両親がお決まりのばかげた説明をしているところからはじめる。たとえば、赤ちゃんはコウノトリが運んできてくれるのよ、とか、赤ちゃんはたまごから生まれるんだよ、そういった説明だ。こうしたばかげた場面があってから、登場する子どもたちが「ちがうよ、そうじゃないよ」と言って絵本を乗っ取ってしまう。そして両親に、「行為」の説明はもちろん、実際に起こっていることを説明していくのだ。

補足しておかなければならないことがある。あとになって、かなりの人数の出版人が立派な清教徒《ピューリタン》だったことがわかったのだ。最悪だったのはアメリカの出版人で、全部で二十一人のアメリカの出版人がこの本の出版を辞退した。

『ママがたまごをうんだ！』を出版してからバベットと相談し、この本を一冊目と考えて、それまでタブーとされてきたテーマを扱った子どもの本のシリーズを作ることにした。われわれが出版した本の中には、『いちばんだいじなふたり』（離婚）や『おかしなところに毛がはえた』（思春期）といった書名が並んでいる。バベットは出版人からの異例ともいうべき積極的な提案を喜んで受け入れてくれるから、いっしょに仕事をするのはひときわ楽しい。

最後に登場するのは、わたしなら「天才」と呼ぶ男性だ。フィレンツェ生まれのイタリア人でロベルト・イノセンティといい、わたしは処女作『ローズ・ブランチュ』でその仕事ぶりを知った。この本に出会ったのは、年に一度開催されるもっとも重要な子どもの本の国際フェア「ボローニャ・ブックフェア」の会場だった。テーマは戦争、子どもたち、そして強制収容所だった。絵はじつにみごとだし、未練はあったが、このようなテーマの本をイギリスで売るのは不可能だと思ったので、最初は断った。版権を買いませんか、ともちかけてきた出版人の話によると、今のところケイプが買う公算が一番高いだろう、と数人の出版人が言っていたとのことだった。この絵本の重要性はよくわかっていたが、わたしは一歩も引かず、「別の四社に当たってみたらどうです。そして四社が四社とも辞退したら、遠慮なくもう一度声をかけてください」と言った。

四社は辞退し、『ローズ・ブランチュ』の出版人がふたたび声をかけてきたので版権を買った。この絵本は五刷までいき、二万部以上売れた。

見れば見るほどこの絵本はすばらしいと思えてきたので、イノセンティとほかのテーマについて話し合ってみることにした。何か考えていることがありますか、と聞くと、ひとつだけ夢があって、どうしても『ピノキオの冒険』のイラストを描きたい、と言われた（誰もが知っているように、この物語はディズニーのおかげで不朽の名声を得たが、原作はイタリア人のカルロ・コルローディだ）。わたしが考えていたのは『ローズ・ブランチュ』と同じくらいの三十二ページの絵本だったのだが、このアーティストが提案したのはなんと二百ページの本だった！　しかもすべてカラー印刷で、と言うのだ。イノセンティの絵に首ったけだったのでまかせることにした。翌年のボローニャ・ブックフェアまでに彼が企画実現に必要なだけの枚数の絵を描きあげたので、集まってきたいろいろな国の出版人に声をかけた。ただ単に「声をかける」だけではなく、世界中で売るつもりだった。誰もがみごとな絵だとほめちぎり、ケイプのブースにはあとにも先にも見たことがないほど大勢の人間が押し寄せた。ボローニャ・ブックフェアにやってくる出版人たちは「その年のフェアで一番の本」を話題にすることが多い。あの年、話題をさらったのは『ピノキオの冒険』だった。

ボローニャがどれほど特別な町かということもちょっとお話しておかなければならない。ボローニャではどこに行っても美しい建築物に出会うし、レオナルド・ダ・ヴィンチもミケランジェロもいないから、旅行者は比較的自由に行動することができる。ボローニャにいるというだけで、それはもう特別なことなのだ。マジョーレ広場を朝に横切るのも、夜になってライトアップされているところを横切るのもめったに味わえない喜びだ。あの広場を通ると無分別なことをしたくなるのに十分なほどわくわくしてくる。そしてある晩、われわれのグループは（ジョン・バーニンガム、イアン・クレイグ、ロルフ・インハウザー、そしてわたし）はまさにそういうことをしでかしてしまった。夕食をすませてマジョーレ広場のまんなかにさしかかったところ、コカコーラの空き缶が転がっていた。そこで、着ていたジャケットをゴールポストに見立ててサッカーを始めた。ゲーム開始からいくらもしないうちに二十人くらいの出版人やアーティストやフェアの関係者などが加わり、両サイドに分かれた。しばらくのあいだ、誰もが屈託なく子どもみたいに喜びにあふれていた。すると、まばゆい光が見えた。いつのまにか広場全体がイタリアのパトカーに囲まれていたのだ。神聖なマジョーレ広場を汚してしまったわれわれは平身低頭して謝罪し、サッカーチームは解散した。あれは忘れられない、そして二度とないすばらしい十五分間だった。

三冊の絵本

それぞれ独自の分野をテーマに取り上げ、誰もが知っている三冊の絵本についてお話しよう。一冊目は三十万部売れ、二冊目は六十万部、三冊目は百五十万部売れた。出版界で、ましてや絵本でこのような数字が出ることはめったにない。ケイプではこの三冊を子どもの本として出版したのだが、大人向けの本を子ども向けと「称して」いると非難されたこともあった。もちろんわたしはこの三冊に特別な誇りを抱いているし、どの本もわれわれの文化にたぐいまれな影響を与えたと思っている。この三冊はとてつもなく大勢の人びとを喜ばせた。そうした人びとを「あらゆる年齢の子どもたち」と呼ぼうと思う。

『ちょうちょうの舞踏会とバッタの宴会』

一番手はアラン・アルドリッジだ。ペンギンブックスのアートディレクターに指名されたとき、アランはまだ二十代なかばだったが、非常にデッサン力のある画家で、アーティストとして見たこともない色合いの作品を生み出していた。こうした才能に恵まれたアランならペンギンが出版する本の表紙を斬新で現代的なものにし、今までになかった生気を与えることができると判断されたわけだ。アランはやせていて、顔はハンサム、ブロンドの髪をすごく長く伸ばしていて、とても目立った。いっしょに仕事をしたアーティストの中でもずば抜けて想像力豊かだった。ビートルズが彼の作品に魅了されたのも、まちがいなくあの想像力のためだ。両極端のもう一方はスノードン卿との仕事で、アランはたのまれて写真集のレイアウトをした。アランに愉快な話を聞かせてもらったことがある。スノードン卿の書斎で仕事をしていたとき、電話が鳴ったので受話器を取ると、マーガレットはおりますか、と相手が言った。出かけております、とアランが答えると、「姉に電話をくれるよう、伝えていただけますか」と相手が言った。電話をかけてきたのは女王だったのだ。

アランがオフィスへやってきたのは、彼が夢中になっている企画について話し合うためだった。『ちょうちょうの舞踏会とバッタの宴会』というヴィクトリア時代の子どもの本にさし絵をつけたい、と言う。ウィリアム・ロスコーという人物が書いた韻文の本なのだが、言葉づかいがあまりにも古くさいから新しい詩が必要だ、という点で意見が一致した。アランは図版を六枚ほど持って来たのだが、どれも頭がくらくらするほど美しかった。一枚仕上げるのに一ヵ月かかったということだった。そして、高額の前払印税はいらないから初版を五万部にすると約束してほしい、と言われた。アランの描く絵には絶対の信頼をよせていたが、誰かに詩を書いてもらわなければならないので、この企画は賭けだった。しかし、見せてもらった絵に胸をときめかせていたので同意した。

候補となる作家について話し合い、わたしなら第一候補は桂冠詩人のジョン・ベッチマンですね、と言うと、アランは飛びあがって喜んだ。だが、ベッチマンのことはあまりよく知らないんですが、今回の仕事を引き受けてくれる可能性は低いような気がしますよ、とクギを刺しておいた。うまくいく可能性はわずかだったが、アランの絵と出版された当時の詩をもってベッチマンに会いに行くと、おやじさんにはこの本がなつかしいものだったことが明らかになった。この企画に魅力を感じているのはよくわかったが、予定がぎっしりだったので、「無理ですね」と言った。それからもう一度じっと絵を見つめ、「たぶん無理ですね」と言った。さらにそれまでより一段と長いあいだ絵を凝視し、ついに「やはりお断りします」と言った。心から残念だと思っているようすだった。最終的に断ったことを後悔していると言わんばかりだったが、前言をひるがえすことはなかった。

わたしの頭の中にはもう一人の候補者がいた。南アフリカ出身で、何年も前からロンドンに住んでいる詩人のウィリアム・プルーマーだ。ジョナサン・ケイプで出版の可否を決める出版顧問をつとめていたから、彼のことはよく知っていたし、この企画に魅力を感じてもらえるかもしれないと思ったのだ。暮し向きがあまりよくなかったから、この本が成功するとすれば彼にとってもありがたい話だろう。ウィリアムはこの仕事を引き受けてくれただけでなく、この仕事に胸をおどらせ、さらにうれしいことに即座に取りかかってくれた。

一方のアランはほとんど一年がかりでイラストを描きあげた。ときどきオフィスに顔を出し、そのたびにわたしは、この本を出版することは非常に大きなイベントになるという確信をますます深めていった。印刷はイタリアのピッツィ社に依頼することにした。料金はおそろしく高いが、特殊なインクを使っているので、複雑な色づかいのアランの絵を再現できるだろうと考えたのだ。できあがってきたのはそれはそれは美しい絵本だった。子どもたちに見せようと思って家に一冊持って帰ったのだが、子どもたちはアランの絵に目を丸くし、細々と描きこまれているものに何時間も見入っていた。アランがさし絵の中にいくつかパズルを組み入れておいたので、パズルを解く楽しみもある仕上がりになっていたからだ。

出版直後に『ちょうちょうの舞踏会とバッタの宴会』はサンデー・タイムズ紙のカラー版付録の特集で取り上げられ、大きな紙面をさいた記事になった。何人かの評論家がこの絵本は新しいグラフィックアート革命の第一歩だと書いたが、あれから何年もたった今でもこの指摘は生きている。『ちょうちょうの舞踏会とバッタの宴会』は三十万部売れた。

『ヒトのからだ』

デザイナーでもあり、アーティストでもあるデイヴィッド・ペラムがわたしの人生にかかわってきたのは二十年ほど前で、おたがいにD&ADデザイン賞の審査員をしていたときだった。何気ない話をしていたとき、今度は何をやろうと思っているんだい、とデイヴィッドにたずねたのだ。彼は一枚のペーパーナプキンをつまみ上げると、いつものようにゆったりと何かを描いた。そして、そのナプキンを押してよこし、もう少しくわしく話してくれた。見開きで六ページのポップアップ絵本で、動く部分も加えて、立体的に人体のおもな機能を表現するという企画なんだよ。文章はジョナサン・ミラーに書いてもらおうと思っている。実際に絵を描くのはハリー・ウィロックになるだろうが、最初にぼくが可能なかぎり細かいところまで描くつもりだよ。完全な見本を作るつもりなんで（これはペーパー・エンジニアリングとして知られている分野だ）、文字通り数千時間はかかるだろうね。忘れてならないのは、人体という複雑なものを描こうというのだから、デイヴィッドが考えている人体には八十カ所以上も「糊づけ」作業が必要になるはずだということだった。すべては手作業で、まずデイヴィッドが見本を作り、それからポップアップ製作工場の人たちがそっくり同じものを一冊ずつ量産することになる。

ポップアップ専門の製作会社は世界にふたつしかない。ひとつはシンガポールにあり、もうひとつはコロンビアのカルベハルという会社だ。デイヴィッドがカルベハルを選んだのは、過去にも仕事をたのんだことがあったからだった。一年がかりで見本ができあがったのでコロンビアに電話をかけ、いつでも見本を発送できます、とカルベハルに伝えた。見積書を作っていただくのにどれくらい時間がかかりますか？　ＤＨＬ〔アメリカの国際航空急送便会社〕で送っていただいてもこちらに着くのは一週間後でしょうし、それから計算するのにあと二週間は必要だと思います、とカルベハルは答えた。四週間待ち、返事はいつもらえるのですか、というファックスを送った。すると、あと一週間は必要だと思います、予想していたよりもちょっと複雑なので、という内容のファックスがきた。二週間たっても見積書が届かないのでまたファックスすると、「数日中に」届くはずです、という返事がきた。それからさらに二週間が過ぎ（すでに八週間も待ったのだ）、わたしはそれまでとはまったく違う文体で、どのようなことになっているのか知りたい旨をファックスした。返事がこない。どういう事態になっているのか直感的にわかったような気がした。ロサンゼルスにインタービジュアルという世界最大のポップアップ絵本の出版社があるのだが、この会社の社長のワリー・ハントという男が『ヒトのからだ』が出版されることを嗅ぎつけ、インタービジュアルも一枚嚙むことにケイプが同意しないかぎり絵本の組み立てを拒否するよう、カルベハルに圧力をかけたのかもしれないと思ったのだ。カルベハルの総売上のおよそ七〇パーセントはワリー・ハントの会社のおかげだから、カルベハルにとって、彼の高圧的な指図を無視するのは愚行というものだろう。すでにかなりの時間を無駄にしていたので、まったく気乗りはしなかったが「試合開始」を決めた。

話を「早送り」すると、『ヒトのからだ』は大勝利をおさめた。ポップアップ絵本について書評を書いたこともなかった評論家までがついにこの絵本を取り上げ、想像力をぞんぶんに発揮した内容についても、芸術的技法についても、今まで出版されたノンフィクションのポップアップ絵本としては最高の出来ばえだと賞賛した。この絵本はイギリスで四十万部以上、海外でも百万部以上売れ、ポップアップ絵本としては前代未聞のことだが、二十カ国くらいの言語に翻訳された。その後、究極の賞賛の言葉が届いた。コロンビア大統領からわたし宛てに、ケイプがわが国の経済に貢献したことに感謝いたします、という手紙が届いたのだ。手紙には、あなたを一週間コロンビアにご招待いたします、とあった。わたしは今でもあの招待に応えなかったことを後悔している。

『仮面舞踏会』

絵本とのかかわりについて思いをめぐらせると、三冊目の絵本は非常に不思議な話から生まれた。そもそもの始まりは、わたしが頻繁に足を運んでいた素朴派専門のポータル・ギャラリーだった。ある日、このギャラリーの奥の壁に、ほかの絵画とはまったく異質の、見たこともない絵画がかかっていた。アーティストの名前をたずねると、キット・ウィリアムズという聞いたこともない画家の作品だという。細部に気を配った、デザイン性豊かな、象徴的表現のこの作品を完成させるのには何百時間もかかったにちがいない。

すっかり興味をそそられたので、ギャラリーのオーナーのエリック・リスターにこの絵を描いた画家に会えるかどうか聞いてみると、キット・ウィリアムズはグロースターシャーに住んでいて、めったにロンドンには出て来ないということだった。一年に一回、出てくるか来ないかですね。それは残念だな、彼の作品は異色の絵本に向いているかもしれないと思うんですよ、と言うと、それなら車でキット・ウィリアムズに会いに行きませんか、とリスターが言った。長いドライブになる予感はしたが、異色の絵本ができるかもしれないという予感も強かったので、はるばるグロースターシャーまで出かけて行くだけの価値はあるだろうと思った。目の前にある作品を見ても、これを描いたアーティストに子どもの本を作る力がある（あるいは作りたいと思う）かどうかはまったくわからなかったのだが。

数週間後、リスターの車でグロースターシャーへ向かい、待ち構えていたキットに大歓迎された。近作を何枚か見せてくれたのだが、どれもギャラリーで見た作品と同じように印象的だった。わたしは彼に、あなたにはまちがいなくすばらしい子どもの本を作る力があります、と言った。美しい絵本になるだろうし、驚くほど売れるはずです。すると、彼はいささか腹立たしげに言った。「あなたはわかっていないんだ。絵本を作るとすれば、どのページにも同じ登場人物を描かなければと思うでしょう。そんなことをするのはうんざりです。絵を描いているとき、ぼくはまったく自由に何でも好きなことができる。一枚一枚が新しい経験なんです」

わたしは思わず謝罪し、もうこの話題には触れなかった。だが、キットの家を辞すときになってがまんができなくなり、こう言った。「絵本のことは残念です。その気になれば、あなたには誰にもまねのできない絵本を作る力がありますよ。想像力をかき立てる絵本になるでしょうね。でも、もういいんです」。われわれはロンドンに帰り、話はこれで終りだと思った。

三カ月後、キットから電話があった。すごく興奮しており、早口でノウサギと宝物の話をしたかと思うと、今度はひどく入り組んだ物語のあらすじをしゃべり出した。ついにわたしはなんとか話をさえぎった。「このあいだはこちらからうかがったのですから、今回はあなたがおいでになるべきでしょうね」。二週間後に彼はやって来た。そして頭の中にある絵本の内容を説明し、「金《きん》を買うために三千ポンド必要です」と言った。わたしは完全に納得した。ケイプはキットと契約を結び、三千ポンド支払った。この絵本の書名は『仮面舞踏会』になった。

まるまる五年間待った。キットを元気づけることだけを目的に二度手紙を書いたが、顔を合わせることはなかった。するとある日、電話が鳴った。キットだった。ろくに口もきけないほど興奮していた。「完成しましたよ。いつそちらへ行けばいいですか?」

二、三日後にやって来たキットはトランクのようなものを持っていた。カラフルな毛布の包みで、太い糸で縫い合わせてある。キットは「こいつには十万ポンドの保険をかけてあるんです」と言い、太い糸を切って絵を取り出した。

絵はどれも板に描かれていて、全部がぴったり同じ大きさだった。どれほど不思議なものを見ているのかが少しずつわかってきたので、わたしは大勢の同僚をオフィスに呼び集めた。みんなと共有したい体験だったのだ。目の前にあるのはたぐいまれな上質な絵で、キットが精巧に作り上げた文字で文章が書き込まれている。正確に説明すると、書かれている言葉が、黄金のノウサギという宝物があらかじめ埋めてある場所へ読者を連れて行ってくれるのだ。宝物を探し出せなかった読者も、自分がもっているこの本こそが宝物なのだと気づくだろう。

『仮面舞踏会』はわたしが経験したことのない熱狂を生み出した。発売と同時に飛ぶように売れはじめ、最終的にイギリス版だけで六十万部も売れた。とてつもないこの現象は発売日から途切れることなく連日記事になった。この本には何かがあり、それがこの本に触れたすべての人の想像力をかき立てたのだ。国中のいたるところに宝物を探して地面を掘り返している人たちの姿があった。ある女性が電話をかけてきて、キットの絵にいきいきと描かれているせいで、うちの庭が掘り返されてしまった、と文句を言われたことを思い出す。この絵本の出版人なのだから、宝さがしに協力できるはずだ、と思った大勢の人たちも電話をかけてきたし、一枚の絵に描かれている引っ越しトラックの側面に、ごくごく小さな文字であなたの名前が書いてあるのを判読した、と電話をかけてきた人たちもいた(肉眼ではとても判読不可能と言ってもいいほど小さな文字なのだ)。

そうこうしているうちに、商魂たくましいアメリカのある小さな航空会社がイギリス行きの「仮面舞踏会」フライトの運行を開始した。お決まりの絵葉書、マグカップ、陶磁器類などは言うにおよばず、ボードゲーム製造業者やジグソーパズルの製作者もふくめて、販売促進契約の申し出も数え切れないほどあった。キットはひとつ残らず拒絶し、自分が創造したものに商業的な側面があることをひどく嫌がるようになった。彼は「有名人」になり、テレビ番組出演や、インタビューや、公演の依頼がひきもきらなかったが、きっぱりと、自分のことは放っておいてもらいたいし、望みはただの画家にもどることだけなのだ、と断言した。この絵本にいたく好奇心を刺激されたバンバー・ギャスコイン〔テレビタレント・著述家〕は『黄金のノウサギ探し』という本まで書いた。発売から三年後、ついにある人物が謎をとく手がかりの意味を読み解き、宝物を発見したときにはテレビニュースで取り上げられた。

ケイプはつねに、想像力豊かで、強い印象を与える書籍の販売促進方法を考案していると思われていた。しかし、この絵本の場合はそうではなかった。キットというアーティストの想像力がこの絵本の驚異的な販売部数につながったのだ。彼がこの絵本を創ったのはベストセラーを生み出すためではなく、わたしに説明してくれたように、読者が自分の絵を細部まできちんと見るように仕向けるためだった。

キングズリー・エイミス

キングズリー・エイミスとは二、三度顔を合わせたことがあったが、彼には人を寄せつけないところがあると思っていた。いつも酒を飲んでいたから、きっとわたしに会ったことも記憶になかったと思う。われわれの時代には知らぬ者がいないほど有名で、おもしろおかしいことでも指折りの小説『ラッキー・ジム』の著者として、彼は大変な有名人だった。だがキングズリー自身は、自分は有名人などではないと思っていたのではないだろうか。

はじめて会ったときキングズリーはヒリーと結婚していて、二人のあいだにはフィリップ、マーティン、サラという三人の子どもがいた。その後、彼はチェルトナム音楽祭でエリザベス・ジェイン・ハワードに出会い、恋に落ちた。わたしはその場に居合わせたわけではないのだが、二人が恋に落ちたときのことは昨日のことのようによくおぼえている。あのころ親しかったジェインが、キングズリーと出会った、と興奮さめやらぬ口調でチェルトナムから電話をかけてきたのだ。二人はすぐさまいっしょに暮しはじめた。最初の住いはメイダ・ヴェイルだったが、その後、バーネットにある広大な庭つきの田舎の邸宅に引っ越した。ジェインはどうしても田舎に住みたかったし、キングズリーはロンドンにいたかったので、この選択は歩み寄りの結果だった。

ジェインは「昔のケイプの作家」だった。つまり、わたしが入社する以前からケイプは彼女の作品を出版していたのだ。そして、「ケイプの年長の作家」という区分の中で、当時の彼女はもっとも若く、誰よりも親しみやすかった。この区分に入る作家としては、エリザベス・ボーウェン、C・デイ＝ルイス、そして比類なきイアン・フレミングがいる。

ジェインは頻繁にキングズリーとのディナーに招待してくれた。われながら驚いたことに、わたしはだんだん彼が好きになり、わたしは彼がもっともつき合いを楽しむ人間とは正反対の人間だったのだが、彼もわたしを気に入っているみたいだった。わたしは博識でもなかったし、とくべつ才気にあふれているわけでもなく、彼に言わせれば、たぶん最大の欠点は酒を飲まないことだったろう。一滴も飲まないのではなく、深酒はしないという意味だ。酒を飲むことはキングズリーの友人全員の共通点といってもよかったが、キングズリーは酒について驚くほど自分を律していた。特別な場合をのぞいて、午後の五時半になるまでは絶対に飲まないのだ。五時を過ぎるとよく腕時計に視線を走らせていたが、誘惑に屈したことはなかった。キングズリーにとってなによりも重要な規律は、執筆のスケジュールだった。自分に約束した五時半になるまで、毎日、ときには週末も、午前と午後の時間を執筆にあてていた。執筆中は完璧に集中しているので、電話が鳴っても書きさしのまま受話器を取り、話を終えて受話器を置いてから、中断などなかったかのように続きが書けるほどだった。

うれしいことにキングズリーはケイプから作品を出版したいと考え、エージェントに(このときはジェインのエージェントも同じ人物だった)それまでずっと彼の作品を出版してきたゴランツ社に伝えるようたのんだ。わたしは申し入れさえしていなかった。わたしにとってキングズリーは少なからず異質の人だったので、申し入れをして当たってみることなどできなかった。だが、おたがいに相手のことがわかってくると、抱いていたイメージも変わり、彼はやさしくて情愛が深く、涙もろくて、人の体に触る癖まであることがわかった。彼はたぶん、女性より男性を抱きしめてキスするのが好きだったのだろう。断っておくが、彼には同性愛の性向はまったくなかった。

ある日、小さいヨットをチャーターしてジェインと地中海クルーズをするので、きみを招待したいのだが、と言われた。キングズリーは恥ずかしそうで、ばつが悪い思いをしているといってもいいほどだった。もちろんわたしは大喜びでこの招待を受けた。彼はじつに太っ腹で、アテネ行きの航空券まで買ってくれた。

ここからはキングズリーのいささかやっかいな点をお話しよう。彼は細部にこだわった文章を書き、おだやかな言い方をすれば、文学に対する姿勢は凡俗だった。トルストイの小説も、チェーホフも、ドストエフスキーも、「小便」ばかりだと言うのだ(ロシア語の原書で読めばたぶんそうとは言えないはずだということは、しぶしぶ認めたかもしれないが)。同時代のものであってもなくても、大多数の「外国」の小説は「糞」だと言い、一刀のもとに切ってすてた。ヨーロッパ文学も同じで、ドイツ文学も(トーマス・マン)、フランス文学も(アルベール・カミュ)、

エリザベス・ジェイン・ハワードとキングズリー・エイミス。
地中海クルーズのヨットの上で

イタリア文学も（イタロ・カルヴィーノ）だ。第一級のアメリカ人作家の大半も、たとえばひとりだけ名前をあげるとすればソール・ベローも、まったく同じようにくだらん、と決めつけた。

こうしたことを考えると、彼が息子のマーティンの作品にほとんど関心をもたなかったのも不思議ではない。驚いたのは、ポリッシュ・クラブで開かれたマーティンのある小説の出版を祝うパーティの席上で、キングズリーがマーティンに、この本は読むにたえない、と言い、この時とばかりに、きみが書いた小説はどれも最初の二、三ページで投げ出したよ、とつけ加えたときだ。この言葉にはぎょっとし、わが耳を疑ったが、わたしはマーティンの横に立っていたのだ。この一件があったとき、キングズリーはジェインと別れ、前妻のヒリーと彼女の夫の家に引っ越したばかりだった。異様な取り決めだが、それぞれがそれぞれのために仕事をしているようだった。ヒリーはキングズリーの世話をし、彼は請求書の支払いをしていた。一方マーティンはというと、まるで聖人のように、週に一度はかならず父親を夕食に招待するよう努力していた。

キングズリーほど言動に矛盾が多かった人物はまずいないだろう。その気になればおもしろおかしく楽しい男になれるのだが、じつは不満を抱えていた（そして、そのことをひた隠しにしていた）。気分屋だということは、フィリップ・ラーキン〔詩人・ジャズ評論家〕との友好関係をみれば納得できるだろう。そして、またしても驚きなのは音楽を深く愛していたことで、それもジャズだけではなく、クラシックも大好きだった。もちろん、大いに愛着をもっているもうひとつのものはアルコールだった。地元のパブや（気晴らしにしょっちゅう出かけていた）、彼が言うところの「まずまずの」レストランで痛飲していた。ミラベル〔ロンドンにあるフランス料理専門の高級レストラン」はうってつけで、『ガール20』が上梓された日に彼を案内したことを思い出す。食事の前に、彼はウィスキーをダブルで三杯飲んだ。それから、ボーヌが一本、ヴォーヌ・ロマネが一本、ヴォルネイが一本と続いた。わたしも少しばかりお相伴したが、彼はグランマルニエ〔オレンジリキュール〕とクルボアジェ・ルージュ〔コニャック〕で食事をしめくくった。そして、とても信じていただけないだろうが、ヴィンテージものの赤ワインを二杯飲んだのだ。わたしは電話でタクシーを呼んだ。手を貸してキングズリーをタクシーに乗せる必要はまったくなかった。運び込まなければならなかったからだ（素面《しらふ》のときでさえキングズリーは自分でタクシーを呼び止めることができなかった。奇妙なことだと思われるかもしれないが、彼には恐ろしくてたまらないことだったのだ）。

どうやらつねに忍耐強いらしいジェインのもとへ向かって走り去るタクシーを見送りながら、キングズリーは今どんなことを考えているのだろうと思った。泥酔状態の今でも小説の展開について静かに思いをめぐらせているのかもしれない。しかし、彼の基準からしてもたぶん度を越してしまったから、今回ばかりはぐっすり眠り込んでいるだけだろう。

ちょっとした話

エドナ・オブライエン

エドナ・オブライエンはケイプが出版した作家の中でもすばらしく斬新だったし、博学で、おもしろおかしく、愛らしいところもある人だった。アイルランド出身のこともあって、作品にはとくに情熱的なおもむきがあった。はじめて会ったのは処女小説『カントリー・ガール　恋する娘たち』が出版されたときだった。出版人とうまくいっておらず、二作目の『みどりの瞳』はケイプから出版したいと考えたからだった。それからずっと、ケイプは彼女の作品を出版しつづけた。彼女はケイプが気に入っていたと思うし、ケイプでは誰もが彼女の作品を出版するのを楽しんでいた。やがて彼女は東ヨーロッパの名前がない国を舞台にし、背丈がほんの数インチしかない小びとを登場人物にした小説を書いた。エドナはこの原稿を郵送してきたのだが、ほぼ同時に外国へ行ってしまった。電話番号を書き残していったので電話をかけ、帰国したらできるだけ早く会ってこの小説について話し合いましょう、と提案した。たいへん気に入っているとは言わなかった。言えるわけがなかった。だが、できるかぎりおだやかな口調で話した。この小説を出版するのは無理だと思っていたが、もちろんそういうことは何も言わなかった。しかしエドナは大勢の友人に、わたしが信じられないくらい冷酷だったと話した。彼女はケイプを去り、この小説ではなく（結局この小説は出版されなかった）、別の小説をウェイデンフェルド社から出版した。ときどきばったり出くわすことがあるが、彼女は今でもわたしを正視しない。これから何年たってもそうだろう。

フレデリック・ラファエル

フレデリック・ラファエルはもっとも古い友人の一人だ。まだ若かった五〇年代には二人とも貧乏で、わたしはときどき彼の子どものベビーシッターを引き受けていた。ある晩、奥さんと食事に出かける直前になって、彼が居間にやってきた。わたしはそこで本を読んでいた。彼は小さな鍵束を持っていて、まず書きもの机に鍵をかけ、それから引出しつきの大型の机にも鍵をかけた。何をしているんだ、と聞くと、「鍵をかけているんだ」と言う。きみが書いているものを読もうなんて夢にも考えていないから、そんなことをする必要はないじゃないか、と言うと、彼はこう答えた。「なんだって？ 興味がないのか？」

売れっ子の映画の脚本家で、もちろん小説家でもあるフレディは才気にあふれている。彼は「本格的な小説家」になりたいのかもしれないが、思うに、映画界で積み上げてきた業績がじゃまになったのではないだろうか。フレディが才気にあふれているのは尊大だからなのだが、本人は尊大な態度をとっているつもりなど毛頭ない。数年前のことだが、彼の新作がことのほかすばらしく、すっかり感激したので、ファンレターを書いたことがある。奥さんの話によると、しばらくのあいだ、彼はわたしのファンレターをベッドの横に置いておいて、ときどき読み返していたそうだ。びっくり仰天したが、うれしくもあった。いささかいい気分だった。

パトリック・ホワイト

あの時代に、パトリック・ホワイトはまちがいなく偉大なオーストラリア人作家だった。彼は壮大なスケールの小説を書き、トルストイと比較されることさえあった。当時の文芸エージェントだったジュリエット・オヘアは、かねてから出版人が彼を正当に評価していないと思っていて、わたしが彼の作品に感嘆していることを知っていたので、ケイプへ移るつもりだと言ってきた。ホワイトの小説でわたしが一番好きなのは『ヴォス』で、非常に高潔な騎士団の冒険物語を読んでいる気分になる。

パトリックは背が高く、あの体つきは一度会ったら忘れられない。顔も彫りが深くて、きわめて強固な意志の持ち主だということがわかる。軍隊で自分の当番兵だったギリシア人のマノリーと何年も前からいっしょに暮していたが、芸術と音楽を愛してやまないマノリーはパトリックのように如才ない人物ではなかった。だが、二人ともいかにも幸せそうだった。

オーストラリアで非常に高い社会的地位を得ているパトリックはひそかにそのことを楽しんでいたが、年がら年中「うるさくてたまらん」とこぼしていた。「連中」がぼくのことを放っておいてくれるといいんだが、と言うのだ。にもかかわらず、首相から夕食に招待されるとかならず受けていた。似たような多くのつき合いのひとつにすぎないというわけだ。

パトリックはわたしに、ぜがひでもオーストラリアに来てもらいたいと思っていたので、会うことだけを目的に二度シドニーへ行った。二度とも彼が新作を書き上げたときに合わせて出かけた。すぐに新作を読んでもらいたいと言われたので、もちろん応じた。二日間ホテルにこもり、二日目の夕方に読み終えた。その晩、夕食に自宅へ招待されたのだが、不思議なことに彼は新作について話し合うことにはほとんど関心を示さなかった。わたしが読み終えたことだけを確認したかったのだ。

パトリックの指示で、ケイプは彼の代理としてあらゆる賞を辞退していた。そうした賞はもっと若くて賞金を必要としている作家に与えられるべきで、自分にはそんなものは不用だ、というのがパトリックの信念だった。一九七三年に彼がノーベル賞を受賞することになったときは、ケイプはお手上げ状態になった。彼はこころよくこの賞を受けるべきかどうかとさんざん迷い、最終的に受けることに決めた。式典に出席するためにストックホルムへ行くべきかどうかについてはまったく迷わなかった。そして、自分は辞退し、オーストラリア人の友人で画家のシドニー・ノーランに代りに出席してくれるようにたのむ、と言い張った。

ナディン・ゴーディマ

ケイプの作家になったとき、すでにナディン・ゴーディマはたいへん高く評価されていたので、新しい出版社としてケイプを選んでくれたことにわれわれは大喜びした。彼女がロンドンにやってきたときは夫妻を夕食に連れ出すか、家でレジーナが料理を作ったものだ。当然のことながら、ほかにも誰かを招待するときはあれこれ悩んで特別な人を選んだ。ロアルドとリシーのダール夫妻を招待したときのことだ。ナディンもロアルドも魅力的ではあるが、相当に個性的だし、二人とも「扱いやすいタイプ」とは言えない。二人はたちまち相手をうとましく思った。ある意味では「政治的な」問題だったのだが、単純に個性が衝突してしまったのだとも言える。いくらもしないうちに、レジーナとわたしはばかなことをしでかしてしまったと思った。食事が進むにつれて事態はますます明らかになっていき、ついにデザートになったとき、早々に退散しよう思っていたことは火を見るより明らかだったのだが、ロアルドがタクシーを呼んでくれと言った。すぐに電話をかけると、十分ほどでまいります、と言われた。二十五分が過ぎ、ロアルドがこんなに遅いのはひどすぎると言ったので、別の会社に電話をすると十五分後にやってきた。ロアルドのタクシーを待っているあいだも、台無しになった夜が改善されることはなかった。

全体として、ナディンはケイプの仕事のやりかたに満足しているようだった。誤植を発見したときだけは怒り狂ったが、このことについては彼女の言い分が正しい。誤植が数ヵ所見つかることもあり、そういうときはいつもきまって文字校正が終ったあとに誤植が忍び込んでいた。別の言い方をすれば、この種の誤植は印刷所のミスで、われわれにはどうしようもない。さて、『保護管理人』〔一九七四年のブッカー賞受賞〕の原稿を渡してくれたとき、ナディンはこう言った。「この本には一ヵ所も誤植がないようにしてください。とくに気をつけていただきたいページが一ページあります」。何ページだったのかは正確におぼえていないが、印刷所に注意したまさにそのページに誤植が見つかったことは忘れられない。

この一件が問題になったわけではないし、ダール夫妻と夕食をともにしたこともまったく無関係なのだが、ナディンはケイプを去り、それから間もない一九九一年にノーベル賞を受賞した。ケイプは何年間も彼女の作品を出版してきたが、このときわたしはストックホルムへ行きたいとは思わなかった。

アニータ・ブルックナー

アニータ・ブルックナーはたいへん洗練された作家だ。ブッカー賞を受賞したおかげで『秋のホテル』は大ヒットにつながったが、実力に見合うだけの読者層をつかんではいない〔一九八四年に受賞〕。一人の人間としては謎めいたところがある。新作が出版されるたびにわたしたちは伝統的なランチをともにするのだが、そのときのことだ。話題は文学とフランスにまつわることばかりで、個人的な質問は一切なかったのだが、アニータが、今プルーストを読んでいるところなんだけれど、これで四回目なの、と言った。わたしは好奇心をそそられて、「フランス語で？」とたずねた。

「もちろんよ」と彼女は答えた。

ところで、わたしもプルーストは大好きだし、彼の小説を読むのは大きな喜びなのだが、じつを言うと何度か英語版で読みはじめたものの、まだ最終巻までたどりついたことがない。アニータがフランス語で四回も読み返しているというのは驚愕すべき達成率だと思う。

どちらかといえばあらたまった関係だったにもかかわらず、彼女はわたしに好意をよせているようだったし、たしかにわたしも彼女に対してかなりの好感を抱いていた。だが、「いっしょに」アニータの作品の出版を手がけていた同僚のリズ・カルダーがケイプを去ることになったとき

〈事情についてはすでにお話ししたとおりだ〉、アニータはきっとリズについていくだろうと思った。アニータは自分のことはほとんど話さない人なので、こちらからたずねるのは嫌だったし、たぶんリズも同じ気持ちだったと思う。ある日、販売促進部の誰かに、アニータが上階《うえ》の重役会議室で新刊書にサインしているんですけど、あなたは顔を見せたくないのかしらと言ってましたよ、と言われた。わたしは会議室に行って、アニータがサインしやすいように本を開きはじめた。彼女は黙って十五分くらいサインしつづけていた。そして最後の本を閉じてから向き直り、こう言った。「トム、話しておきたいんだけれど、わたしはあなたのところに残るつもりよ」

イアン・フレミング

わたしが入社したとき、ケイプの著者リストには一人の「スター」がいた。ジェームズ・ボンド・シリーズの著者イアン・フレミングだ。このシリーズはよく売れたが（一万五千から二万部）、驚いたことに重大な影響をおよぼすほどの販売部数ではなかった。同じように驚いたのは、一流も一流の大勢の評論家たちがフレミングを崇拝していたことで、たとえばサンデー・タイムズ紙のシリル・コノリーも彼のファンだった。個人的にはわたしもボンド・シリーズを楽しんだし、フレミングは良質のホラ話をしているのだと思っていたが、正直に言うと、ボンド・シリーズは文学ではないと思っていた。

フレミングとはオフィスで数え切れないほど顔を合わせたし、昼食をともにしたこともあるが、彼のことがよくわかるようになったとは言えない。当時、有名な女主人だったフレミングの奥さんのアニーに招待され、自宅でディナーをごちそうになったことさえあるのにだ。フレミングは背が高く、堂々たる体軀で、服装には細心の注意を払い、長いシガレットホルダーを片時も手放さなかった。わたしはかねがね、あれはにせものの顔で、昔はスパイだったのかもしれないと思っている。作家というより銀行マンのようだった。自分の作品については非常に生真面目に考えていて、入念に執筆の準備をしていた。彼にとっては、大部数を売ることより、本が尊重されることのほうが重要だったのだ。だから、わたしの代になって最初のボンド本を出版するにあたって、一大キャンペーンを張るべきだ、とトニー・コルウェルに提案したときもあまり乗り気ではなかった(だが、キャンペーンのおかげで販売部数は五〇パーセントも伸びた)。そして毎年、前年と同じ日に新作を出版することに不思議なほどこだわっていた。

はじめてボンドが映画化されるのを待たずに(一九六二年の『007は殺しの番号』。原作は一九五八年の『ドクター・ノオ』)ボンド・シリーズはけた外れに売れはじめた。ボンド・シリーズを映画化したのはハリー・サルツマンとアルバート・ブロッコリという山師だ。大勢の映画プロデューサーがボンド・シリーズは奇抜すぎるので映画化は無理だと断言していたのだが、サルツマンとブロッコリは原作と寸分たがわぬ映画を製作すると決意した。結果はというと、第一作目(一九五三年の『カジノ・ロワイヤル』)から最後の作品(一九六四年の「007/黄金の銃を持つ男」)まで大勝利をおさめた。その間、われわれ出版社はどちらかといえば取るに足りない立場にあって、映画の宣伝に関してプロデューサーに協力する程度だった。わたしの役目はハリー・サルツマンのオフィスで行われる「ミーティング」に出席し、彼が指揮をとってハリウッドのさまざまな撮影所を相手に何をしてきたのかという長ったらしい話を拝聴して、相当な時間をむだにすることだった。わたしにそんな話をしてもまったく見当ちがいだということは明々白々だったのだが、ハリーはまったく気づいていないようだった。自分の話を聞いてくれる人間が欲しかっただけだったのだ。

ユーリー・ミュシャ

ユーリー・ミュシャは偉大なアールヌーヴォーのデザイナーの息子だ。小説家の彼はロンドンとプラハに住んでいて、万一プラハに来ることがあったら忘れずに訪ねてくれ、と言われていた。知り合いとは言えなくもないくらいの関係なのだが、プラハにはもうひとり知り合いがいた。大統領のヴァーツラフ・ハヴェルだ。要職につくはるか昔、彼は高名な劇作家で、イギリスで最初に彼の作品を出版したのはわたしだった。

総合的に考えてみると、わたしは心ゆくまで文学巡礼をしたりはしない。だが、カフカは例外で、プラハへ出かけて行ったのもあの街が彼の生まれ故郷だったからだ。感傷旅行気分であの美しい街を歩き回り、活気に満ちた人びとや、きれいな若い女性たちで一杯のカフェをのぞいたりしたが、彼女たちには気軽に声をかけにくい雰囲気があった。ミュシャ家を訪問したときにそう言うと、協力できると思う、と言われた。そしてある住所を書きとめ、明日の夜の八時にここへ行ってみたらどうかな、と言うのだ。言われたとおりに行ってみると、小人数のカクテルパーティの真っ最中だった。少し時間が過ぎてから、九時ころだったと思うが、部屋の中央に立ったユーリーが「さあ始めようか」と言い、服を脱ぎはじめた。するとと、全員がいっせいに服を脱ぎはじめたのだ。あのできごとはそんなふうに始まったのだった。誰もがソファや、肘かけ椅子や、カーペットに横たわり、おたがいに愛撫しはじめた。一度に二人を愛撫している者もいた。やがて愛し合いはじめたのだが、誰かと愛し合いながら、誰もがべつの人に注意を向けていた。男性よりも女性の人数が多く、彼女たちはカフェで見かけた女性たちに負けず劣らず若くてきれいだった。カフカが生まれた街でこんなことが起こったのは驚きだった。

ラッセル・ホーバン

「子どもの本」の章でもちょっとお話したが、ラッセル・ホーバンは大人向きのすぐれた小説と、子ども向けのすばらしい物語を書いている。子ども向けの物語には『さすがのナジョーク船長もトムには手も足もでなかったこと』などがあり、大人向けには『リドリー・ウォーカー』などがある。この小説はオブザーバー紙をはじめとする数紙に傑作として絶賛された。この見解にはラッセルもわが意を得たりと思ったことだろう。

ラッセルはときどき絵本のために短い文章を書き、わたしはその文章にふさわしいイラストレーターと彼を「結婚させる」のが楽しみだった。結婚相手はクェンティン・ブレイクだったこともあるし、ニコラ・ベイリーだったこともあるが、彼を十分満足させたと言えるのではないかと思っている。とくに彼が、分け前は絶対に半々にしてもらいたい、と主張し、考えを変えることを拒否したことを考え合わせればだ。作家は数日で四、五ページ分の文章を生み出すだろうが、イラストレーターは絵を仕上げるのに半年かそれ以上かかるかもしれないという事実を考慮せず、今後も彼は、前払印税も半々、印税も半々、とあくまで主張するのだろう。ラッセルの作品を出版するのは喜びだったし、つねに意外性があるから、つぎにはどのような作品を用意してくるのだろう、すばらしい仕上がりなのはまちがいないし、独特の複雑な作風にちがいない、と思ったものだ。

ラッセルは自分の作品に登場する人物と同じようなしゃべりかたをするので、つき合うには楽しい相手だ。彼もわたしとのつき合いを楽しんでいるらしい。きみはすばらしい出版人だよ、と言ってくれたが、わたしが彼の仕事に惚れ込んでいたからそう言ったまでだ、とは思っていない。

ときには二人だけでランチに出かけることもあったが、そうでないときは彼の自宅かわたしの家でガンドルとレジーナをまじえて夕食をともにしたものだ。だから、われわれの関係には社交的な面もあった。ラッセルは映画とテレビ番組の話が好きで、小説の話は好きではなかった。そして、おもしろい作家は一人しかいない、スティーヴン・キングだけだ、と断言していた。キング以外の作家には興味がないと言うのだ。ほかの作家の作品にはいっさい目を通していないようだったから、どうしてそんなことが言えるのだろうと思ったものだ。

それからすぐ、ラッセルは『アンジェリカの岩屋』という新しい小説を郵送してきた。彼の大多数の作品は好きだったし、この新作も好きだったが、大いに気に入ったわけではなかった。この本を出版していたら、たしかに今でも責任を感じるはめになっていただろう。この原稿を文芸編集者のダン・フランクリンに回すと、彼は断るべきだと考えた。わたし自身がもっと気に入っていたら、ダンを説得していたかもしれない。

数カ月後、クリス・ビートルズ・ギャラリーのランチパーティでばったりラッセルと顔を合わせた。わたしを見つけた彼はうなずいてみせたが、こちらにやって来ることはなかった。わたしもうなずき返した。少ししてラッセルがやって来るのに気づいたので、わたしはいっしょに話をしていた人たちにますます意識を集中させた。だがついに話の輪がくずれ、もはやラッセルから逃れるすべはなかった。彼は一呼吸おいてからかみついてきた。「『アンジェリカの岩屋』をボツにしてくれたことに礼を言いたくてね。きみにはひとかたならぬお世話になったよ。ブルームスベリー出版にはすごく満足しているんだ。ぼくの作品を心から気に入ってくれているんでね」

ジェフリー・アーチャー

文芸エージェントのデボラ・オーウェン（政治家デイヴィッド・オーウェンの妻）からジェフリー・アーチャーという無名の作家が書いた『百万ドルをとり返せ！』という小説の原稿が送られてきた。今回はじめて出版人に見せるのだとは言わなかったが、彼女は言ってみれば喜んで出版人をあざむくエージェントなので、きっとそうなのだなと思った。アーチャーの小説でとりわけ好奇心をそそられたのは、彼自身が詐欺にあい、自分の分とほかの人たちの分を合わせて大金を失ったという点だった。そして、自分と同じ目にあった男を主人公にしたスリラー小説を書き上げた。しかもこの本を書いたのは大金を稼ぐためであって、そうすれば失った大金を取りもどせるはずだという。たしかに彼はそんなふうに主張した。作風は良くも悪くもなかったが、あの自負心は魅力的だと思ったので、契約の申し出をすることにした。この作品を出版する気になったのは、猛烈なその野心家ぶりに、ジェフリーの心に浮かんだことは十中八、九成功するのではないか、という気がしたためだったことも事実だ。もちろん、このことは政治家としての彼の実績には当てはまらないにしても、作家としては当たっていた。

『百万ドルをとり返せ!』はとんでもないドル箱になったばかりか、彼が作家としてけたはずれに輝かしい実績を積んでいくことになる出発点でもあった。わたしの出版人生でアーチャーが特別な位置にあるのだとすれば、それはわたしが「発見した」どこまでももうけ主義の作家は彼だけだったからだ。わたしの手元にある『百万ドルをとり返せ!』には、アーチャーの文字で、「この偉業はわたしのものではあるが、同時にあなたのものでもある」と書いてある。ご想像のとおり、こうした関係は長続きしなかった。先ほど「発見した」とカッコつきで書いたのは、出版人は作家を「発見」したいと思っているのが普通なのだが、「発見した」というのはある意味でまちがった言いかただからだ。わたしに言わせれば、出版人は作家を発見するのではなく、偶然に出会うのだ。『百万ドルをとり返せ!』のつぎはロバート・ケネディ暗殺を下敷きにしたスリラー小説『大統領に知らせますか?』だった。ケイプはこの二作目に一作目の倍の五千ポンドを支払った。この作品は処女作よりもさらに大きな成功をおさめた。もっとも、その後に出版されることになる作品の成功には遠くおよばなかったが。

『大統領に知らせますか?』の編集作業をしながらジェフリーの野心家ぶりを観察することにした。一例をあげると、彼は、自分は尊大な人間ではないから、テレビ番組で放映直前に誰かが出演できなくなった場合にはいつでも代役をつとめる、ということをふれ回っていた。プロデューサーは彼を当てにすることができたし、実際にそうした。もちろんその結果、ジェフリーは誰よりも頻繁にテレビ出演しているといってもいい状況になり、著書の販売促進にもなった。

レディング駅での一件を思い出す。むかし通っていたレイトンパーク校を訪問した帰りだった。駅の新聞雑誌売場で、ジェフリー・アーチャーの本だけが人目を引くように並べてあったのだ。しかもすべて表紙を見せて飾ってあったので、どうしてこういうふうにしたんですか、と店員に聞いてみないではいられなかった。店員の話によると、ジェフリーがわざわざランチに招待してくれたので、お返しにこうしたまでだということだった。

わたしが気に入っているジェフリー・アーチャーにまつわる逸話がある。まさに彼とわたしとの会話なので、作り話ではない。じつはジョン・ファウルズの『フランス軍中尉の女』を読んで大感激し、四回も読み返した、と彼が打ち明けたときのことだ。そしてこう言った。もしかして、万が一にもの話ですが、あの本をあと四回読んだら、ノーベル賞候補もありうると思いますか？ブッカー賞じゃないんです。ノーベル賞ですよ。さて、こういう質問にあなたなら何と答えるだろう。

いよいよジェフリー・アーチャーとの関係も正念場にさしかかる。デボラ・オーウェンが電話をかけてきて、ジェフリーが新作（三冊目）を書きあげたことを伝えてきた。『ケインとアベル』という小説で、これから郵送するというのだ。だが彼女は、ジェフリーは今回、高額の前払印税を要求していることをお知らせしておきます、と言った。原稿はしかるべきときに届き、オフィスでほんの数ページだけ読んだ（オフィスでは原稿を読む時間があったためしはない）。それでも大変なベストセラーになる要素があることはすぐにわかったので、ケイプにとって重要な四人の人間にもこの原稿を読んでもらうべきだと思った。そして、できるだけ早く話し合いの場をもつことにした。

この本が非常におもしろいことについては全員の意見が一致した。わたしも同じ意見であり、わたしを喜ばせるのは至難のわざなのだ。デボラ・オーウェンが言ったことを考慮して、おそらく二万五千ポンドから五万ポンドのあいだの金額を要求してくるだろうと踏んだ。『ケインとアベル』が商業的に大成功することは疑いようもなかったが、この本が「ケイプの本」ではないこともまちがいなかった。というのも、ケイプではスリラー小説を文芸水準が低いものとして位置づけてきたためだが、この作品はある家族の英雄系譜小説《サーガ》だった。わたしは版権を買う努力をすべきだと主張した。世評では、完璧にもうけ主義の本を出版しないか、とケイプに声がかかることはほとんどないと言われているが、この本は言うなればケイプの守備範囲だ。最初から五万ポンド出すと言って、自信があるところを見せるべきだと思う、とわたしは言った。それよりも低い金額だと、この作品を獲得するのに大々的に遅れをとってしまうと思ったからだ。全員が賛成した。五万ポンドだ。大急ぎでデビーに電話をかけた。「前払印税は五万ポンドです」と出し抜けに言うと、「まあ、そうですの。でも少々お待ちください」と言われてびっくりしてしまった。「まさか、もっと出せとおっしゃるんじゃないでしょうね?」「いいえ、そうじゃないんです。ジェフリーに伝えなければなりませんのでね」。そう言われてふと、デボラはジェフリーがケイプとは手を切って別の出版人に今回の話をもっていきやすくなるくらいの、きわめて不十分な金額が提示されることを望んでいたのかもしれない、と思った。返事がもらえるまで三日待たなければならなかった。そして彼女はこう言った。「ジェフリーは、あなたがあの小説を本当にすばら

わたしが稼ぎ出したものがジョナサン・ケイプ社の成功に計り知れない貢献をしたのはまちがいないですね、とジェフリー・アーチャー

失礼ながら、わたしはあなたと意見がちがいます

しいと思っているのかどうか知りたいと言っています」「度が過ぎるくらい気に入っていますよ。五万ポンドも出そうと言うんですから。しかし正直に申し上げて、あの本を気に入ったと心の底から思うには、まったくちがう筆致で書きなおす必要があるかもしれませんね。もうひとつ、喜んで賭けますが、じつのところデビー、あなたはわたしよりもあの本を気に入っていないんじゃありませんか?」。そういうわけで、ジェフリー・アーチャーとの関係は終った。わたしにしては珍しく短いつき合いだった。

野生動物

小さいころから野生動物が大好きだったから、出版人としてはきわめて自然なことなのだが、動物の本には格別な興味があった。残念なことに、この分野ではライバル出版人のウィリアム・コリンズが独占権のようなものを握っており、彼の手によって屈指のベストセラーとなった野生動物の本が生まれた。『野生のエルザ』だ。だからわたしはライオンよりも小さい動物の子をあつかわなければならなかった。

一冊目はアルジャン・シングの本だった。有名な野生動物保護論者で、とくにインドで広くその名を知られており、ネパールと国境を接するウッタル＝プラデシュ州北部のジャングルの中にある、小さな木造の小屋にたった一人で住んでいた。デリーから汽車で二十時間あまりの旅には疲労困憊したが、まさに冒険そのものだった。この地域に生息しているヒョウは狩猟家にも密猟者にもねらわれてきたため、絶滅の危機にさらされていた。シングはヒョウの子どもを自宅で育て、ジャングルに戻してやることは可能なのかどうかを知ろうと決意した。ヒョウの子どもを生きのびさせるにはジャングルの流儀を教え込まなければならず、これはむずかしい仕事だが、彼はやりとげた。彼が育てたのはプリンスと名付けたヒョウで、このヒョウが『ヒョウのプリンス』というケイプで出版した本のヒーローになった。

アルジャン・シングと五日間過ごしたときには、いっしょに何時間もジャングルを歩き回った。彼は決して銃を携行せず、自信に満ちていて、わたしが震えあがるようなことは起こらなかった。夜には外出しないでいろいろな話をしてもらった。小屋へ連れてきたハリエットという雌のヒョウはのちにジャングルに帰され、子どもを産んだ。雨季に洪水が起きたとき、彼女は一匹ずつ子どもをくわえて小屋へ戻ってきて、彼の寝室でゆったりと過ごしたそうだ。

『ヒョウのプリンス』のつぎにジョン・アスピナールの自伝を出版した。ふたつの動物園の所有者で、人生を動物にささげ、人間よりも動物のほうがはるかに好きだ、と誇らしげに言明した人物だ。働かなくても暮していける財産はなかったが、ギャンブルクラブをいくつか所有していて、それらの店の稼ぎを動物園の運営資金に当てていた。レジーナとハウレッツ野生動物園のランチに招待されたことがある。その少し前に一人の飼育係がゾウに殺され、アスピナールは自責の念にかられていた。激しい抗議の声があがっており、それも無理からぬことだろうが、こうした異常な事故が起きるのは避けられない、とアスピナールは言っていた。

ランチの前に彼の案内で動物園を見て回った。何よりも印象的だったのはとても清潔だったことで、幸せな場所だと思った。三メートル半くらいのバナナの木があって、ぴかぴかのバナナがぎっしりなっていた。すごくおいしそうなので、一本もらってもいいですか、とたずねた。「とんでもない」とアスピナールが言った。「このバナナは、ゴリラたちのために今朝ハロッズから届いたばかりなんですよ」。二頭の赤ん坊のゴリラがいるというので見に行くと、若いレディの飼育係といっしょに小さな家で暮していた。ゴリラの赤ん坊は四歳児くらいの大きさで、おむつを着けていた。抱いても大丈夫だと言うので、わたしが一頭を、レジーナがもう一頭を抱き上げたのだが、レジーナが抱いたほうのゴリラが彼女のネックレスをつかんでものすごい力でねじ上げたために、ついにネックレスはちぎれてしまった。

短期間ではあったが、動物に関する本を出版したことで、野生の動物を観察するのが趣味になった。趣味というより、夢中になってしまったと言うべきだろう。ライオン、チーター、シマウマ、バッファロー、ワニなどはすぐに見ることができる。だが、わたしがことのほか魅了された二種類の動物はなかなか見ることができない。ひとつはマウンテンゴリラで、世界で生き残っているのは七百頭そこそこなのだ。

レジーナとわたしはマウンテンゴリラを求めてウガンダのブウィンディ国立公園まで出かけて行った。これは楽な旅ではない。エンテベ〔ヴィクトリア湖に面した町〕まで飛行機で行き、そこからランドローヴァーででこぼこ道を十八時間走るのだ。大変な遠隔地だったわりには、ブウィンディのキャンプはびっくりするほど居心地がよかった。われわれのテントの真正面にゴリラが住んでいる木立ちにおおわれた山が見えた。一日目は朝の七時に集合した。何もかもがきちんと計画されており、トレッキングができるのは一日に二グループだけで、それぞれ定員は六人。ゴリラの家族に出会ったら（かならず出会うと言われた）、観察するのはきっかり一時間だけと言われた。同行したのはガイドが一人、機関銃を持った男性が三人、助手が二人だった。機関銃は、もちろんゲリラ兵から身を守るためだ。ゲリラ兵に警戒しなければならなかったのは、二年前にあの大虐殺があったばかりだったからだ。

ゴリラ観察のトレッキングでは持久力が試される。山道の斜度は四十五度。ジャングルの中で野生動物にばったり出会うのはこの世でもっともすばらしい体験だ。われわれは二日間の予約を入れていたのだが（何カ月も前に予約しておかなければならない）、じつに幸運だったことに、なんと二日ともゴリラの家族を観察することができた。一日目には九頭のゴリラと一頭のシルバーバック〔群れのリーダー格のオスで、高齢のために背中の毛が灰色になっている〕に、二日目は十四頭のゴリラと二頭のシルバーバックの家族に出会えたのだ。若いゴリラはうれしくてたまらない子どものように跳び回っていたし、オスたちはゆっくりと静かに歩いたり、仰向けに寝たりしていた。想像していたよりずっと大きく、何ともすばらしいことに、五メートルのところまで近寄ることができた。わたしは有頂天になってしまい、自分が特別な人間になったような気分になった。

ゴリラをこの目で見たことで、今度はトラに会いたくなった。トラとそのときの旅のできごとをお話しよう。同じようにトラを見たくてうずうずしていた友人のサラ・ジルとインドへ行ったのだ。サラは驚くほど知り合いが多く、われわれの旅はまずジャイプールのマハラジャの宮殿に滞在することから始まった。マハラジャの息子ジャガットに招待されたからだ。宮殿に滞在しているあいだに、ジャガットが車で、一族が所有している狩猟用のロッジに連れて行ってくれた。

昔は、ジャイプールから六十五キロほどのところにあるこのロッジに滞在して、トラ狩りをしたものだという話だった。二日目に、マリファナが手に入らないだろうか、と聞いてみた。「もちろん買えるよ。あの男の子に十ルピー（およそ十ペンス）渡せば、午後には持ってくる」とジャガットは答えた。その日の午後、ジャガットが言ったとおり、男の子は中身ではちきれそうな巨大なビニール袋をかついで戻ってきた。あまりの分量に、どうしたものだろうと途方にくれてしまった。

そのあとで、トラが見られるかもしれないということで、カーナという自然保護区へ行った。トラを見るにはゾウに乗って行くのが一番いい。トラはゾウのにおいをよく知っているので近寄って来ないからだ。サラとわたしは翌日の午前五時半にゾウ使いに来てもらうよう手配した。日の出前に出発する計画だったのだ。その日は足跡は見つけたが、姿は見られなかった。二日目に一頭のトラを目撃したが、移動しているところだったのでほんの一瞬のできごとだった。三日目になって幸運にめぐまれ、獲物をしとめたばかりのトラに出会った（獲物をしとめるところは見られず、見られたらもっと興奮しただろうが、そのような場面はめったに目撃できないという）。トラは一時間ばかりその場にいて、トラが獲物を食べているところを観察することができた。獲物を食べ終ったトラはゆっくりと優美なしぐさで立ちあがり、丈の高い草むらにその姿を消した。

ロッジへ戻ると、二人の男性を乗せたゾウがもう一頭いた。興奮した子どもたちがゾウの足元に群がり、身ぶり手ぶりで何か言いながら紙切れを振りまわしている。どうしたんだろう、とサラに言うと、一目で二人の男性が誰なのか気づいていた彼女は、クリケット選手のデイヴィッド・ガウアーとグレアム・グーチだと教えてくれた。わたしとはちがって子どもたちも二人が誰なのか気づき、大声でサインをねだっていたのだ。デイヴィッド・ガウアーのクリケット・キャップが欲しいなあ、とサラが言った(彼女はデイヴィッド・ガウアー本人にも惹かれていたのかもしれない。彼はとてもハンサムだった)。まだゾウに乗っている同国人のところへ行ってあいさつすると、彼らも今夜は同じロッジに泊まるというので、あとで会いましょう、ということになった。その晩、みんなで飲んでいたときに、インドではなかなか手に入らない上等な白のブルゴーニュワインとあなたの帽子を交換していただけませんか、とデイヴィッド・ガウアーに言ってみた。もちろん彼に異存はなかった!

ロンドンに帰ってから、ガウアーとグーチと過ごしたあの晩から数日後に行われたひどい国際試合の記事を読んだ。インドチームがイギリスチームに圧勝していたのだ。

ローレン・バコール

わたしは映画スターの回顧録は出版しないことにしている。実際、今までの人生で映画スターの回顧録にかかわったことは二度しかない。一冊目は大ヒットしたが、残念なことに著者をひどく失望させてしまった。問題の著者とはほかならぬローレン・バコールだ。オークションで『私一人』の版権を手に入れたのだが、ケイプとしてはこれは異例のやりかただった。オークションではその本の価値以上の買い入れ価格をつけてしまう場合が多いので、ケイプは参加しないようにしていたからだ。だが、ローレン・バコールは（彼女の友だちのようにベティと呼んでもいいのだが）たいへん魅力的な気がした。とくにこの本は彼女自身が書いたものだったので、格別のおもむきがあったためだ。自分で書いたことがわかったのは、彼女はこの本の大部分をクノッフ社で書いた、とボブ・ゴットリーブが請け合ったからだった。バコールが自分で書いたことに加えて、ハンフリー・ボガートとの結婚生活がくわしく描かれている点もきわめて魅力的だった。この本は二部構成なのだが、何より気に入ったのは、彼女が若かったときのことと、ボガートとの恋愛が始まったころのことについて書かれている部分だった。そして、何より感動したのは、ボガートの死因となった癌についてバコールが描写している部分だった。愛情とやさしさのこったその描写は、のちに会った女性と同じ人物が書いたとはとても思えないほどだった。

もちろんケイプは、この本の販売促進のためにバコールがイギリスに来るものと期待していた。彼女はケイプがファーストクラスのチケット代と宿泊費を支払うことでイギリスに来ることに同意したが、これはまったく筋の通った要求だった。筋が通らないと思ったのは、同行する専属の美容師の費用もケイプが持つべきだと執拗に要求されたことだった。しかもイギリスへ来るだけでなく、ほんの三、四日滞在するオーストラリアへ行く費用ももってほしいという。オーストラリア行きの費用を支払うのは論外だと言おうとしたのだが、彼女は頑強に主張し、中堅の出版社には合衆国の大映画会社のような資金はないということは眼中にないようだった。

そういえば車の一件もあった。こちらも世間知らずだったのだが、ボルボで迎えに行ったらベティの期待を裏切るどころのさわぎではないことに気づいたので、誇りをもって、そしてうれしくもあったが、メルセデスのリムジンを借りた。バコールがイギリスに来た翌日、なんとも気品のあるベドフォード・スクウェアにあるケイプに彼女をお連れするために、コンノートホテルにリムジンを差し向けた。窓越しに指をさして、あのリムジンはわたくしが思っていた車とはちがいます、と告げたときのあの高慢な態度を忘れるつもりはない。彼女が要求したのはストレッチのリムジンで、しかも、コンノートホテルに帰ってくるときはストレッチのリムジンにしか乗らない、と言ったのだ。

その後のあれこれにくらべれば、この車の一件はまだおだやかなほうだ。わたしはあのような態度をとる人間にお目にかかったことはなかった。とりわけ悲惨なできごとをひとつだけお話しよう。ブリストルとグラスゴーのテレビ会社が熱心にバコールの番組出演を依頼してきたのだが、番組出演の日がかさなっていて、彼女のスケジュールに合わせてふたつの番組に出演するには、ケイプが小型飛行機をチャーターするしかなかった。出版界の基準からするとぜいたくきわまりないことなのだが、わたしは同意した。小型飛行機で行くことを伝えたのは、ベティがロンドンに来たときからずっと世話をしていた宣伝の責任者マリリン・エドワーズだった。バコールはきっぱりと、パイロットが二人いなければ四席の小型飛行機には乗れません、と言い放ち、われわれは仰天した。マリリンに、二人目のパイロットを雇う余裕があるか、と聞かれ、わたしは拒否した。度を越していると思ったのだ。そして、同行するマリリンも不安に思っているのはわかってはいたが、誰に聞いても小型飛行機のほうが大型より安全だと言っていると主張して、もう一度バコールを説得してみたらどうだろう、と言ってみた。バコールは考えを変えるつもりなど毛頭なかった。わたしも小型飛行機で飛ぶのは怖いのですが、意志の力で乗り越えます、とマリリンが言うと、バコールは非常に重大な、そして非常に不愉快な言葉としてわたしの記憶にあることを言った。「そうなの。あなたはそれでいいんでしょうが、わたくしの身に何かがあったらどうするのよ」。一言一句正確だとは言えないが、彼女はまちがいなくこのような意味のことを言ったのだ。言うまでもないが、テレビ出演も小型飛行機もキャンセルした。

二日後、夕方の六時ころに宣伝部をのぞくと、みんなでシャンパンを飲んでいたので、陽気な口調で「誰の誕生日なの？」と聞いた。誰の誕生日でもなかった。ありていに言えば、バコールが発ったので飲んでいたのだ。

補足しないではいられないことがある。このシャンパンの話を書き終えた直後に、サンデー・タイムズ紙の小さな記事がこの目をとらえた。ニューヨーク演劇界に所属する女性だけのイベントの一環として行われたウィメンズ・プロジェクトのためのチャリティーパーティに出席することを了承したバコールが、開催日を目前にしてあることを要求したというのだ。記事には、顔を出すことについては支払いがあるとは思っていなかったが、髪のセットとメーキャップ代として二千ドル要求した、とあった。この記事が掲載されたのは、彼女がケイプを訪問してから二十五年後のことだった。

＊

二人目の、そして唯一のもう一人の「スター」とかかわったときのことをお話しよう。主人公はエリザベス・テイラーだ。彼女のエージェントはニューヨークのロビー・ランツで、その三年前にカーソン・マッカラーズを紹介してくれたのが彼だったのだが、今度は自分の顧客のエリザベス・テイラーが自伝を書くつもりでいると言い、興味はあるか、と聞いてきた。「ない」と言えるはずはない。テイラーだけでなく、彼女にはとくに好奇心をかきたてる二人の夫がいる。一人は学生だったわたしの想像力をとらえた映画プロデューサーのマイク・トッドで、自家用飛行機事故で亡くなったときには彼の死を悼《いた》んだ。「五百万ドルも借金があるから、ぼくはもっと短いタバコを吸うべきなんだ」という彼の言葉も心から離れない。もう一人は、すっかり魅了されたテイラーが二度も結婚したリチャード・バートンだ。出版の仕事を始めたころ、わたしはハムステッドのヴェイル・オヴ・ヘルスに住んでいて、彼らはわれわれの家からイーストヒース通り沿いに数百メートル先の小さな家を借りていたから、定期的にバートンの姿を見かけたものだった。彼とわたしがヒース通りの向こうの端とこちらの端でがんばっていた、というのはなかなかおもしろい話だと思う。

エリザベス・テイラーが次回ロンドンに来るときに会うことが決まり、その日にサヴォイホテルのスイートルームで一杯やりましょう、と招待された。スイートルームに行くと、全身を花で埋めつくされていると言ってもいい小柄な女性がいた。彼女のように、一瞬のうちにじつに温かく、やさしい雰囲気をかもしだした著名人に会ったことはまずない。彼女の意向は、友人のゴーストライターといっしょに書きたいということだった。説得されてしまったわけではないが、わたしは熱をこめて自分の思いを語った。契約条件は理にかなったものだったので、仕事を進めることにした。だが、ゴーストライターは執筆中にまったく原稿を見せようとはせず、できあがってきたものは残念ながらひどいしろもので、契約は解消せざるをえないと思った。わたしだけががっかりしたのではなく、エリザベス・テイラーをとても好きになっていたこともあって、彼女を失望させてしまったと思った。ケイプの図書目録には、この本の内容説明と息を呑むほど美しい一枚の写真を掲載した見開きページだけが残った。

スウィフティとアルトゥル・ルービンシュタイン

映画と文芸の世界にいる人間なら誰でもその名前を知っていたし、少なくともニックネームは知っていた。本名はアーウィン・ラザールだが、大半の人が知っていたのはニックネームのスウィフティだった。彼の写真を最初に見たのはタイム誌上でだ。ディナーパーティに同伴したお相手が、スウィフティのはげ頭に金色のゴブレットをたたきつけて粉々にしている写真だった。

彼の顧客はおもに映画界の人間で、映画スターのエージェントをつとめていた。本の著作権も扱っていたが、こちらの仕事ではスリルに満ち満ちた手法をあみ出した。たとえばローレンス・オリヴィエに電話をかけて（スウィフティは彼のエージェントではなかったが）、あなたの自伝に五十万ドル出すという申し出があるのですが、と言う。このような会話をしてから受話器を置くと、今度は出版人に電話をかけ、さっきの会話にならって、わたしはオリヴィエのエージェントなんですが、五十万ドルで彼の自伝の版権を買いませんか、と説得にかかるのだ。

この伝説の人物に出会ったのは、出版人になって何年もたってからだった。彼はロンドンに来るとかならずクラリッジホテルに投宿することにしていて、そこから電話をかけてきた。ニューヨークでいっしょに仕事をしている出版人は二人だけなんですよ、と彼は言った。トム・ギンズバーグとボブ・ゴットリーブなんです、と言う。つまり、あか抜けた出版人と、よれよれの格好をしている出版人の代表というわけだ。ロンドンではジョージ・ウェイデンフェルドがあか抜けた出版人で、彼の話からすると、わたしがよれよれの格好をしている出版人の候補者なのかもしれなかった。

スウィフティがクラリッジホテルに到着した現場に居合わせたことがある。彼はスーツケースを開けると、コンシェルジュに巨大なダブルのシーツを一組手渡し、ぼくのベッドにはこれを敷いてくれ、と言っていた。病的な潔癖症なので、クラリッジのような威厳のあるホテルでさえ信用できなかったわけだ。

スウィフティは時間をむだにせず、お目にかかって、おたがいに忌憚のない話をしようではありませんか、と申し出た。そして、売り物があるんですが、あなたが評判どおりの方ならきっとこれを買うと思いますね、と言った。値段は十万ドルで、問題の売り物は伝説のピアニストとしてその名を知られたアルトゥル・ルービンシュタインの回顧録だというのだ。映画化権を売るときに、スウィフティは買い手がその本を読むことさえ認めない、といううわさを聞いたことがあったので、原稿を見せてくれますか、と試しに聞いてみた。もちろんですよ、という返事がかえってきた。そして一時間もしないうちにデスクに原稿が届いた。その晩、判断するのに必要な分量を読んだが、十万ドルの値打はまったくないと思った。翌日すぐに電話でこちらの意向を伝えた。すばやく立ちまわったことで、こちらが一本取ったかもしれないとも思った。スウィフティは腹を立てるかもしれないと思ったが、まったくそんなことはなく、すぐに原稿を返してください、と言われただけだった。

それから九カ月ほどしてまた電話があり、スウィフティは口を開くなりこう言った。「あのですね、ずっと考えていたんですよ。ルービンシュタインの回顧録の件ですが、わたしの欲しい金額のちょうど半分であなたのものになるんですがね」。「ずっと考えていた」というのはあきらかに、ほかの出版人に何度も当たってみたという意味だ。半額でもまだ高いと思ったので反撃に出た。「半額の半額と言うのなら、興味をもつかもしれませんね」。間髪を入れずに答えが返ってきた。「了解」。飛び上がるくらい驚いた。さあ、ふたつにひとつだ。半額の半額で、と実際に申し出たわけではない点を指摘することもできるし、すんなりこの数字を受け入れることもできる。そうすればあの偉大な人物と親しくなれるかもしれない。ちょっと考えてから、重要な条件をひとつつけて受け入れることにした。出版する際の販売促進にアルトゥル・ルービンシュタインも三日間参加する、という条件だ。スウィフティはルービンシュタインの代理として了解し、ただしその三日間はロンドンでコンサートが開かれる日程とからめてもらわなければ無理ですよ、と言った。

そんなわけで、マエストロがロンドンにやって来てから間もなく、宿泊先のサヴォイホテルに電話を入れた。猛烈に遠慮がちなので、わたしがどういう人間なのかまったくわかっていないにちがいないと思った。コンサートのことで頭がいっぱいなのだ。だが、回顧録のことを話すと、コンサートが終るまでは何も引き受けたくないにもかかわらず、こう言った。「コンサートの翌日の午前七時から三日間、あなたのおっしゃるようにしますよ」

高齢であることを考慮して（あのとき彼は九十三歳だった）、やってもらうことは最小限に抑えた。テレビ出演が一回、数人だけの記者会見が一回、そしてサイン会だ。サイン会はハチャーズ書店で行うことにし、大々的に宣伝した。時間どおりにサヴォイホテルに著者を迎えに行き、ピカデリーにあるハチャーズ書店に到着したときには仰天してしまった。小さな机を置くスペースだけを残して店内が満員だったのだ。店の前には長い行列がえんえんと続いており、ハイドパークコーナーにまで届きそうだった。このときの行列はあらゆる記録を塗り替えた。ハチャーズ書店のサイン会でもあれほどの行列ができたことはなかった。店内では、背筋を伸ばして椅子に座った著者が自分の名前をサインするだけでは満足せず、一冊ごとにその本をもらう人の名前まで書いていた。ゆっくりゆっくり書いていたから、本を購入してくれた人全員にサインをするには少なくとも一週間はかかっただろう。威厳が感じられ、同時に老齢で弱々しくも見えるルービンシュタインが目を上げ、サインしやすいように本を広げて押えていたわたしの顔を見ると、あの大きな微笑を浮かべながらこう言った。「こういうことをするのは、はじめてなんですよ」。ぎょっとした。だましてこんなことをさせてしまったような気分になった。弁明すると、サイン会はまったく型どおりのことだから、ルービンシュタインといえどもたまには経験があるだろうと考えたのは理にかなっていたと思う。非難がましいところはまったくなかったが、一時間を過ぎると疲れているのがはっきりわかったので、サイン会は中止せざるをえなかった。わたしは彼のファンにわびたが、誰もが鷹揚にことの成り行きを受け入れてくれたのには感嘆した。忘れてならないのは、著者のほうから、われわれがホテルまで回顧録を百部運んだらサインをする、と申し出てくれたことだ。サイン会のことは別にして、『ルービンシュタイン自伝　神に愛されたピアニスト』の出版は大成功で、熟慮したうえでのあの前払印税額をはるかに上回る大金を稼ぎ、ルービンシュタインもスウィフティも喜んだ。

実際、スウィフティは大喜びで、われわれ夫婦を二、三日ロサンゼルスの自宅に招待してくれたほどだ。しかも、気前よくお抱え運転手つきの車まで貸してくれた（もしかするとお抱え運転手は複数いたのかもしれない）。このロサンゼルス滞在には忘れられない思い出が三つある。まず、われわれに敬意を表してハリウッド流のディナーパーティが開かれたことだ。お客のなかにケーリー・グラントがいて、映画などで見たケーリー・グラントに生き写しだったのでびっくりしたのをおぼえている。映画関係者だけのこのディナーパーティが、ロンドンの平均的なディナーパーティとまるで同じだったことも驚きだった。ふたつ目の思い出は、ベッドの横に置いてあった電話機にずらりとランプが並んでいて、一晩中、点滅していたことだ。われわれを招待してくれたこの家の主人は、ほかの人間が眠っているあいだも世界を相手に休みなしのビジネスに没頭していたにちがいない。三番目のできごとは今でもたいへん恥ずかしく思っている。スウィフティは絵画のコレクションをたいそう自慢にしていた。わたしなら「一枚コレクション」と呼ぶコレクションで、マティスが一枚、セザンヌが一枚、デュフィが一枚、ピカソが一枚、という内容だ。それぞれの絵画は、誰かをうならせたり、特殊な色の配列に合わせるために選ばれたらしく、持ち主を感動させる力があったから選ばれたわけではなかった。そのために、社交上の非礼を犯してしまったのだ。コレクションのうちの二枚（モディリアニとルノワール）がどうも本物ではないような気がしたので、調べてみるべきだ、と言ってしまったのだ。もちろんスウィフティは激怒した。激怒して当然だった。スウィフティは一九九三年に亡くなり、あれ以来、ことあるごとに、誰よりもやさしく、美しかった奥さんのメアリはどうしているだろうと思っている。

自叙伝あれこれ

フィリップ・ド・ロートシルト

フィリップ・ド・ロートシルトの自叙伝は『品位あるわたしのブドウ園』という書名で、フランスで出版された。ロートシルト〔ロスチャイルド〕一族の大半は一世紀も前から銀行業にたずさわってきたが、フィリップはボルドーのシャトーであのすばらしいムートン・ロートシルトを作るほうを選んだのだ。わたしの人生に登場する少し前に奥さんのポーリーヌを失った彼は、シャトーの二階にある彼女の寝室を生前のままに保存していた。「あり得ない」と言われるかもしれないが、出会ったとき、彼はジョーン・リトルウッドと暮していた。「あり得ない」というのは、ジョーンはロンドンのストラスフォード・イーストにあるシアターロイヤルの高名な舞台演出家で、毒舌家で、酒飲みで、極左の人物だったからだ。それまでいっしょに仕事をしてきた人たちの中で、彼女が誰よりも心を許しているように思えた相手は、因習打破主義者的なアイルランド人の劇作家ブレンダン・ビーアンだった。予想がつくかもしれないが、フィリップは洗練された上流階級の人間だから、ジョーンが彼に夢中だということは、その逆の場合以上にあり得ないことだった。

ジョーンが「おやじさん」と彼の著書の話をしてくれたのはロンドンにいたときだ。彼女に言わせると「おそまつ」な本なのだが、ぜひ翻訳して、同時にリライトもしたいということだった。脱稿すると、彼女が招待してくれたのでシャトーに四泊した。もちろんフィリップは自分のブドウ園を大いに自慢していたが、それよりもさらに自慢していたのが「地下蔵」だった。わたしが知っているのはワインが寝かせてある一部屋かせいぜい数部屋くらいの地下蔵だったが、フィリップの地下蔵は穴蔵がえんえんと並んでいて、かなりの距離がありそうだった。端から端まで歩いたらたっぷり一時間はかかるだろう。彼に案内してもらったのだが、たとえば一九二四年ものでも八百本はくだらないし、一九四七年ものでもまだたぶん千七百本、六一年ものは二千本あるということだった。

午前中はジョーンと自叙伝の仕事をし、午後には二人で所有地を散策した。フィリップの所有地の隣もシャトーで、ひどくおもしろかったのは、シャトー・ムートンと、シャトー・ラフィットと、シャトー・ラトゥールが張り合っているという話だった。収穫期に入るとそれぞれのシャトーはスパイを放ち、隣人たちがたくらんでいることを正確に報告させるという。良い土壌を作るのにもわざわざが必要だが、ブドウを摘み取る日を決めるにはさらに高度な判断が必要だからだ。ブドウ園をぶらぶら歩きながら、ジョーンとイギリス版にふさわしい書名について話し合った。ジョーンが提案したのは『わたしの貴婦人はブドウ園』だった。

滞在中のハイライトはもちろんあのディナーだったが、すばらしい料理が出されたからではない。あの日、フィリップはソムリエとかなりの時間をついやし、一九一〇年から六〇年までのワインでどれを選ぶかということについて、意見が一致するまで話し合っていた。まさかと思われるかもしれないが、選ばれたのは六本で、一本残らずあけてしまった。フィリップはボトルの半分以上は飲まなかった。ジョーンとわたしで残りを飲んでしまったのだ。まったくなんという体験だったろう！　それまで一度も（そしてその後も）、あれほどすばらしいワインを、あれほどたくさん、しかも値段のことは一切気にせずに飲んだことはなかった。お断りしておくが、本当に驚いたことに、どれほど飲んでも二日酔いの徴候さえ出なかった。

イヴ・サン・ローラン

イヴ・サン・ローランが自伝を書くという話が耳に入った。ファッション界のことにはまったく疎いわたしですら彼の名前は知っていたし、サン・ローランが二十一歳でメゾン・ディオールを引き継いだということに想像力をかき立てられた。彼は若いころにドラッグをやっていたが、まちがいなくきっぱりと止めて、どうしても書いておきたい自叙伝に集中できるときがきたのだろう。すばらしい物語になるはずだ。驚いたことに納得がゆく金額で版権が買え、契約が成立した。そして、サン・ローランのかつての恋人で、その後ビジネス・パートナーになったピエール・ベルジュから、パリのアテナエウムでランチをごいっしょに、と招待された。いっしょに仕事をするために彼とサン・ローランが選んだライターも招待されていた。その席で、三カ月で最初の五十ページを完成してわたしのところへ送り、わたしがとやかく言う、ということで全員が同意した。ランチが終ると、ベルジュはポケットから五百フランの分厚い札束を取り出して左手に持ち、右手で紙幣を一枚ずつ抜き取って、給仕をしてくれた大勢の店員に配りはじめた。そのようすを見て、彼は毎日のようにアテナエウムでランチを食べているのだろうと思った。

一年半たってもわたしの手元にはまだ一ページも届いていなかった。原稿を待っているあいだに、ベルジュがフランスのわが家からさほど遠くないサンレミに家を買った。サン・ローランの自叙伝が書かれることはあり得ないということが明らかになってきたので、ケイプは契約を撤回することにした。前払金は戻ってきたが、今回ばかりはぜひとも出版したかった。サン・ローランにも会いたかったのだが、ついに会えずじまいだった。

ノエル・カワード

コール・レスリーに依頼してノエル・カワードの一代記を書いてもらうことになった。コーリーという呼び名で知られていたレスリーは長年カワードの恋人で、カワードは自分が書いたすべての手紙と日記を利用する権利を彼に遺していたから、これは「正式な」伝記ということになる。

コーリーはやはりカワードの恋人だったグラハム・ペインといっしょにクシュタート〔スイス中西部ベルナーアルプス山中にあるリゾート地〕に住んでいた。執筆中のコーリーが泊りがけでくるようにと招待してくれたのだが、この訪問はじつに魅力的なものになった。クシュタートには年に一度、ニー・サーカスがやって来るのだが、幸運にもわたしが滞在していた週末に公演があったのだ。クシュタートでの公演がほかの公演とちがうのは、毎年、ほんの数人の親しい友人が一堂に会して、みんなで公演を観に行くことになっていたからだ。ノエル・カワードが亡くなってからまだいくらも日数は過ぎておらず、彼の姿がない外出をするのはこのときがはじめてだった。仲間に入れてもらえたのは本当に幸運だった。モナコのレーニエ王子、グレース王女、チャーリーとウーナのチャップリン夫妻、そしてもちろんコーリーとグラハムと並んでサーカスを見物したのだから。演技が終ると、地元の少女がセロファンで包まれた巨大な花束をチャップリンに贈呈した。チャーリー・チャップリンは高齢で弱々しく、花束を抱えているのがやっとという状態だったが、花の香りをかごうとするかのように鼻を花束に近づけた。すべての視線がチャーリーに注がれていた。それから、サーカスのテントにいたすべての観客が立ちあがり、歓声をあげた。

ヴァネッサ・レッドグレイヴ

ヴァネッサ・レッドグレイヴの自叙伝を出版しないかとケイプに打診があった。オークションではなかったのだが、同時に四人の出版人に打診していると言われた。ヴァネッサは舌を巻くほどの抜群の演技力と、美しさと、自明の知性を兼ねそなえているから、自叙伝出版の話は非常に魅力的だと思われた。いろいろな条件について意見がまとまり、どのような本になるのか楽しみでしかたがなかった。執筆の途中で成果をちょっと見せてほしいとたのむと、数カ月後にヴァネッサが八十枚の原稿を送ってきた。これは「幸運な出会い」と言えるできごとだった。

翌日、ヴァネッサの原稿をもってフランスのわが家へ向かった。水曜日のことで、その週末がイースターだった。うだるように蒸し暑かったので、サントロペに行こうということになった。サントロペは夏にはものすごい人出でごった返すが、イースターならホテルを予約していなくても何の問題もないだろうということで、レジーナとわたしはるんるん気分で出かけた。サントロペについたのはちょうどお昼を回った時刻で、ホテルをさがす時間は十分あった。というか、そう思いこんでいたのだ。まず四つの最高級ホテルに行ってみた。満室。もっと安いホテルも六軒あたってみた。こちらも全部満室。この時点で、朝食つき料金の民宿リストを手に入れた。一部屋も空いていない。あることがひらめいたのはそのときだった。以前、イギリスを代表する映画・舞台監督に数えられているトニー・リチャードソン（ヴァネッサの夫）に何度も会ったことがあったのだ。トニーは社交的で鷹揚な口ぶりで、「ぜひル・ガルド・フラネに泊まりに来てくれよ」と口癖のように言っていた。ひとつだけ問題があった。トニーとはもう十年も会っていなかったのだ。だが、きっと歓迎してくれるはずだと思ったし、われわれは窮地に立たされているのだから、電話をするのはまちがったことではない、と自分を納得させた。

だが、口で言うほどたやすいことではなかった。彼は電話帳に電話番号を載せておらず、サントロペでは彼の電話番号を知っている人は一人もいないようだった。わたしはレジーナに、ル・ガルド・フラネまで行けばきっと電話番号がわかるよ、と言った。気乗りがしていないのは言われなくてもわかったが、レジーナはしぶしぶわたしの提案に従った。レジーナは相手の迷惑もかえりみないで他人にたよるのが大嫌いなので、そんなことをするくらいならリュベロンのわが家へ帰るほうがずっといい、と思っていたのだ。ル・ガルド・フラネに着くとまっすぐ食料雑貨店に行った。すでに午後の七時だったが、まだ開いていたのだ。彼らは電話番号を知っていて、喜んで教えてくれた。やったぜ、という気分でその店を出た。

さあ、ここからが一番むずかしい。電話だ。運よくトニーが受話器を取ってくれ、たちどころにわたしの声を聞き分けてくれたのはうれしい驚きだった。状況を説明し、一晩だけ泊めてもらえないだろうか、とたずねた。もちろん夕食は外ですませていくから。「いっこうにかまわないよ」とトニーはきっぱりと言ってくれたうえに、われわれは心からの大歓迎を受け、夕食もうちで食べてくれ、と強くすすめられた。サントロペでヴァネッサの原稿を読むつもりだったのだが、虫の知らせにしたがって原稿は車のトランクに入れたままにしておくことにした。

ヴァネッサの娘のジョエリーはもちろん、トニーの友だちもいて、その夜はじつににぎやかだった。翌朝、みんなでイースターの朝食をともにした。それからレジーナとわたしはビーチで一日過ごし、そのままリュベロンに戻って、つぎの日にロンドンに帰った。オフィスに入ろうとしたとき電話が鳴った。ヴァネッサのエージェントがロサンゼルスからかけてきたのだ。こちらは朝だが、あちらは夜だ。「ヴァネッサの原稿をトニーといっしょにチェックするなんて、あんたはいったい何を考えてるんだ！」。思うに、ジョエリーが何の悪気もなくわれわれが泊まったことを母親に話し、激怒したヴァネッサがエージェントに電話をしたのだ。すぐにヴァネッサに電話をかけたが、何を言っても納得してもらうことはできなかっただろう。一週間後に彼女は冷静さを取り戻し、二人で顔を合わせたが、彼女はわたしが話したことの顚末をまだ信じてはいなかった。偶然の一致だと言われても、なかなか納得できなかったのだ。彼女の精神力を考慮すれば、契約を取り消す以外に解決策はなかった。だから、そうした。

リュベロンの家

フランスでの休日にレジーナとわたしはドライブしていた。滞在先はリュベロンのジョカ村を出てすぐのところにあるホテルで、村に切手を買いに行く途中である家の前を通りかかると、手書きで「売り家」という文字と電話番号が書いてある看板がかかっていた。フランスで家を買うなどということは考えたこともなかったが、その晩、純粋な好奇心からその番号に電話をかけてみたところ、売り値は五万フランだという。「つまり、五千ポンドということだよ」。わたしは興奮した口調でレジーナにそう言った。

「単なるお楽しみ」で、われわれは地元の不動産屋でほかにもどんな家が売りに出されているのか見てみることにした。こうしたいきさつで出会ったグウェンというアメリカ人女性のおすすめは、三百万フラン（三十万ポンド）の廃屋と、二百五十万フランのもう一軒の廃屋だった。ジョカ村の例の家のことを聞くと、あの家は村の中心部にあるし、ちゃんとした状態にするには一財産かかるでしょうね、などと笑いながら説明してくれた。われわれがあれこれ言って粘るので、二日目にグウェンはついに根負けし、井戸と、鳩小屋と、およそ一万二千平方メートルのブドウ園が完備し、廃屋になっている二十五万フランの田舎家を見せてくれた。だが問題があった。グウェンは九カ月間有効だと認めたが、すでに誰かに買付選択権があったのだ。この田舎家はラ・マジュールといい、レジーナもわたしもこの家に恋をしてしまった。そしてわれわれにも驚きだったのだが、この家を買いたいと思ったのだ。ただそれだけのことだった。わたしはグウェンに、あの家を買うかもしれない人物に連絡をとって、二十四時間で買うのか買わないのか決めてほしいと言ってもらえないか、と相談してみた。そして約束どおり二日後にグウェンに電話を入れた。相手は連絡してこなかったので契約をかわし、ラ・マジュールはわれわれのものになった。感激の一瞬だった。

改築には一年かかり、ようやく移り住むことができるようになった。寝室がふたつに、居間とキッチン、そしてブドウ園が見渡せる屋根つきテラスがあるだけの小さな田舎家だ。ル・グロ村の隣人には興行主のキャメロン・マッキントッシュもいて、彼はあのころ『レ・ミゼラブル』『オペラ座の怪人』『ミス・サイゴン』と立て続けにミュージカルを手がけていた。キャメロンがうちのテラスに立ってブドウ園の向こうを指さし、「あそこに例のフロッギー〔カエルのこと。フランス人をさす軽蔑語〕どもが住んでるんだ」と言ったことがあった。フロッギーというのは『レ・ミゼラブル』の作詞家アラン・ブーブリルと作曲家ミシェル・シェーンブルグの愛称で、キャメロンによると、この公演は信じられないほどの大成功をおさめたということだった。ある日のランチの席で、『レ・ミゼラブル』の脚本は誰が出版したんだい、とキャメロンに聞いたところ、誰も出版していないというので、ケイプに代ってわたしが契約した。

ラ・マジュールでの三年間はじつに楽しかった。グー村までは徒歩で三十分、村にはあの辺では最高のカフェが一軒あった。カフェの向かいには「農場経営者銀行」の支店があり、一週間に半日営業しているということだったので口座を作った。あとになってわかったのだが、この支店には現金の用意がまったくないので、たとえば五百ポンド引出したいときには三日前に注文しておかなければならなかった。そこでそのとおりにすると、現金の用意ができましたという電話があって、銀行へ出向くと、すでに農場経営者が十六人もいた。現金を扱う窓口へ行くと、十七番目の椅子でお待ちください、と言われた。二、三時間は待たなければならないかもしれず、ロンドンで稼いだ金を受け取るのにグー村でまたひと働きするのはかなわんと思って、そのまま帰ることにした。そうしたら、現金はアヴィニョンの銀行に返送されます、と言われた。

銀行の一件があったころには、レジーナもわたしも南フランスが大好きになっていた。わが家は夏の家としては完璧だったが、そのほかの季節を過ごすには向いていなかったので、ほかの家を探すことにした。思いがけない幸運に恵まれ、高だかとそびえるリュベロン山脈を見渡せる、一六〇四年に建てられたレ・ザスプレという狩猟用の山小屋が見つかった。しかもおよそ三十二万平方メートルの土地つきなのだ（今でもプロヴァンスではこんなにうまくことが運ぶことはめったにない）。レ・ザスプレは地上の楽園だった。ラ・マジュールはまだ売却していなかったが、レ・ザスプレを購入しないわけにはいかなかった。

家と広大な花畑のあいだには石敷きの広い中庭があり、樹木は二本のツゲの古木だけだった。

まず、石の丸い水盤を作って芝生のまん中に置いた。それから数本のヒマラヤ杉を植え、幅の広い白バラの花壇も作った。「氷山」という品種で、このバラは五月から十二月までほとんどつねに花をつけている。さらに家の南側の壁ぎわにフジを植えたのだが、このフジは不思議なことに一年に三回も咲く。家の正面は手を入れるには美しすぎたが、内部は改築して、天井がアーチ形になっているすばらしい部屋をふたつと、目を見張るようなキッチンを作った。最後に、庭と、その向こうの丘の斜面が見渡せる支柱つきのテラスを作った。

その半年前にラ・マジュールを売りに出したとき、ロンドンの文芸エージェントのエド・ヴィクターに、早くレ・ザスプレに引っ越したいと思っているんだ、という話をした。すると、自分の顧客で『銀河を目ざすヒッチハイカーのためのガイドブック』の著者ダグラス・アダムズがジュアン・レ・パンに住んでいるが、南フランスで家を買いたいと思っていて、物件を探しているという。「電話をかけてみろよ」とエドが言った。ダグラスがどのような人物なのかはほとんど知らなかったが、大金持ちだということは知っていた。しかし、彼がラ・マジュールに少しでも興味をもつとは思えなかった。二、三カ月後にまたエドに会ったとき、ラ・マジュールは売れたのかと聞かれたので、「いや、まだなんだ」と答え、レジーナと新しい家にかかりきりだったので動きがとれなかったことを説明した。すると、前回にも増して強い口調で、ぜひダグラス・アダムズに連絡してみろ、と言われた。そこで電話をかけた。それから二、三日後、ダグラスは妻を連れてはるばるラ・マジュールまでやって来て家を見て回り（ジュアン・レ・パンからだと二四〇キロくらいはあるから、「はるばるやって来た」というのは大げさな言いかたではない）、明日の朝、もう一度来る、と言われた。そしてもう一度見て回り、買いたい、と言った。早く契約を完了させたかったから、彼が申し出た価格についてとやかく言うつもりはなかったが、ダグラスにとっては申し分のない価格だった。

このときからちょっとした悪夢がはじまった。本を書いて莫大な金を稼いでいたダグラスがアドバイザーの大群を引き連れてきたのだ。まず、彼の事務弁護士（イギリスの弁護士とヨーロッパの弁護士の二人）とのやり取りがあった。それから金融アドバイザーがいて、さらに税務アドバイザーもいた。契約の履行は三度も先延ばしになり、わたしは二度とダグラスとは口をきかないと誓った。実際、数年間は口をきかなかったが、その後、ロンドンで開かれたあるパーティでたまたま顔を合わせたので、あのとき以来ずっと知りたいと思っていたことを聞いてみた。「ジョアン・レ・パンからはるばるやってきたときに、ラ・マジュール以外の家も見て回ったんですか？」。「いや、見ませんでしたよ」とダグラスは答えた。奇怪だとは思ったが、本当なのだろうと信じることにした。

南フランスにはわたしが長年にわたってその作品を出版してきた一人の作家が住んでいて、ずっと親友同士だった。トム・ワイズマンだ。びっくりするほど若いころ、彼はイブニング・スタンダード紙にショービジネスに関する記事を書くコラムニストで、デボラ・カーからマーロン・ブランドにいたるまで、数々のスターにインタビューしていた。彼のコラムはおなじみのおせじたらたらのたわごとではなく、自分が事実だと判断したことが書かれていた。歯に衣を着せない書きかたをするので恐れられてはいたが、彼のインタビューを受けるのは栄誉のしるしでもあった。

やがてトムはジャーナリズムとはきっぱり手を切ることに決め、グラス村を出てすぐのところに家を買って小説家になる決心をした。そして『専制君主』というハリウッドを舞台にした歴史小説を書いた。わたしはこの小説をまったく好きになれなかったので、いつもの流儀ではっきりそう言った。三年後に、前作とはまったくちがうものを書いたのでよかったら検討してくれないか、と言われた。新作に感激することはほとんどないだろうとは思ったが、もちろん読ませてもらうよ、と答えた。『クイック・アンド・デッド』という作品だ。うれしいことにじつにすばらしい作品だったので、契約を申し出た。つぎの作品は『ロマンティックなイギリス女性』で、この作品はジョゼフ・ロージー監督が映画化した。

大半の作家と同じように、トムも原稿を紛失してしまうかもしれないと思うと心配で心配でたまらなくなってしまう。あるときイギリスへ行くことになったので、新作の原稿をニースの銀行の金庫にあずけたことがあった。ところがその銀行に誰かが侵入し、金庫がこじ開けられたという記事が新聞に出て、彼はそれをロンドンで読んだ。泥棒たちは茶色の紙に包んであったトムの原稿だけは盗んでいかなかった。

トムと奥さんのマローには個人的にたいへん恩義を感じている。その理由をお話しよう。レジーナはずっとカンヌ映画祭で映画の宣伝販売の仕事をしていたのだが、ワイズマン夫妻はそのころから彼女と知り合いだった。そして、わたしが離婚したのと同じころに彼女の結婚生活も終ってしまったので、トムとマローはわれわれを引き合わせようと考え、ロンドンの二人のアパートでちょっとしたディナーパーティを開いた。レジーナは一目見るなりわたしを嫌いになり、わたしはといえば完全に彼女を無視した。そのときの話についてはここまでにしておく。ここからが異例のできごとなのだ。なんと五年後に（絶対に誇張ではない）、ワイズマン夫妻はもう一度われわれを引き合わせようとし、それが「効を奏した」からだ。

レ・ザスプレの改築には二年以上かかった。レジーナと近くのホテルに泊まりこんで作業を監督していたあいだに、三、四人の近所の住人とも顔見知りになった。文芸エージェントのアブナー・スタインにプロヴァンスの話をすると、友人でもあり顧客でもあるピーター・メイルがプロヴァンスについて本を書き上げたばかりだから、住所を調べてぜひ訪ねてみろ、と強くすすめられた。ピーターと奥さんのジェニーは大歓迎してくれ、ランチに招待してくれた。メイル夫妻とはたちまち仲良くなり、ピーターに近々ハミッシュ・ハミルトンから出版されることになっていた『南仏プロヴァンスの12か月』のプルーフコピーをもらった。とても気に入ったということを伝えるために数日後に電話をすると、ハミッシュ・ハミルトンはたった四千部しか印刷してくれないんだ、と言うので、わたしでもそれ以上の部数は作らないよ、と正直に答えた。この本はたちまち評判になったわけではなかったが、しだいに世の中に知られるようになり、何百万部も売れた。この本が出版されてしばらくしてからロンドンを発ってもよりのマルセイユへ飛んだとき、機中で数えたら、なんと七人もの乗客がピーターの本を読んでいた！

メイル夫妻とはますます親しくなり、レジーナもわたしも彼らのこじんまりとした幸せな家を訪問するのが大好きだった。あるときピーターの家で、三十年前に出会って親しくなったジュリアンとシーラのモア夫妻と再会した。ジュリアンは『優しいイルマ《イルマ・ラ・ドゥース》』をはじめとする大ヒットしたミュージカルの脚本家で、『優しいイルマ』がヒットしてから数年後にフランスに移住し、わが家から車で一時間ほどのヴィザンに住んでいたのだ。三十年ぶりのまったく思いがけない再会に、われわれは文字どおり大喜びで抱き合った〔『優しいイルマ』はフランスのアレクサンドル・ブレフォー作。ジュリアン・モアが英語版に翻訳した。このコメディーミュージカルはビリー・ワイルダー監督の映画『あなただけ今晩は』で一躍有名になった〕。

『南仏プロヴァンスの12か月』とその後のいくつかの作品は売れに売れたが、ピーターはしだいに幸せではなくなっていった。プロヴァンスに住んでいるイギリス人はとくにひどかったが、地元のフランス人からも羨望の目で見られていたからだ。ピーターは他人に干渉されない自由な私生活が送れないことに耐えられなくなっていった。想像していただきたい。たとえば、団体旅行者を乗せたバスがあなたの家の車寄せで停車し、降りてきた四十人の日本人全員がカメラを向けるのはもちろん、サインをもらおうとあなたの著書をにぎりしめているのだ。メイル夫妻はプロヴァンスを愛していたが、それでもついに引き払わないわけにはいかなくなってしまった。しかも、できるだけ遠くへ行かなければならない。彼らが選んだのは合衆国のロングアイランドだった。二人は美しい家を買い、新しい生活には望むものすべてがそろっているようだった。ただ、ロングアイランドはフランスではなかったし、プロヴァンスでもなかった。三年後、メイル夫妻は家を売ってプロヴァンスに帰ろうと決めた。そして、できるだけ静かにこっそり戻ってきた。

追伸のつもりでお話ししておこう。若かったとき、わたしが誰よりも敬服していた作家が、わが家の前の道のずっと先のルルマランに住んでいた。『転落』や『ペスト』の著者アルベール・カミュだ。彼はパリへ行く途中にわが家の近くで自動車事故を起こし、死んだ。車を運転していたのは彼の作品の出版人だったミシェル・ガリマールで、彼もこの事故で死んだ。

取引

良質な本を出版することが第一の関心事だった出版社として、ケイプの会計上の成果は驚くほど良好だった。一九八〇年には八十万ポンドという驚異的な収益があった。だが、それから財政が悪化しはじめた。ケイプは金を失いはじめ、十万ポンド、二十万ポンド、いやそれどころではない額の金を失っていった。グラハムが立案したことだったが、ケイプはボードリ・ヘッドとチャトー・アンド・ウィンダスを巻き込んだ小さな企業グループの出資を受けていた。この三社の図書目録はじつにすばらしいものだったので、さまざまな出版社と、とくにパンマクミランとペンギンとの吸収合併交渉でもわれわれは強い立場にあると思っていた。しかし、この二社との取引がお流れになってしまい、損失額は増えつづけた。一九八六年の秋には、グラハムとわたしは追加資本がなければケイプを維持できないと観念した。言わずもがなの資金源はボードリ・ヘッドの社長マックス・レインハートだ。ケイプにとって彼は最大の出資者だったし、富豪でもあった。だが、ケイプは破産すると考えたマックスは出資を拒否した。われわれが申し入れた貸付額は百万ポンドで、グラハムはあちこちの銀行と交渉して同額を調達した。あとは抵当を用意するだけだ。グラハムとわたしは半々でいくことで同意した。銀行側の言うことには、わたしの「全資産」は二十五万ポンドなので、差額分に対してグラハムがわたしの保証人になった。わたしが心配したのは、給料の総額よりはるかに高い利息のことだった。私的な収入はないにもかかわらず、グラハムはまったく心配していないようだった。これは恐ろしいことになったと思った。

われわれはいろいろなかたちの提携を試みつづけたが、いつも新しい障害にぶつかり、半年というもの、わたしは何度も眠れない夜を過ごした。解決の見通しはつかなかった。わたしはほとんど同席しなかったが、グラハムはシティの人間と面会するときも相変わらず楽天的な態度でのぞんでいた。一九八七年三月のある日、友人のボブ・ゴットリーブから電話があった。シ・ニューハウスがロンドンに行くが、ぜひとも話をしたいか、というのだ。

シ・ニューハウスはアメリカでは六番目の金持ちで、雑誌出版社のコンデ・ナスト出版、ヴァニティーフェア誌、ニューヨーカー誌などの他、数多くの新聞社とテレビ局の所有者で、有名なクノップフ出版をはじめとするアメリカのランダムハウス・グループの所有者でもある。グラハムにボブの話を伝えると、断固として反対だと言われた。ニューハウスはアメリカ人で、アメリカ人に所有されることには昔から偏見があったし、実際問題としてグラハムもわたしもケイプを売却することは考えていなかった。われわれの戦略はつねに自主独行を守るという決意にもとづくものだった。少なくとも会うだけは会うべきだと思うな、とわたしは言った。会わないなんて、どうかしているよ。われわれは絶望的な状況にあるんだ。失うものなんて何もないじゃないか。

ニューハウスはめちゃくちゃに頭が切れるという評判だし、しかも礼儀正しく、審美眼のある人物らしいよ。グラハムはやむなく賛成した。日時が決まり、二週間後にコンノートホテルで朝食をともにすることになった。その日はほかに予定は入れないでおくことにした。

朝食はニューハウスのスイートで食べたが、夕方の六時になっても話し合いは終らなかった。ニューハウスの副官ボブ・バーンスタインも同席していたが、話をしたのはニューハウスだった。ケイプの図書目録の内容について信じられないほどよく通じているようだったし、われわれの経営方針に非常に関心があるらしかった。ぜがひでもケイプを売却したいわけではないのです、と言うと、ランダムハウスとは完璧に「うまくいっている」という話をして反論し、わたしは最高の出版社にしか関心はありませんし、ケイプはあきらかに最高の出版社です、と言った。

グラハムとわたしは二回スイートを出て、一時間ばかりハイドパークを歩き回った。一回目は正午ごろで、二回目は午後のさかりの時刻だった。どちら側にとっても他人をまじえずに話し合う時間が不可欠であることはあきらかだったし、新鮮な空気が何よりもありがたかった。おおざっぱに言って、グラハムの態度は「時間のむだだと言っただろう」というものだった。わたしはと言えば、ニューハウスに興味があったし、好印象さえ抱いていた。やがて昼食になり、昼食後の話し合いの内容はさらにきびしいものになった。グラハムとわたしがそれぞれ四万ポンドの収入を得ていることを話すと、ニューハウスは小額すぎると言い、取引を成立させることができたら、ぜひとも二倍の金額を支払わせていただきたい、と言った。他社との契約について質問されたので、他社とは契約していないし、今後もするつもりはないと答えた。一方、ニューハウスは多くの重要な会社を傘下に置き、自分はスタッフひとりひとりの健全な保護者の役目を務めていると思っていた。そして、単にケイプと契約を結ぶだけではなく、長期契約を結びたいと考えていた。十年契約ではいかがでしょう。ここでわれわれはのるかそるかのピンチに立たされた。いきなり「金額は二千万ポンドです。貴社の負債もふくめて（負債は四百万ポンドに達していた）」と気楽な口調で切り出されたのだ。突然すぎる提示だった。

すでに午後の四時で、もう一度公園に行かなければならないのはあきらかだった。わたしにはわかっていたし、グラハムにもわかっていた。提示された金額はケイプの資産価値の二倍以上だ。「で、どうするんだ？」とたずねた。グラハムは冷静で無関心だった。ニューハウスが何を提示したか考えてみろ、懐疑的だったぼくのほうが一〇〇パーセント正しかったことが立証されたじゃないか、と言わんばかりだった。何と言ったのかは忘れたが、なんとかグラハムを説得して同意させた。少なくとも心のすみでは、彼も取引に応じたいと思っていたにちがいなかった。そんなわけで、あの一日の終りに思いがけないことが起きたのだった。取引は成立した。成立した以上、可能なかぎり早急に（三週間以内に）契約を結ばなければならなかった。いろいろなうわさが立つと悪影響が出るからだ。この取引はマックス・レインハートが工作したものとはちがっていたから、激怒するのはわかっていたが、相談するような悠長なことはしなかった。レインハートにわれわれが死ぬほど必要としていた金額の出資を拒否されたために、結果としてグラハムとわたしでケイプの五〇パーセント以上を押さえたことになった。別の言い方をすれば、ケイプはわれわれの指揮下にあることになる。

ベドフォード・スクウェア30番地でグラハム・C・グリーンと

ここから悲しい話になる。取引が成立してから二週間後にお祝いのディナーがあり、両社のトップが出席した。その直後にニューハウスが、もっと正確に言えばボブ・バーンスタインがグラハムに、今までどおりケイプに在籍なさるのは歓迎しますが、サイモン・マスター（当時、彼はパンマクミランの人間だった）が責任者になります、と告げたのだ。グラハムはショックを受けた。そして二、三週間出社せず、そのまま辞任した。金銭的な補償は満額受け取ったが、彼にとってそんなものはまったく意味がなかった。グラハムの味方としてわたしもやりきれなかったが、同時に怒り心頭に発した。グラハムに十年契約を申し出て、あなたがた二人はケイプにとって非常に重要な存在ですから、今までどおり経営に当たってください、と言ったまさにあのとき、ニューハウスはすでにサイモン・マスターを指名する計画を周到に練り上げていたにちがいない、と確信したからだ（今でもまちがいないと思っている）。首尾よくケイプを買収したあかつきにはという条件のもとに、前もってマスターに責任者になってもらうと声をかけておいた、ということだって考えられる。グラハムの処遇に関するニューハウスの手口には嫌悪感を抱いたので、ことあるごとにことの経緯を話してきた。後継者を引っ張ってくる腹づもりでいながら、給料を二倍にすると言い、十年契約を提示するようなやりかたは非難されて当然だろう。シティのやりかたに精通している友人たちに言わせると、わたしは世間知らずで、ニューハウスがやったことは通常の商習慣の範囲を越えていないと考えるべきなのだそうだ。

あの買物でニューハウスがどれほどの喜びを味わったのかは知りようがない。あれから十年後に、彼がアメリカのランダムハウス・グループもろとも、イギリスの保有財産を世界で二番目に大きな出版グループであるドイツのベルテレスマンに売り飛ばしたときほどうれしくなかったのははっきりしている。ニューハウスはわれわれが十分な金を稼いでいないと思ったのだろうか。あるいは単に飽きただけなのかもしれない。いずれにしても、わたしに言わせればベルテルスマンへの売却は裏切り行為そのものだ。

二人の画家

デイヴィッド・ホックニー

たくさんの美術書を出版したいと思っていたが、イギリスではこの分野はテムズ・アンド・ハドソン社とフェイドン・プレス社にほぼ独占されていたので、ほんの数冊しか出版しなかった。それでも、今でも自慢の種にしている作品集が二冊ある。そのうちの一冊が、若いころの、当時はまったく無名のアーティストだったデイヴィッド・ホックニーの作品集だ。彼のエージェントでディーラーのカスミンが五〇年代なかばからの友人だったから、たぶんカスミンが催した展覧会でホックニーの作品に出会ったのだろう。一九五八年のことだ。あのときはデッサンだけが展示されていたのだが、すっかり感心してしまい、二枚の複製画だけでなく、線画の作品も一枚買ってしまった。線画の値段がすごく高い気がして、買おうか買うまいかためらった記憶がある。八ポンドもしたのだ。今では二万五千ポンドは下らないだろう。

わたしはカスミンに、なんとなくマティスを思わせる線画だね、と言った。大変すばらしい作品なのでぜひ出版したかった。言うまでもないが、まったく無名のアーティストの作品を出版するのは冒険だ。だが、スマートな判型にすることにし、あっさりと『七十二のスケッチ』という書名にした。ささやかなこの作品集がよく売れるとは思ってもいなかったし、実際に出足はゆっくりだったが、二、三年で十万部近く売れた。デイヴィッドは大喜びだったし、この作品集を出版したおかげで彼のこともいくらかわかってきた。ヨークシャー流のユーモアの持ち主として有名で、待ってましたとばかりにくそまじめな人間をからかったり、自分自身のことももの笑いのタネにするのだ。同時に、どんなときでも芸術について真剣に語り、まったくうぬぼれたところがない。

カスミンがドルドーニュに家をもっていたときのことだ。泊りがけで来るように、と招待されたので出かけて行くと、デイヴィッドと、ドレスデザイナーのオシー・クラークも招待されていた。毎朝カス（カスミンの呼び名）は地元の市場へ行き、買ってきたナスと、ピーマンと、巨大なトマトをデイヴィッドの目の前に並べた。彼のスケッチには大変な価値があるのがよくわかっていたからだ。ドルドーニュではよくあることなのだが、雨の日が続き、止む気配もなかった。四日目にデイヴィッドが車で出かけて行って、二時間ばかりして電話をかけてきた。もう少し南ではさんさんと太陽が輝いているから、みんなこっちにおいでよ、という電話だった。

ルシアン・フロイド

もう一人のアーティストはルシアン・フロイドだ。わたしが見出したアーティストは大勢いるが、彼は誰ともまったく共通点がなかった。存命しているイギリスのアーティストの中では彼がもっとも偉大な人物だということについて、否定する人はほとんどいないだろう。たしかに彼の作品は非常に高額だ。ケイプで出版したのは彼の「きわめつき」の作品集で、全三百六十ページがカラー印刷の、判型も並はずれて大きな本だった。デザインも美しく、製本も美しかった。ケイプではよくあることだったが、この作品集の場合も出版にこぎつけるまでさんざん遠回りする事態になった。ちょうどそのころ、ケイプの絵本部門の責任者マーク・ホルボーンに相談して、美術ジャーナリストのブルース・バーナードにフロイドをはじめとするソーホー派に関する本を書いてもらうことになっていた。一年たってもブルースはほとんど一行も書けないありさまだったが、彼はフロイドの親友なので（そのときフロイドはたまたまブルースの肖像画を描いていた）、わたしはマークに、ブルースときみとわたしの三人で決定版を出版したいというこちらの意向をフロイドに打診してみるというのはどうだろう、と提案した。ブルース経由でこのことを伝えてもらったのは、フロイドは気むずかしいといってもいいくらい疑り深い人物だという評判だったからだ。その結果、美術専門の出版社ではなく、総合出版社から作品集を出版するというのはなかなかいいアイディアだ、とフロイドが言ったことがわかった。しかも、美しい美術書を作るには非常に金がかかることをよく知っていて、契約について話し合いをする際にはこの点を考慮するように、と弁護士に指示まで出してくれた。

出版までの過程でフロイドのことがよくわかったとは言えない。何よりもやりがいを感じたのは、絵画の選定と色校正の作業だった。絵画の選定はデザイナーのデレク・バードセルのアトリエで三回に分けて行った。マークとわたしは毎回いっしょに行ったが、フロイドはいつも先に来ていて、われわれを待っていた。先に来ているのがわかるのは、アトリエのすぐ前の歩道にきまって彼のベントレーが違法駐車してあったからだ。初回の日、フロイドは専門家の目を増やすために友人のフランク・アウアーバッハを連れてきた。絵画が並べてある長いテーブルの回りをフロイドが移動し、そっと獲物を追っているかのように絵画に視線を投げかけているのを、わたしはうっとりと見守った。大切なのは絵画の配列と組み合わせだった。あの日、わたしは一言もしゃべらなかった。二回目のときには勇を鼓《こ》して役に立ちそうな意見を述べた。一度、あるいはたぶん二度、わたしが言ったことにフロイドが賛成してくれたときには、途方もない賞賛の言葉を聞いたような気がした。

ときどき休憩を入れていたのだが、あるとき、フロイドがまったく何気ない口調で、オブザーバー紙に美術評論を書いているウィリアム・フィーヴァーに一連のインタビューを受け、そのときの録音テープをもらった、と言ったことがあった。話題は広範囲におよび、しかもざっくばらんなインタビューらしく、フロイドは自分のことを話したがらないことで有名だったから、びっくりしてしまった。すぐにマークにこの話を伝えた。そのようなインタビュー集なら、まちがいなく並はずれておもしろい本になるはずだと思ったからだ。

フロイドは完成したインタビュー集の原稿を読み、案の定、出版に反対した。それでもマークは「ないしょ」で原稿を読ませてもらえないかとたのみこんだが、断られた。デレクのアトリエで作品集の出版を祝うパーティが開かれ、関係者が集まったが、一人だけ欠席した人物がいた。ルシアン・フロイドだった〔ルシアンは精神分析で有名なジグムント・フロイトの孫。一九三三年にイギリスに移住した〕。

写真家たち

アンリ・カルティエ＝ブレッソン

最初に出版した写真集はアンリ・カルティエ＝ブレッソンの写真集だった。悪くない滑り出しだった。当時は大勢の人が彼をもっとも偉大な写真家と見なしていたと思う。彼は極端に人との交際を好まず、自分が写真に撮られないためにありとあらゆる手をつくす。こうした気質と、わたしが写真集を出版したこととは何の関係もない。しかし、読者はびっくりされるだろうが、アンリはわたしの写真を何枚か撮ったことがあるのだ。わたしが二十歳のときで、写真は今も手元にある。まったく偶然のできごとだった。当時、わたしにはマーサ・クルーというガールフレンドがいて、アンリは彼女がたいへん気に入っていた。そして、わたしがたまたまノッティングヒルゲイトの彼女の家に立ち寄ったとき、彼がそこにいて、驚いたことにカメラを取り出したというわけだ。誰に話しても、彼がそんなことをするなんて信じられない、と言われる。数十年後に息子のベンが二十一歳になって誕生日を祝うことになったときに、先妻のフェイがアンリに、あなたが四十年前に撮ったわたしの夫の写真を買わせていただけないでしょうか、と問い合わせた。とても信じられなかったが、彼はネガを見つけ出し、ベンの手元には彼のサイン入りの二十歳のときのわたしの写真がある。思うに、彼のフィルム保管所はみごとなまでに整理されているにちがいない。今まで観察してきて気づいたのだが、こうした几帳面さは写真家に特有なことらしい。

カルティエ＝ブレッソンにまつわることで心に深く刻み込まれているのは、何年も前のできごとだ。一人でパリのカフェに行ってカフェオレを飲んでいたとき、近くのテーブルにカルティエ＝ブレッソンと若いレディがいることに気づいた。テーブルの上には何気なくカメラが置いてある。そこで、そばへ行って「ハロー」と声をかけた。彼は無視した。名乗っても知らん顔をしている。マーサの名前を出しても効き目がない。反応することを完璧に拒否したのだ。こんなかたちで「わたしにはあなたが誰なのかわかりません」という態度を示されたら、誰だってひどい気分になる。人まちがいをしてしまったのだろうか、多分そうなのだろう、とまで思った。しかし、今でもあのテーブルにいたのは彼にまちがいないと思っている。アンリは奥さんと農家を改装した家に住んでいた。リュベロンのわが家から三十二キロほどの距離だ。ある日、電話をかけたら、マルティーヌが出たのでほっとした。彼女はわたしが誰なのかちゃんと知っていて（そのときにはすでに、わたしはアンリの写真集を出版していた）、娘のハンナとわたしをランチに招待してくれた。思いがけない、そして気のおけない楽しいひとときだった。アンリはびっくりするほど愛想がよかった。もちろんわたしはパリでばったり出会ったときのことはおくびにも出さなかった！　彼は、水彩画のほうが好みに合っているので写真はやめたんだ、と言い、新たにやりはじめたことにとても興奮していた。

ドン・マッカリン

アンリに比べると、イギリスを代表する戦場写真家ドン・マッカリンとはもっとすっきりした関係にある。自叙伝を出版したのだが、この本は彼の人生と仕事のすばらしい報告書になった。ドンは戦争の（おもにヴェトナム戦争の）悲惨さをあますところなく伝える、重要な、美しいとさえいえる写真を撮っている。一九八九年にはドーセットにある自宅周辺の田舎の風景を撮影した『オープン・スカイズ』という写真集を出版した。対極にあるものを被写体にしたわけだが、この写真集にも戦争写真と同じ力がこもっている。

ドンはよくロンドンに出て来るが、レジーナとディナーに招待したときのことだ。その夜は記憶すべき夜になった。ドンが現れたのは約束の時刻を少し回ったときで、なんと片腕をつり包帯で支え、傷だらけの顔をしていた。そしてやたらと言い訳をし、こちらがしつこくたずねたわけでもないのに、けがをした理由を話しはじめた。ドンの話によると、どうやらファッション写真家のテリー・オニール（ドンの仲の良い友人）が彼のガールフレンドを連れ出したらしいのだ。怒り心頭に発したドンは決着をつけるべくテリーの家に出向いた。オニールは外出していて、何時に帰ってくるかわかりません、とメイドに言われたドンはソファに座り込んでテコでも動かず、どんなに時間がかかろうがオニールが帰るまで待つと宣言した。そしてテリーが帰宅したとたん、激しく攻撃して、それから夕食をともにするためにわが家へやってきたのだった。オニールのほうがぼくよりずっとひどい状態だからご心配なく、とドンは言った。

デイヴィッド・ダグラス＝ダンカン

もう一人の偉大な戦場写真家であるデイヴィッド・ダグラス＝ダンカンはもともとライフ誌の専属写真家だったが、南フランスに住むことに決めてカステララスというところに家を買い、レジーナが奥さんのシーラと知り合いになった。さらに彼は近くに住んでいたピカソとも出会い、しだいに親しくなっていって、友情の成果として多くのピカソがらみの写真集が生まれた。『ピカソの女たち』『詩人ピカソ』『さよならピカソ』などだ。彼はこうした写真集から抜粋した写真をフランクフルト・ブックフェアに持ち込み、何度か見せてもらったのだが、二、三の理由があって出版するのは辞退した。彼はつねに思慮深く、礼儀正しかった。

ジャック・アンリ・ラルティーグ

南フランスにあるダンカンの家の近くには、レジーナが親しくしている女友だちがもう一人住んでいる。あるとき彼女の家で開かれたランチパーティに招待され、そこで昔から大好きだった写真家に出会った。ラルティーグだ。すべての写真家の中でもっとも偉大だと言うつもりはないが（もちろん屈指の写真家であることはまちがいない）、わたしは彼の写真が一番好きだ。とても動きがあり、とても率直で、喜びにあふれている。彼はとりわけ子どもを撮るのが大好きで、この点についてはたぐいまれな才能にめぐまれていた。いつか会いたいと思い続けてきたのだが、望みがかなったときには彼はゆうに八十歳を越えていた。あこがれの人物が目の前にいることに文字通り圧倒されてしまった。話のついでに、最近、油絵をはじめたので明日にでも見に来なさい、とさそわれた。もちろん、うかがいます、と答えた。ラルティーグの家に行くと、ずいぶん年下の奥さんが屋根裏部屋へ行ってレジーナとわたしのために絵をおろしてきてくれたのだが、残念なことにすごくへたくそな絵ばかりだった。しかし、ラルティーグには楽しくてしかたがないことだったのだから、嘆いてもしようがない。

リチャード・アヴェドン

最後にご紹介するのも偉大な写真家だが、ちょっとちがう分野で偉大な人物、つまりリチャード・アヴェドンだ。彼とはさまざまなことを盛り込んだ契約を結んだが、そのような契約になったのは、彼の手元には出版されるのを待っている膨大な枚数の写真があったからだ。もうひとつ、彼のエージェントがたまたまアンドリュー・ワイリーだったからでもある。複数の写真集はケイプを版元として出版し、取得作品〔出版社が契約書で出版する意思を表明した作品〕の扱いについてはマーク・ホルボーンが責任者になった。おそらくアヴェドンの作品でもっとも有名なのはファッション写真だろう。その他の作品も、とくに肖像写真は重要な作品だ。一冊目の出版にあたってナショナル・ポートレイト・ギャラリーで展覧会を開催することにし、オープニングパーティを開くことにした。同時に、ごく内輪に十数人だけを招いて、飲みものだけのパーティも開いたのだが、招待客の中にダイアナ妃がいた。たまたまわたしの義母のリンダがロンドンに来ていたので、このパーティに連れて行った。リンダはロシア生まれで英語があまり話せないのだが、ダイアナ妃と視線をかわし、右手を広げて円を描いてみせることで彼女を歓迎した。ダイアナ妃はまったく同じジェスチャーを返しながらあの不思議な微笑を浮かべた。あの瞬間をリンダは決して忘れないだろう。じつを言えば、わたしも絶対に忘れるつもりはない。

料理の本

マドハール・ジャフリー

昔から食べものは大事だと思っていた。母は料理の本はまったく参考にしていなかったが、大変な料理上手だった。先妻のフェイは料理が大好きで名前のとおったレストラン評論家になり、二度目の妻もじつに料理がうまい。こんなことを言うと、豪華な料理のリストを作り上げたのだろう、と思う人がいるかもしれない。そのようなリストは存在しないが、えり抜きの料理の本を何冊か出版して格別の楽しみを味わった。

そのうちの一冊は、そしてこの本だけだったのだが、ある意味では人材発掘だった。女優のマドハール・ジャフリーの『インド料理に挑戦』だ。彼女は『インドのシェイクスピア』に出演し、それから最初の本を書いた。その後すぐに、二冊目の『インドの野菜料理』が登場する。ふつうは、作ってみたいと思うレシピが一冊の料理本に二つ三つあれば運がいいほうなのだが、マドハール・ジャフリーの本にはそうしたレシピがたくさんあり、しかも書きかたがすばらしい。

マドハール・ジャフリーの本を出版した者としてささやかな役割を演じたことには誇りを感じているが、本当の立役者はクノッフの料理本の編集者ジュディス・ジョーンズだった。というのも、マドハール・ジャフリーに注目したのは彼女のおかげだったからだ。『ジュリア・チャイルドのキッチンから』を出版することになったのも彼女のおかげだった。ジュリア・チャイルドはアメリカではたいへんな有名人で、彼女の料理本はベストセラーになっていたが、これは彼女がしょっちゅうテレビに出演していたためでもある。ところが、イギリスでは恥ずかしいくらいの部数しか売れなかった。ジュリアは料理本の古典に数えられているシモーヌ・ベックの『フランス料理の達人になるために』の共著者でもある。残念ながらわれわれはこの本を出版しなかった。

ビートン夫人の料理本

だが、ヴィクトリア時代の偉大な古典『ビートン夫人の家政読本』は出版した。しかし、この本の出版には異例ともいうべきいきさつがあった。ウェールズへ行く途中でロス＝オン＝ワイという町に立ち寄ったときのことだ。その日は市が立つ日で、本や雑誌の露店で『ビートン夫人の家政読本』の大昔の版を見つけて二十ペンスで買った。ブラックマウンテンズのコテージでパラパラめくってみると、昔の料理法がたくさん載っていたが、並外れた料理法だった。たとえば、いろいろな材料の分量について書いてあるところを見ると、二キロくらいの豚肉ではなく、丸ごと一頭のブタを買う、と書いてあるのだ。さらに、ブーツのつや出しペーストのような、食べものではないものの作り方も書いてあった。使用人の扱いについてもこまごまと書かれていて、「女主人は一家の司令官なのです」という計り知れないほど貴重な情報もあった。ちょっとした社会史としてとてもおもしろい。表紙をひっくり返してみると二版だった。ふと、初版を復刻したらベストセラーになるかもしれない、と思った。

オフィスへ戻ってからこの本の初版を探しているという新聞広告を出し、わたしが買った五百倍の金額でようやく初版を手に入れた。『ビートン夫人の家政読本』は今も変らずイギリスのもっとも有名な料理本だ。すでに著作権は完全に切れているはずだと確信していたが、はっきりさせるためにケイプの弁護士マイケル・ルビンシュタインに本を送ると、原本を復刻しても大丈夫だという返事があった。当然のことながら、正真正銘の復刻版を作ることにした。千ページを超える大冊だが、ページ数が多いことは問題ではなかった。ベストセラーになると確信していたからだ。やっかいだったのはカラーの印刷版を再現する方法を見つけることだけだったが、これもなんとか解決した。

発売日が近づいてくるにつれて罪悪感にさいなまれるようになった。われわれが出版しようとしているのはけたはずれに有名で、初版から百年以上たった今でも別の出版社が重版している本なのだ。そこで、最初からこの本を出版してきたウォード・ロック社に手紙を書き、心ばかりの印税（二・五パーセント）をお支払いしたい旨を申し出た。憤慨した社長は出版計画を放棄しろと迫る返事をよこし、わたしは即刻、大喜びで申し出を撤回した。

『ビートン夫人の家政読本』が発売されると取材が殺到した。二版に目を通したときのわたしのように、初版を見たことがなかった評論家たちはこの本にすっかり夢中になった。売上部数は上製本で十万部近くまで伸び、同じ体裁のペーパーバック版は二十万部を超えた。著者に印税を支払う必要がないことを考えれば、この企画はとてつもなく利益があがる投機的事業になったわけだ。わたしはこの本をフランクフルト・ブックフェアに持って行った。最初にばったり出会ったのがファーラー・ストラウス社のロジャー・ストラウスだったので、「かわいいおでぶちゃんの本」を見せるとたちまち魅了され、その場でアメリカの版権を買い取った。この本は本質的にきわめてイギリス的なのだが、驚くべきことにアメリカでもベストセラーになった。

パメラ・ハーレフ

『ハーレフ家のごちそう』を出版したのは、著者の人間的な魅力にひかれたからだと思う。パメラ・ハーレフはヴォーグ誌の食べ物に関するライターで、社交界の名士としても知られ、ハーレフテレビ局のハーレフ卿の妻でもあった。書名から予想がつくだろうが、この本に掲載されているのはかなり手の込んだレシピだ。いろいろなレシピをまとめて構成が決まったとき、パムがお祝いに小人数のディナーパーティを開いた。出席者はたったの六人。ハロルド・マクミラン、マーガレット王女、ヴォーグ誌の男性社員、ハーレフ夫妻、そしてわたしという顔ぶれだ。マクミランとマーガレット王女とは初対面だったので、当然ながらこの二人に興味があった。

ディナーがはじまる前にみんなで立ったまま飲み物を飲んでいたとき、マーガレット王女が巨大なソファに腰をおろした。不意に全員が姿を消したようで、わたしも消えるか、それともマーガレット王女と並んでソファに腰をおろすかどうか決めなければならなくなった。ソファを選ぶと、あなたはどんなお仕事をなさっているのですか、と聞かれたから、出版人です、と答えた。王女は、「そうですの。でも、本って、とっても高価ですわね」と言った。会話はしばらく続き、わたしは王女にどの本を贈ろうかと考えていた。翌日、オフィスで『フランス軍中尉の女』を贈ることにした。すると五ページもの手書きの礼状が届いた。マーガレット王女はこの本を深く理解し、しかも本当にうれしい贈り物だと思ってくれた。

ディナーの席では、話の内容というより、表情が変らないマクミランの顔に見とれてしまった。まるでポーカーをやっているときの顔なのだ。そつがなく、なんとしても手の内を明かすまいと苦労しているので、イギリス首相のような人とポーカーをやったらわりと楽に勝てるだろうと思った。食事中のマーガレット王女のふるまいは異常だった。言いたいことがあると、かならずといってもいいほどヴォーグの男性に話しかけるのだ。彼は王女のために招待されたのだろう。あの晩、王女がもっぱら話題にしたのはトニー・スノードンのことだった。すでに二人の仲はうまくいっていないという話は聞いていたが、王女がどの程度スノードン卿を嫌っているのかはわからなかったし、初対面の人間に彼のことをえんえんと話すほど嫌っているのかどうかはさらに謎だった。夫として、一人の男として、さらに父親としての彼を王女は口汚くののしっていたが、あれほど的を射た言葉はわたしには思いつかない。

人生最大の危機

ケイプで過した四十年のあいだに、仕事が危機にさらされたことは二度あった。すでにお話したように、最初の危機は一九六一年のことで、二度目は二十五年後の一九八八年の夏だった。その年の春に、わたしはひたすら気分が落ち込んでいく状態におちいった。臨床的抑鬱といわれる症状で、いきなりそういう症状に襲われてしまったのだ。理由は誰にもわからなかった。三カ月くらい仕事を休んだらどうです、と医者に言われた。われわれがイギリスを発つと、すぐに新しい常務取締役が指名された。その時点ではわたしはまだ会長だったし、会長になってからすでに二十年くらいたっていた。新しい男はビング・テイラーといい、彼を引っ張ってきたのはサイモン・マスターだった。わたしがフランスで休暇をとるためにロンドンを発ったとき、ビングはまだケイプの仕事をはじめていなかったが、出かける前に彼と会い、「絶対にわたしのオフィスに移ってこないでほしい」と要請した。こういうことを言ったのは、まず自分のことを考えたからではなく、わたしは一時的にケイプを離れるだけなのだと同僚たちに伝え、安心してもらいたいたかったからだった。あなたのオフィスを使うなどということは「夢にも考えていません」、とビングは答えた。だが、わたしがフランスへ行くと、彼はさっさとわたしのオフィスに腰をすえた。このときは何も言わないでおくことにした。

七月中旬になり、気分はまだすぐれなかったが、将来のことを話し合うときがきたと思い、サイモン・マスターと連絡をとった。サイモンはビングがケイプを切り盛りし、編集会議をはじめとする重要な会議はすべて彼が議長をつとめることになっている、と知らせてきた。編集会議はわたしが何よりも大切にしてきた領域だ。サイモンからきた長い手紙は今も手元にある。ケイプの勝利はまさにあなたの非凡な才能のあらわれです、と彼は書いてきた（彼はまちがいなく「非凡な才能」という言葉を使っている）。しかし、このことはある種のアキレス腱でもあります。あなたにはぜひともケイプに戻ってきていただきたいと思っておりますし、あなたの同僚はもちろん、著者たちも同じ気持ちでおります。この文面にはらわたが煮えくりかえった。知るかぎりでは、わたしがケイプに「戻る」ことは自明の理だったからだ。手紙に書かれていたことに逐一答えるかたちで返信を書いた。帰国する予定日の三週間くらい前だったが、すでに生まれ変わった気分になっていたので、サイモンに電話をかけた。そして、ビングがわたしのオフィスを使っているということだが、彼がわたしのオフィスから出ないかぎり戻るつもりはない、と伝えた。さらに、わたしがケイプに戻るとすれば、ビングの役割も含めて、その他のことはそのときに話し合えばいいと思っている、ということも伝えた。びっくり仰天したことに、ケイプに復帰すると、ビングの姿は影もかたちもなかった。

休暇をとっていたあいだにすばらしい手紙をたくさんもらった。年月とともにどこかへいってしまったものもあるが、残っている手紙のうちでとくにすばらしいものを二、三ご紹介したいと思う。虚栄心からではなく、あのときの体調とともに、わたしの人生の一部になった手紙だからだ。わたしがその作品を出版した著者たちから気づかいに満ちた言葉をもらったことはまことに光栄だったし、自慢したくなる気持ちにさえなった。誰よりも惜しみなく時間を使ってくれたのはロアルド・ダールだった。すでにお話したように、届いたのは九ページもある手書きの手紙だった。きっと丸々一日かけて、いや、それどころか二日がかりで書いてくれたのだろう。少し長くなるが、とてもすばらしい手紙なのでご紹介しよう。近況報告というより、わたしを楽しませることを主眼に書かれた手紙だということがおわかりいただけると思う。ロアルドの手紙には深い深い心づかいを感じた。

一九八八年八月十一日

ジプシー・ハウスにて

親愛なるトム

二時間前にきみの手紙が届いて、すごくうれしかったよ。これからすごく長い手紙を書いて、きみが興味をもちそうなニュースを残らず伝えることにしよう。

リシーもぼくも元気にしている。七人いる子どもたちのうちの五人が、目下アメリカのフロリダと、カリフォルニアと、ボストンと、マーサのブドウ園などにいて、今ここにいるのはテオと、リシーの子どものローナだけなので、毎日わりと静かに過ごしている。六週間前に愛すべきわれらが植木屋が脳卒中で急死したので、みっともないことにならないように二人で庭仕事をしている。昨日の午後、ぼくがキイチゴの森にもぐりこんで古い茎を間引いていると、突然すぐ近くでアメリカ人の声がした。「ハロー、ダールさん。ぼく、ニュージャージーから来たんです。あなたに会いにきたんですよ」。キイチゴの茎のあいだからのぞいてみると、感じのいい顔をした金髪の若者が恥ずかしそうに笑っていた。普段だったら礼儀正しく玄関に案内するんだが、昨日はキイチゴと格闘しながら小一時間ばかり彼と話をした。まずいことにわが家は巡礼の聖地になりかけている。一昨日も、お昼に一人でハムとレタスを食べていたとき（リシーはロンドンに行っていた）、窓の向こうに三人の人影が見えた。二人の女性とティーンエイジャーが路地を行ったり来たりしているんだ。いつまでもうろうろしているんで、出て行って、道にまよったんですか、と聞くと、「いいえ、そうじゃないんです！　わたしたち、オランダから来ました。あなたのお家を見にきたんです」と言うんだ。それからカメラが現れ、わたしに向けられた。毎日、何組もの親子連れが車であの路地を上がってきて、てっぺんの駐車場で車をおりてじろじろこっちを見ている。喜ぶべきことなんだろうし、相手かまわずぷりぷりしないように努力はしているんだが、ときどきいささかうんざりする。ケイプのことをどう思うかっていうんだね？　五週間くらい前にマーレイに、ケイプには話を聞いてくれる人間はもう一人もいないと言ってくれ、とことづけた。ビング・テイラーから自分が役職についたことを知らせる簡単な手紙がきたこと以外、ぼくには誰も何も言わない。つまるところ、新しい本(『こわいい動物』)のことで話し合いをすべきなんだ。あの本は子ども向けにするべきか、それとも大人向きか、ということをね。どうなったかというと、マーレイとジーナもまじえて、マーレイ経由で一連のメッセージがとどいた。リシーとぼくだけでなく、マーレイとジーナもまじえて、コンノートホテルでサイモン・マスターとビングと夕食をともにいたしましょう、というわけだ。ようやく日取りが決まって、ぼくらは夕食に出かけた。サイモンにはあのときはじめて会った。ビングについては、あのなつかしき「良書ガイドの時代」のことしか知らないが、好きだった。じつをいえば、彼がまだ駆け出しのころ、アラン・ブルックとかケイ・ウェッブといったいろいろな出版人のところへ連れて行って、紹介してあげたことがあるんだ。というわけで、みんなでディナーを食べて、彼らはご満悦だった。「ところで」とぼくは言った。「作品について、これからは誰と話をすればいいんですかね」。サイモンがビングを指さし、ビングが「わたしとです」と言った。そこでこう言った。「わかった、しかし、前もってそう言っておいてくれてもよさそうなものを」。

あのとき以来、彼らと話をしたいとは思っていないから、きみが帰ってくることがどうしてこんなにうれしいのかわかってくれるだろう。彼らはすこぶるつきの「気さくな」人間じゃない。サイモンは算数と表向きの方針のことで頭がいっぱいだし、ビングは、そもそも出版とはなんぞや、ということを勉強している真っ最中だとぼくはにらんでいる。誤解しないでほしいんだが、二人ともいいやつではあるんだ。しかし、きらめくような光は発していないし、ほとんど熱意が感じられない。そんなわけで、きみが出かけてからずっと、リズ・アッテンボローがぼくの助言者と電話の話し相手役を引き受けてくれている。彼女はいい子だ。おしゃべりだし、よく笑うし、じつに有能だ。気に入っているよ。しかも、彼女は自分から音頭をとって、販売促進と宣伝の両方をかねた非常に効率的な部署を少しずつ作り上げた。おもにリズが仕掛け人なんだが、招待されたので、来年の三月から四月にかけてリズとオーストラリアへ行くことにした。表向きはアデレードの芸術フェスティヴァルの開会式に出席するためだが、もちろん、おもにシドニーと、アデレードと、パースでペンギン・パフィンの仕事もすることになっている。日程をつめずにできるだけのんびり旅をして、たぶんロスへ回り、シンガポール経由で帰ることになると思う。ぼくはこの九月で七十二歳になるんだ。たちまちくたびれてしまう。時代の変化は大嫌いだが、オーストラリアには大いに好感をもっているから、ちょっと仕返ししてやりたくてね。そういえば、オーストラリアの学校はイギリスとはちがって六月、七月、八月が休みじゃないんだ。だから、この三カ月のあいだにくるファンレターには、全部オーストラリアの消印が押してある。でも、ぼくの秘書はちょうど休暇をとっていて、もう三週間になる。だから、オーストラリアからの手紙は、大部分は子どもたちが学校で書いたものなんだが、とてつもない山になった。大きな紙袋に千五百通くらいある。先週、リシーが秘書の部屋においてある洗濯物を入れるバスケットみたいな巨大なカゴにすべての手紙を移した。そうしたら、家中の屑カゴの紙屑を燃やしているテオが、カゴに入っていた手紙も紙屑だと思って、かなりの数を燃やしてしまった。オーストラリアの学校の先生と子どもたちの半数に、手紙を出してもナシのつぶてのル・カレみたいに無作法な嫌なやつだと思われないように、これこれこういうわけで子どもたちの手紙に返事を書けなくてすまなかった、という手紙をオーストラリアの学校宛てに出すことにしたんだ。わび状をリズ・アッテンボローに渡したら、彼女はそれをメルボルンのペンギン本社にファックスして、通信社がすべての全国紙に配信した。おかげでぼくは面目丸つぶれにならずにすんだし、ついでに秘書も大仕事をしないですんだというわけだ。

昨日、ヴァレリー・Kが電話をくれて、今月の末に退職するという悲しい話をした（でも九月五日にはきみに会いに行くといっていたよ）。二人で気持ちのいいおしゃべりをした。彼女はすばらしい女性だ。

そうしたら、午後の四時に彼女がまた電話をかけてきてこう言った。「どうしてももう一度かけなくちゃと思って。たった今、『マチルダは小さな大天才』の販売部数を見てきたんですけれど、毎週、落ちるどころか伸びつづけているんです。先週は四千五百部発送しましたし、じきに合計で十万部になりますよ」

『マチルダは小さな大天才』についてはまだ話があるんだ。ウェストエンドですでに十五カ月もバックグラウンドミュージックつきの芝居『モール君のおとなはわかってくれない』を上演しているレッドグレイヴ・シアター・カンパニーが（この芝居は今、十五カ国で上演中なんだ）、ミュージカルコメディ仕立てで『マチルダは小さな大天才』を上演することになったんだ！　先週、理知的でさっそうとした四人の紳士が——ディレクターと、脚本家と、作曲家が二人——打ち合せをするためにランチにやってきた。全員がうずうずしているし、上演資金もある。ちょっとおもしろいことになったぞ。

ぼくの子どもの本を原作にした映画もいろいろ製作されているんだが、とてもついていけない。

1 『オ・ヤサシ巨人BFG』の長編アニメ映画がもうじき完成する。

2 『魔女がいっぱい』はニック・ローグ監督で原作どおりの長編映画。メイ・セッタリング（おばあちゃん）、アンジェリカ・ヒューストン（大魔女）。撮影は完了。フィルム編集と音楽は十一月末に終る予定。先週ラッシュを少し見た。かなり気味の悪いしろものだった。制作費は千三百五十万だと！

3 『ダニーは世界チャンピオン』は長編映画で、九月四日にヘンリー゠オン゠テムズの近くで撮影開始。百羽のキジはとっくに買ってある。脚本がすばらしい。完璧に原作どおりだ。興味しんしんのことがひとつある。大スターが出演するんだ。ダニーの父親はジェレミー・アイアンズで、彼のじつの息子〔サミュエル・アイアンズ〕がダニーを演じる。にわか成金の地主ジム・ヘイゼル役はロビー・コルトレーンで、ジェレミー・アイアンズの妻のシーネッド・キューサックが牧師の妻役。シーネッド・キューサックの父親シリル・キユーサックが医者を演じている。すごくおもしろい映画になるだろう。

4　『ヘンリー・シュガーのわくわくする話』はローマで撮影されているが、セリフはもちろん英語で、二週間前にイタリア人のプロデューサーがぼくに会いにロンドンにやって来た。感じのいい男だった。

5　その他いろいろ。ぼくが書いたすべての子どもの本を原作にして無数の子ども向けビデオが製作されているようだ。アニマティック・ビデオというらしいが、スチールのカラー画像でお話をつづっていくんだ。これなら通常の映画化権を侵害していないことになる。

それから、世の親たちはドライブ中に子どもを静かにさせておいたり、夜に子どもを寝かせるときに、ぼくが朗読したのもあるし、俳優が朗読したのもあるんだが、ぼくの全作品のテープを利用しているようだ。

ほかにも書いておきたいことがあるのかどうか、まったくもってよくわからない。新しい本が出るたびに、わが家ではいつもの騒ぎがさらに大きくなるだけだ。子どもの本はこれで十七冊になった。『こわいい動物』が出版されたら十八冊になるが、きみも知っているように、ぼくの本は、たとえばファウルズやバージェスが書いている大人向けの本とはちがう。ぼくの本はどんどん売れている。ペーパーバックは年を追うごとに勢いづいているみたいだし、新作が出版されるたびにひたすら財産が増えていき、そしてぼくはますます呆然とすることになる。そうなんだ、ぼくは一休みしようと思っている。長い長い一休みだ。十日前にリシーがすばらしいことを思いついた。「グレート・オーマンド・ストリート・ウィッシング・ウェル基金のために、クェンティンと二人でクリスマスカードを作ったらどうかしら」と言うんだよ（グレート・オーマンド・ストリートはロンドンの通りの名で、世界的に有名な小児病院がある。ウィッシング・ウェルはコインを投げ入れると願いがかなうといわれる泉）。ぼくはクェンティンに電話した。彼はふたつ返事で引き受けてくれた。それからグレート・オーマンド・ストリート小児病院に電話をかけた。彼らはものすごく喜んでくれた。ペンギンにも電話を入れた。あそこには大きな印刷機があるから、ただでカードの印刷ができる。おつぎは短い詩を書かなければならなかった。そしてこんな詩を書いたんだ。

マザー・クリスマスはどこにいるの？

マザー・クリスマスはどこにいるの？
どうしても知りたいの
どうしてファーザーばっかりほめられて
だあれもマザーのことはいわないの？

賭けてもいいよ、プレゼントを買ってきて
すてきな包みにしているのはマザー
なのにあのずるいやつは
ぜんぶ自分がやってるふりしてる

お仕事みんな引き受けてる
マザー・クリスマス、来てちょうだい！
ファーザー・クリスマスなんか願い下げ
ほんとにくだらないやつなんだもん

〔イギリスではサンタクロースのことを「ファーザー・クリスマス」と呼ぶことから、ダール一流の詩が生まれた〕

ちょうど今、クェンティンがマザー・クリスマスの絵を描いているところだ。パフィンとグレート・オーマンド・ストリート小児病院とで話し合いが行われたときに、七十五万枚は軽く売れるという話になった。ペンギンのセールスマンが総出でイギリス中の書店にカードを配達する。書店の注文票には番号をつけておいて、最後にクジ引きをして（目的は書店をいじめることだけだ）、場所はどこであっても、クジに当たった書店でぼくのサイン会をするという段取りなんだ。カードだけでも病院のために大金が稼げると言われた。数十万だよ。ちょっとしたもんだ。

数カ月前に教育相のケネス・ベイカーがやってきて、彼が座長をつとめているきわめて精力的な委員会に出席してほしいと言われた。これからの十年間に学校でどんな英語をどんなふうに教えるか、ということを前もって決めるんだそうだ。ぼくは断った。彼は「いや、ぜひ出席してください」と言った。ぼくはもう一度断った。彼は「お願いですから」と言った。だからぼくは「わかりました」と言った。ぼくは一回目の委員会に出席した。十二人の委員がいて、ほとんど全員が教授や研究者だった。四時間、座っていた。そして二、三度、分別があると思ったことを発言した。彼らはぼくの意見を無視した。一週間後、教育相に手紙を書いた。わたしは委員ではありません。今までずっと一人で仕事をしてきました。集団では仕事ができません。委員を辞任します。彼は了解した旨を告げる美しい手書きの返事をよこした。「あなたはすでに子どもたちの英語教育に十二分の貢献をなさり、うんぬんかんぬん」。これで一件落着。

しかし、いいかいトム。こっちへ帰ってきてから、きみはあのビングやサイモンの集団といっしょに立派な仕事ができるだろうか。きみが留守にしているあいだに、ふたたびきみがしかるべき立場に戻ることさえもむずかしい状況を作り出すために、塹壕のようなものが掘り進められている感じがしたんだ。念のために言っておくよ。きみは多くのことをやらなければならないが、今は時間が足りないことはわかっているし、あの連中がきみの負担を軽くして、自分たちがその分の仕事を進んで引き受け、それと同時に、以前のようにきみの自由裁量にまかせるとすれば、何もかもきわめてうまく運ぶかもしれない。誰かに小突き回されているきみの姿は見ちゃあいられないからね。だから、すべてがうまくいくようにと願っている。うまくやれよ。

ほかにもたくさん手紙をもらったが、その中から誰よりも好きな著者を二人選んだ。最初はドリス・レッシングだ。彼女の文体には感動する。よどみない言葉づかいが大好きだし、こうした思いやりの示し方は本当にうれしい。

一九八八年五月二十五日
敬愛するトム
　まだご存じないかもしれないのでお知らせします。わたしは以前からボブ・オーンスタインに診てもらっていますが、彼は心の問題についてもちょっとした専門家なので、あなたのことを話したところ、とくにつぎのふたつの点を調べてみたほうがいいと言われました。

1　アレルギーの可能性。彼の話によると、五十代になってアレルギー症状が出るのはよくあることで、生まれたときから食べてきたものが原因である場合が多いのだそうです（わたしは昔からローストビーフを食べてきましたが、まったく問題ありません）。アレルギーテストは自分でできます。一週間、何かを食べるのを止めて、それで体調がよくなるかどうかをみてみるのです。アレルギーの原因となる一般的なものとして、小麦製品、乳製品、ある種の果物などがあります。

2　何らかの栄養素が不足している。これも自分でテストできます。鬱症状の原因である場合が多いのです。

この分野にくわしいデイヴィッドというお医者さまがいます。友人のGも抑鬱症でしたが、彼の治療を受けて元気になりました。Gは今、非常に厳格に決められた食事をとって、ビタミン剤を飲んだりしています。デイヴィッドの診察を受けるには予約をとってください。帰国したときにそなえて、今のうちに診察日を決めてもいいでしょう。少なくとも害はありませんから。

ボブは抑鬱症には運動が非常に大切だと言っています。毎日かならずウォーキングか何かをして汗をかくこと。

あなたとレジーナにたくさんの愛を。

ドリス

一九八八年七月十九日
最愛のトムへ
いただいたお手紙の日付は六月二十二日になっていました。ほぼ一カ月前ね。すぐに返事を書きたかったのですが、たった今、ヒューストンから帰ってきたところです。
お手紙を読んで、もちろん悲しくなりました。とても元気のない文面で、ちっともトムらしくないんですもの。きっとよくなるわ。みんなよくなっているもの。わたしはほかにも「落ち込んだ」人たちを知っています。あれほど苦しい状態を「落ち込む」なんて言葉で表現するのはばかげているわね。でも、はっきりとした理由もなく落ち込んでしまうように、そういう気分もいつのまにか消えます。わたしは内面に閉じ込められている「うっとうしい気分」こそわたしのエネルギーなのだと思うようになりましたし、うっとうしい気分から解放されて別人のようになった人を何人も見てきました。まるで「うっとうしい気分」のときにありとあらゆる変化が起きたみたいに……こんなこと、くだらないおしゃべりね。本当の苦悩を抱えている人には、そうでない人は思慮がなく浅薄だと思えるものだということを、わたしは十二分に承知しています。失意のどん底にいたジェニーに会って、ありとあらゆるなぐさめと「親切な」言葉を並べ立てていたとき、彼女の目を見て、わたしのことをなんて皮相的な女なのだろうと思っているのがよくわかったという、忘れられない経験があるからです。

オペラのヒューストン公演は大成功で、観客は総立ちで拍手喝采でしたが、ヒューストンはロンドンとはちがいます。ロンドンは冷静で洗練されています。いずれわかるでしょう。ヒューストン公演での手違いがロンドン公演で役立つはずです。手直しするつもりなので、ロンドン公演のほうがいろいろな点で良いものになるでしょう。ただひとつだけ問題があるのです。ヒューストンでは二人の主役の歌手が自分たちの役をきちんと演じようとけんめいに努力していましたし、きちんと演じられるかどうかひどく気にしていましたが、ロンドン公演の後任者たちがあれほどの温かさとやさしさを表現できるとは思えないのです。十一月初旬にはこちらにいてくださるといいのに。そうしたら、あなたとレジーナを初日にご招待しますね。

ヒューストンはとても楽しかったの。あんなに楽しいことはほかには考えられません。それに、普段のわたしはすごく孤独な生活を送っているので、大勢の人といっしょに仕事をするのはとてもすてき。

わたしは今、いつものように返事を書かなければならない手紙の山に囲まれています。全部といってもいいほど退屈な手紙ばかり。

あなたはいつ戻ってくるのかしら？　たぶんまだね。

わかっているかぎりでは、わたしは少なくとも秋までここにいます。お体に気をつけてね、トム。いつもあなたのことを考えていますし、あなたがここにいてくださればと思っています。

レジーナにくれぐれもよろしくお伝えください。

ドリス

もう一人の特別に好きな著者はカート・ヴォネガットだ。彼はユーモアと想像力に満ち、誰にもまねのできない生気にあふれた手紙をくれた。

親愛なるトム

昨日、きみがひどい抑鬱症になったことを知って「おやっ?」と思った。抑鬱症になった人間はごまんと知っているし、不幸な結婚生活もごまんと知っている。手紙を書くことにしたのは、ぼくはきみを愛しているということと、きみを愛している者は大勢いて、みんな心配しているということを伝えたかったからだ。

きみが半世紀近くも維持してきた興奮状態のおかげで、ぼくはさんざんいい思いをさせてもらった。それまでに興奮状態がもっとも長く続いたのは、第二次世界大戦終戦直後の二週間だったな。言わせてもらえば、ここ数年来、高揚と落ち込みについて発見したことがあるんだ。それらと現実に起きていることとの関係は見せかけだけで、われわれの冒険とはシンクロしていないということだよ。晴天も雷雨もわれわれの冒険とはシンクロしていないようにね。

化学作用なんだよ。

ぼくの息子のマークに聞いてごらん。

深く深く落ち込んでいる真っ最中に崇高な日を経験することだって何回もある。そういう日には、「なんてこった……一体全体、ぼくは昨日、どうなっちまってたんだ?」と思うんだ。

もう一度、愛をこめて

カート

親愛なるトム!

誕生日おめでとう。古きよき友よ。おたがいに水火も辞さずに助け合ってこなかったとしても、そんなこと知るもんか。

新版『スローターハウス5』の「はしがき」を書き終えたんだが、スティーヴン・ホーキングを困惑させた「未来が思い出せないのはなぜか」ということに触れたんだ。こんなふうに書いたんだよ。自分自身や、家族や、友人や、敵がどのようなものになっていくのかを知るために、われわれは歳をとらなければならないだけだ、とね。水晶玉やタロットカードにたよらなくてもぼくにはわかるぞ。きみはイギリス中で誰よりも敏感で、度胸があって、協力的な出版人になり、毎晩、きみを敬愛している、賢くて、美しい女性の腕に抱かれて眠ることになる。

悪くないだろ。

ぼくのお隣さんで、画家でもあり、有名な庭師でもあるボブ・ダッシュを二人で訪ねたあとで、きみはぼくにたずねたな。きみみたいにぼくもゲイ階級の魅力的な人たちについて行かなかったらどうなっていたかね、ってさ。本日のぼくは恥ずかしげもなく軽薄だと思ってくれたまえ。

いつものように愛をこめて。

カート

敬愛するトム

きみの手紙が届くといつも光栄に思うが、きみがあれほど恐ろしく、不毛で、解釈しがたい期間を切り抜けたときの手紙はことのほか光栄に思った。レジーナに感謝しろよ。ほとんどの連中はあれほどまでに衰えをみせない支えと、思いやりなしでやっていかなければならないんだからな。たぶん、われわれにはそれだけの資格はないんだろうがね。もっと早く話しておかなければならなかったんだが、アイオワ大学のメディカルセンターが作家に特有の心身の苦痛について研究し、作家は誰でも鬱で、鬱の家系に生まれていることを発見したんだ。きみもわれわれの仲間というわけさ。災難だね。マルケスはまったくちがう仲間の一員で、人類の系統図で見ると、どうもわれわれよりずっと陽気な系統らしいということを批評家連中は知らないんだな。

数カ月前にマンハッタンでタイムズ文芸サプリメント〔タイムズ紙の別売週刊補遺で、イギリスの代表的な文芸誌〕の女性のインタビューを受けた。彼女はアメリカ人だったが、ケイプの宣伝部が手配したんだよ。彼女はぼくのことを非常に変った人間だと思った。想像していた方とはぜんぜんちがいました、と言うのさ。ついには、ご自分が奇人だということをご存じですか、と聞いてきた。彼女はぼくのことをすごく頭のおかしなやつだと思った理由をはっきり述べた記事を書いていたかい？　マルケスの名前を出したんで、彼女はぼくのことを思い出したんだ。マルケスや、ウッディ・アレンや、トム・ウルフのことをどう思っているのかと聞かれたので、こう答えた。ニューヨークという大都会に来たら、ばったりモーツァルトに出会えるかもしれないと思わなければいけないですね。じつはマルケスはモーツァルトなんですよ。しかし、ぼくは彼とばったり出会っても後悔はしませんね。ついにモハメド・アリに会えたときは、感激のあまり気絶してしまったんですが、満足でしたよ。相手がマルケスでも同じでしょう。ライターたちですら彼の存在に気づいていなかったときに一度だけ会ったことがあるんですが、あんなことは万にひとつもないでしょうねえ。一九七四年くらいにストックホルムで開かれた国際ペンクラブ大会に出席していたのかって、マルケスに聞いていただけませんかね。

きみは二度とひどい鬱症状に襲われることはないだろうという予感がする。信じてもいいと思うよ。息子のマークは精神病院通いが年功袖章三本の超一流の鬱だが、ついに一切の刺激物を遠ざけておけば大丈夫だということがわかった。エディスも、ぼくが養子にしたアダムズの子どもたちのうちの一人もそうなんだが、マークもアルコール中毒者救済協会の熱心な支持者だ〔年功袖章は下士官が勤務期間四年ごとに袖に一本つける帯〕。

ついでに思い出したが、いつだったかこんな話をしたことがあるな。ぼくが後見人になっているアダムズの子どもたちにはアダムズ方のおばあさんがいて、彼女はユダヤ人だったが、監督教会の教会員になって、自分がユダヤ系であることを否定したという話だよ。「彼女の正体をバラしたらいい」ときみは言ったな。このことに関する彼女の意固地さはお世辞にもほめられないが、あの意固地さに敬意を表して、ぼくは決してそうはしなかった。でもいつかは「バラす」かもしれない。軽く相手の意表をつく程度にな。従兄弟が家系図狂なので、ぼくにはユダヤ人の祖先がいるのかと聞いてみたら、いると言うんだ。全部で六十四人いるひいひいひいひいじいさんとひいひいひいひいばあさんのうちの一人がミュンスターのリエナーマンという名前のユダヤ人で、この人物はカトリックに改宗してヴェストファーレンの宮廷画家になった。よって、ぼくはクリスチャンでもないし、ユダヤ人でもないし、なんでもないというわけだ。

いつものように愛を

カート

親愛なるトム

あと六日でぼくは六十歳になる。このあいだノーマン・メイラーと歳をとることについて話をしていたとき、彼に「じきに記念論文集《フェストシュリフト》だなあ」と言ったら、ジルにどういう意味なのと聞かれたんだ。ジルに感謝だな、ぼくは記念論文集を受け取ろうとしている。そういうわけで、ジルは今、ドイツ語を二つ知っている。「お大事に《ゲズントハイト》」は、くしゃみをした人に言う言葉で、「記念論文集《フェストシュリフト》」は六十歳になった人にいう言葉だ。

今、BBCのナイジェル・フィンチに協力している。用心してつき合うほうが賢明かもしれないがね。アメリカ人はどんなに頭がおかしいか、あるいはどんなにバカかということを証明したくて、彼はうずうずしているんだ。そのうちにわかるだろうよ。たぶん二週間以内にカメラクルーといっしょにやって来るはずだ。二月にジルとイギリスに行くことについてだが、いちおう予定には入れてあるんだが、ちょっと心配なのは、きみたちとの夕食の席でぼくはどれくらい歌を歌えばいいのかということだ。今時の流行の旅行にするつもりなんで、コンコルドで行って、すごくしゃれたホテルに滞在する。きみとパンサーに費用を全部もってもらうつもりはまったくない。普通の旅行をするのに十分な金をくれるのなら、もちろん不足分はぼくが支払う。ある意味ではハネムーンになるな。なぜかというと、ぼくらはハネムーンに行っていないんでね。しかし、きみのところにいる宣伝の専門家にさりげなく言われたように、講演会に引っ張り回されてばかりいたらハネムーンどころのさわぎじゃない。いいか、講演会はきわめてささやかにやることにするぞ。巨額の講演料を提示されたことも何度かあるんだがね。イギリスの繁栄を支持する話をしようと思うんだが、実際に話すとなると、何か的を射たものを書いておかなければならんな。確実に喜んでもらえるボードビルの基本演技を知らないんだよ。昔、テレビやラジオの番組に出演していたときは、いつも昼間か夜の早い時刻だったし、劇場やレストランに行く時間もたっぷりあったんだがな。二番煎じはだめか？　きみたちに楽しんでもらいたいし、妻にも楽しんでもらいたいんだ。助言をたのむ。

敬具

カート

追伸。娘のエディスは木樵りが大好きで、格段に絵が上手になったよ。

最後に、一九八八年の夏に手紙をくれた著者たちの名前を思い出すままに記しておこう。ナディン・ゴーディマ、マーティン・エイミス、ハロルド・エヴァンズ〔ジャーナリスト〕、ラルフ・

ステッドマン〔絵本作家〕、ブライアン・ムーア、クェンティン・ブレイク、アニータ・ブルックナー、ヒースコット・ウィリアムズ〔映画俳優〕、ジュリアン・バーンズ、ジョン・ファウルズ、ザンドラ・ローズ〔ファッションデザイナー〕、バーナード・レヴァイン、ジョン・アーヴィング、サルマン・ラシュディ、ブルース・チャトウィン。

フランクフルト・ブックフェア

世界でもっとも大規模なフランクフルト・ブックフェアは、ドイツの出版社が自社の商品をドイツの小売書店に見せるためのショーケースとして始まった。それがだんだん国際的になっていき、現在では会場全体を歩いて回るだけでも一週間はかかるほど大規模なフェアになっている。小売書店はほとんど参加しなくなって、いろいろな権利の売買がフェアのおもな目的になり、それぞれの出版社は経営規模に応じてブースを賃借している。三十五年連続で参加してきたわたしも、多くの出版人と同じようにこのブックフェアとの愛憎関係をはぐくんできた。「憎」については、わたしの場合、このフェアがフランクフルトで開催されるので、参加したいと思えばいやでもドイツへ行かなければならないことに関係している。ブックフェアがなければ、絶対にドイツに行く気にはならない。

昔からずっと、最初に立ち寄る港はイタリアのフェリトリネリ社のブースと決めている。運がよければジャンジャコモと奥さんのインゲの姿が見えたものだ。フェリトリネリ社にはドラマティックな歴史がある。ジャンジャコモはイタリアの屈指の富豪で、共産主義者でもあり、彼が重要だと考えた左翼の本を学生が入手できるように出版事業を始めた。二年もしないうちに、彼はパステルナークの『ドクトル・ジバゴ』とランペドゥーサの『山猫』の著作権を手にした。この二つの作品が彼の出版社を世に知らしめたというのは控え目な言い方だ。数年後、ジャンジャコモは暗殺され、電信柱の足元に転がっていた遺体が発見された。暗殺された理由は今でも謎に包まれたままだ。彼の死後、威勢がよくて、太っ腹で、愛すべきインゲが出版社を引き継ぎ、子息のカルロとともに舵取りをしている。繁昌していて、しかも強い印象を与えるフェリトリネリ書店というチェーン店も経営している。

フェリトリネリ社のつぎにズーアカンプ社のブースに向かうこともある。この出版社の経営者だったジークフリート・ウンゼルトは尊大な男で、体つきも気質も重々しかった。ドイツで大人気だったウーヴェ・ジョンソンという西ドイツの若い作家のことを知ったのはこのブースで、『ヤコブについての憶測』をドイツ語で読んだ。この作品を本当に気に入ったとは今も言えないが、非常に感銘を受けたことはたしかで、イギリスでの版権を買うことに決めたためにウンゼルトに慕われることになった（本気で彼に慕われたかったのかどうか、まるで確信がもてないのだが）。

それからフランス文学のガリマール書店だ。この出版社は長いことフランスの偉大な出版社で、ほかの出版社よりも多くの文学賞受賞者を抱えていた。ガリマール書店は著作権担当の若い女性たちを雇っていて、目を通すだけで一時間はかかる、とんでもなく長い「先物取引」リストのおさらいをさせられたものだ。クロード・ガリマールはめったにフェアの会場には姿をみせなかった。偉いボスはみんなそうだったが、滞在先のホテルでちやほやされていたのだろう。

フランクフルトには重要なホテルが二つあるが、どちらも一筋縄では入り込めない。街中にあるフランクフルター・ホーフは昔風のホテルで、見た目には魅力的だ。サービスはひどく悪い。おろかにも朝食をルームサービスでたのむと、届くまで一時間以上かかる。もうひとつはブックフェアの会場近くのヘッスィッシュューア・ホーフだ。運よく予約がとれても、大金を使わないかぎり、そうぞうしい目抜き通りに面した、箒《ほうき》をしまう戸棚とどっこいどっこいのすごく狭い部屋が割りふられる。このホテルにはジミーズというバーがあって、フランクフルトで文人仲間が誰かと会うには最高の場所ということになっている。ある晩、このバーで飲んでいたときのことだ。まったく偶然にも、そこにいた全員が、翌年の予約を入れてあるかどうかの確認を忘れていたことが判明した。おかげで、わたしは箒をしまう戸棚にさえ泊まれなくなってしまった。

ジミーズはちょっとおもしろいことが起きる場でもあった。いろいろな国から来た出版人たちと、自分が発掘した著者の中で一番自慢できる人物の名前をあげるゲームをしたことがあったのだが、自分の番になったトム・ローゼンタールがイアン・マッキューアンの名前をあげたのだ。あの奇怪な発言には仰天してしまったが、あの場にいた者もみんな仰天したと思う。イアンはすばらしい短編を書いていたのだが、ローゼンタールは長編小説を書けと言い張って、彼に逃げられてしまったからだ（「三人組」の章を参照）。

夜には個人的なディナーパーティを開く出版人もたくさんいて、主催者はいつもの出版人仲間のほかに、ときどき著者も招待したものだ。『薔薇の名前』の著者ウンベルト・エーコと小さなテーブルを囲んだハンザーでのパーティはとくべつ楽しかった。エーコは哲学教授だからかなり気むずかしい人物だろうと思っていたのだが、とんでもなかった。料理もベルテルスマン社が千人もの客を招待するビュッフェとはまったくちがった。ベルテルスマン社のパーティ会場に早めに(お腹をすかせたジャッカルどもが来る前に)行った人は、あの山のような料理に目がくらむだろう。あれほど壮観なビュッフェは見たことがない。本物の招待客だけを会場に入れるためにベルテルスマンが特別警備員を雇うようになったほど、このビュッフェパーティは有名になった。こうしたディナーパーティはともかく、一番の楽しみは本物の友人と二人で一夕を過ごすことだ。数年前から、フランクフルトではいつもロベルト・カラッソと過ごすことにしている。彼は最近イタリアに出現したもっともすばらしい出版社の創立者だが、それだけでは満足できないとでもいうように、注目にあたいする作家でもあり、うれしいことにイギリスではケイプが彼の作品を出版している。文学の好みも同じで、われわれが最大の賛辞を贈る現代作家はブルース・チャトウィンだ。

別種の催しもある。これから本を書くということで、フランクフルト・ブックフェアに招待された名士のレセプションだ。わたしは普通、こうしたレセプションには出向いたりしない。ここ数年の例外は、執筆にとりかかったモハメド・アリのレセプションで、純粋に、そして臆面もなく、じかに本人に会いたいと思ったので出かけていった。そして、いっしょに写真まで撮ってもらって会場をあとにした。

もうひとつの特別な催しについてもお話しておかなければならない。平和賞の授賞式だ。大聖堂で行われるこの式に出席したことはなかったのだが、イギリスの出版人ヴィクター・ゴランツが受賞することになった年だけは出席することにした。だが、洗礼を受けたユダヤ人であるゴランツのスピーチを聞いてぞっとした。「わたしはヒトラーが好きではありませんでした。しかし、苦しんでいるあわれな霊よ、やすらかに」と言ったのだ。彼がドイツ語で語ったこの言葉は、今でもわたしの胸の中で鳴り響いている。

最後に、「最高に威厳のある」フランクフルトの社交的な催しについてお話しよう。ドイツのいくつかの一流出版社を所有しているドイツ銀行主催の昼食会だ。銀行が所有するビルの二十八階にあるペントハウスで開かれるこの昼食会に招待されるのは名誉なこととされていて、出版社の社長だけが招待されると言っていい。『名士録』のように、招待者リストにのった名前は消えない。盛装でおでかけください、と招待状にあるので、客は一人の例外もなく盛装している。正直にいうと、わたしはいつも会場に行くだけだった。ブックフェアの会場の前にずらりと並んだ屋台の車で売っているフランクフルトやブラートヴルスト・ソーセージのほうがはるかにおいしいと思う。にもかかわらず、わたしは一九九四年まで毎年、ドイツ銀行で開かれるフィッシャー・ランチに出席しつづけた。銀行までの長い道のりを歩いて行き（リムジンを賃借する出版人もいるのだ）、銀行に着くと招待客リストで名前をチェックされ、ミサイルのように一気に二十八階へと運ばれる。そこのバーには考えられるかぎりの酒がそろっていて、三十分後に昼食の用意が整いましたと言われ、わたしも食堂へ向かう列に並ぶ。二、三分列に並び、それからほかの招待客といっしょに食堂には入らず、するりと列を抜けてエレベーターのところへ行き、下へお願いします、とたのむ。そして通りに出て、ドイツ銀行を背に徒歩でブックフェアに向かうのだ。歩きながらネクタイを外し、ほっとする。その後も数年間、毎年昼食会の招待状が届いたが、いつも辞退していたら、ついに来なくなった。

とんでもない結婚式

レジーナとわたしは一九八七年十月十六日に結婚した。当日の朝、われわれは電話で起こされた。電話をかけてきた人物は、「どうするつもりなんだ？」と言った。

「どういう意味だい？」と聞き返すと、警察の発表があって、車で旅行をしてはならん、とくにケント州は立入禁止だという。われわれは気づかずに眠っていたのだが、夜中にこの数十年間で最大の猛烈な嵐が吹き荒れたのだ。レジーナと少しのあいだどうすべきか考えた。しかし、選択の余地はない。そこで、「行ってみようじゃないか。でも、きみもできるだけ早く出発してくれ」と答えて電話を切った。結婚式のあとで夕食をともにするために選んでおいたホテルに電話を入れた。もちろんケント州にあるホテルだ。予想はしていたが、誰も電話に出ない。あきらかに電話はノックダウンされてしまったのだ。

予定どおり午前中にメリルボンの戸籍登記所で公式な結婚式を挙げたが、午後の六時にホテルの近くにある教会で祝福を受けることになっていた。フランスから買ってきた二十八羽のハトを車のトランクに入れ、すぐさま出発した。ふだんなら一時間半で着くところが六時間もかかった。目的地には着いたものの、ホテルに車で乗りつけることはできなかった。ホテルは公園の中にあって、数本の巨木が倒れて道をふさいでいたからだ。

最初に到着した招待客はロアルド・ダールと奥さんのリシーだった。ロアルドは機嫌が悪かった。高齢で、健康状態も申し分ないわけではない彼は、われわれが泊まるホテルから九キロくらい離れたところにあるホテルを予約していた。ようやくそのホテルに着いたロアルドは玄関ベルを押した。返事がない。もう一度押した。それでも返事がない。そこでダール夫妻はあとずさり、そして、ホテルの屋根がなくなっているのに気づいた。家族もろとも、持ち主がどこかへ避難したのはまちがいなかった。ロアルドとリシーは運よくその近くで別のホテルを見つけたのだが、そのホテルはまだ工事中だということだった。

つぎに教会にあらわれたのはリチャードとジョーンのブランソン夫妻だった。ある意味で二人は奇妙な夫婦だった〔リチャード・ブランソンは実業家。多国籍企業のヴァージン・グループなどを築く〕。驚くにはあたらないが、われわれの友人の大半はもの書きだからだ。リチャードと出会ったのはその少し前のことだった。タイムズ紙で彼の人物紹介記事を読んで、ぜひ会ってみたいと思ったので、いわば予告なしの電話をかけたところ、その日の夜に招待され、ヴァージン・ブックスの経営に興味はないかと聞かれた。辞退はしたが、たちまち仲良くなり、よく顔を合わせるようになって、何度か週末をいっしょに過ごしていた。ブランソン夫妻がウェールズのコテージに来たり、レジーナとわたしもオックスフォード郊外にある彼らの家に滞在したりしていた。

なんとか教会にたどりついたのは招待客の半分だけだった。祝福を受けてからホテルへ行ったが、停電なのでそこここにロウソクが灯されており、美しい光景だった。さいわいにも料理用のガスは通じていた。すばらしい夕食で、ハトは完璧に調理されていた。そして、乾杯で食事をはじめたように、終りもシャンパンでしめくくった。レジーナと二階へ行くときにはわたしはかなり酔っていて、ベッドに入りたくてたまらなかった。だが、不可能だった。誰かがいたずらをして、シーツを折り畳んで足が伸ばせないようにしておいたのだ。あとで犯人はリチャード・ブランソンだったことをつきとめた。

結婚式の翌日は早朝に朝食をとった。ヴェネツィアへハネムーンに行くので、何事もなく空港にたどりつけないとまずいと思い、余裕をもって出発することにしたからだった。

カーニー

カーニーを買ったのは二十四歳のときだった。ウェールズとの境界をなす人里離れたブラックマウンテンズにある石造りのコテージだ。ガールフレンドのマーサとわたしは十二世紀に建てられたラントーニー・アビー・ホテルに滞在し、毎日長い散歩に出かけていた。ある日、ケーペル＝Y＝フィン村（「突き当りにある教会」という意味）まで行ったのだが、この村には家は一軒しかなく、住人は二人だった。ヘイ゠オン゠ワイへ通じる本街道から十二キロくらい入ったところにある村だ。ここで左へ曲がって、さらに人里離れた細い小道をたどり、修道院の前を通りすぎて、丘をくだり、浅瀬をわたって、別の丘にのぼった。道はそこで終わりで、目の前には入山者のための木戸があった。右側にもうひとつ木戸があり、草ぼうぼうの私道が見えた。丘の頂上で五人の男がどこへも通じていない道を修理していたので、こんなに辺鄙なところでどうして道路の修理をしているのですか、と聞いてみた。彼らは草ぼうぼうの車道の先を指さしながら「あそこにコテージがあるだろ？」と答えた。コテージの所有者がこの地方の自治体を説得したのだという。コテージを売りたいと思っているのだろう。そこで行ってみることにした。ドアをノックすると、お茶を飲んでいきませんか、と老夫婦が招き入れてくれた。道路工事をしていた男に聞いたことを話すと、「そうなんだよ」とおじいさんが答えた。ばあさんとこのコテージに三十年住んできたが、二人とも八十代になって、こんな山の中で冬を越すのがひどくつらくなってきたんでね。娘がポーツマスにいるので、その近くで家をさがすことにしたんだ。いくらで売りたいのですか、とたずねると、おじいさんは数字をあげた。われながら驚いたのだが、ぜひぼくに売ってください、という言葉が口をついて出た。お茶を飲んでいる部屋しか見ていなかったのにだ。そして、ポーツマスで物件を見つけたら知らせてください、とたのんで別れた。

数カ月後、老夫婦から本気なのかどうかを問い合わせる手紙がきた。「もちろん本気です」という返事を書き、弁護士の名前と住所も知らせた。魅惑的な場所だった。コテージは山腹に腰掛けるようにして建っていて、丘の斜面のあちこちにヤギや小型の野生のウマがいるのだ。契約書がかわされてからは興奮のあまり何週間も眠れず、契約が完了してコテージが自分のものになってから、はじめてきちんと内部を見るために車で出かけることにした。深く思いをよせている人といっしょに行きたいと思った。同行してもらったのはドリス・レッシングだった。

カーニーを買ったときには知らなかったのだが、近くに文学とつながりがある二人の人物が住んでいたことがわかった。一人はデザイナーであり彫刻家でもあるエリック・ギルで、彼はコテージが見える修道院で自伝を書いた。もう一人はクリロ出身のヴィクトリア時代の牧師フランシス・キルヴァートで、ヘイ＝オン＝ワイを出てすぐのところに住んでいた。彼の日記はイギリス文学の古典で、この日記にはわたしのコテージを囲む田舎の風景が描かれている。なんとも不思議なめぐりあわせなのだが、この二冊の本を出版したのはジョナサン・ケイプなのだ。もちろんわたしが入社するはるか昔のことだが。のちに、このコテージは多くの作家の発想源になった。すでにお話したように、ブルース・チャトウィンはカーニーで五カ月過ごし、『ブラック・ヒル』を書いている。アレン・ギンズバーグもわたしといっしょにカーニーに滞在していたときに「ウェールズ訪問」という詩を書いた。

ヘイ＝オン＝ワイの近くで年に一度、文学フェスティヴァルが開かれていることはよく知られている。ある年のフェスティヴァルで、この催しの会長で開会のあいさつをしたエディ・ポートマンと感動的な再会をした。最後に会ったのは四十年前だった。息子は出版社で仕事をするのがいいと考えた父親が手配をし、エディがマクギボン・アンド・キーにやってきたちょうどそのとき、わたしもマクギボンにいたのだ。エディはそれほど仕事をしたとは言えない。ロンドンの広大な領地とともに称号を受け継いでポートマン卿になったエディは、数千頭の家畜も受け継いだために、ヘイの近くに住むことになったのだった。

何年もこのフェスティヴァルに参加してきたおかげで、講演が行われるテントや、芝地や、地元のパブで、数え切れないほど大勢の著者と自然発生的で思いがけない出会いがあった。ときには特別な個人を囲む私的な催しもあった。ウィリアム・ゴールディングを招いたディナーもそうした特別な催しのひとつだった。それまでにも何度か会ったことはあったが、一夕を過ごしたのはあのときがはじめてだった。ヘイ＝オン＝ワイでディナーをともにした夜、彼はとりわけ体調もよく、緊張を解いていて、陽気で、ごきげんだった。なぜなのか正確に説明できないのだが、こんなにすばらしいディナーはめったにない、と出席者全員が思っていた。レジーナとわたしの席はたまたまゴールディング夫妻の近くで、週末に泊まりがけでおいでなさい、とドーセットにある自宅に招待された。光栄に思い、大喜びで招待を受けたのだが、残念なことに実現する前に彼は亡くなってしまった。

ディナーにまつわることをあとふたつお話しよう。二度ともフェスティヴァルを運営しているピーター・フローレンスに(彼の求めに応じてわたしはフェスティヴァルの副会長になった)、別の用事があるので、代りにディナーのホスト役をつとめてほしいとたのまれたときのことだ。一回目は悲惨なことになってしまった。招待したのはきわめて優秀な評論家のジョージ・スタイナーで、わたしは地元で一番のベイ・ツリーというレストランを選んだ。『おいしい料理ガイド』にもイギリス一といってもいいくらいのカントリーレストランだと書いてあったからだ。ベイ・ツリーはヘイから三十キロくらいのところにあるのだが、ジョージはかなり元気だし、それだけの距離をドライブする値打はあったと思ってくれるだろうと考えた。わたしが先導し、彼の車があとに続いた。十キロくらい走ったところで彼がクラクションを鳴らし、われわれは車を止めた。まだどれくらいあるんだ、と言う。さらに十キロほど行ったところで彼はまたクラクションを鳴らした。同じ質問。もう一度おなじことがあって、ようやくレストランにたどりついた。席に着くとジョージは落ち着きを取り戻し、われわれは食事を楽しむことができたし、いくらか言葉さえかわした。勘定書がきて、わたしが支払いをしていると彼は立ち上がり、わたしがドアに手をかけたときには車に乗り込んでいた。そしてアクセルを踏み込んで行ってしまったのだ。あとでものすごい手紙がきた。わたしの行動は「精神錯乱」である可能性があることを示しており、「大変な思いをしながらヘイに戻る途中で」何か具合の悪いことが起きたら警察に連絡するつもりだった、と書いてあったのだ。

二回目はすごく楽しいディナーだった。ウィルフレッド・テシジャーをディナーに連れて行ってもらえないだろうか、とピーターに言われたのだ。なんというたのみだろう！　テシジャーは究極の偉大な紀行作家で、彼がアラブ地域を旅したときの報告書に比肩するものは今でも書かれていない。あのとき彼は八十代で、アフリカに住んでいた。テシジャーは今でも伝説の人物だ。彼に会ったことはなかったし、会えるとも思っていなかった。それが今、ヘイを出たところにある質素なパブで夕食をともにしているのだ。今のわたしのように、彼は耳が少し遠かった。だが、会話は成立した。

詩集

詩集を出版するのは非常に楽しい。散文や、とくに小説について判断するのにくらべると詩についてははるかに自信がないにもかかわらず、相当数の詩集を出版してきた。多くは重要な詩集で、四人の詩人がノーベル賞を受賞した。イオルゴス・セフェリアデス、ネリー・ザックス、パブロ・ネルーダ、デレク・ウォルコットだ。この四人のうちで、まったく無名だったときに第一詩集を出版したのはわたしの手柄だ、と心から思えるのはデレクだけだ。彼はトリニダード人で、初期の詩は『ロンドン・マガジン』〔一九五四年創刊の月刊文芸誌〕に数多く掲載されていた。ロンドン・マガジン編集者だったアラン・ロスが彼の詩に注目させてくれたことになる。わたしはたちまちデレクの詩にひかれてしまい、二人で叙情的で刺激的な『緑の夜に』という第一詩集をまとめた。そして、いくばくかの自信をもって、ニューヨークの有名な文芸出版社であるファーラー・ストラウスにプルーフコピーを送った。そして、ファーラー・ストラウスがアメリカの版権を買ってくれたときには飛びあがって喜んだ。無名の詩人の第一詩集としてはあり得ないことだったからだ。ケイプとファーラー・ストラウスはその後も何冊かデレクの詩集を出版したが、ロジャー・ストラウスが勝手に、デレクの詩集はケイプではなくイギリスのもっと重要な詩の出版社から、つまりフェーバー・アンド・フェーバーから出版したほうがいいと言い出した。ファーラー・ストラウスがデレクの詩集を出版したのは完全にわたしの「おかげ」だということを考えれば、ロジャーは親切な提案をしたとは言えない。だが、カート・ヴォネガットなら「よくあることだよ」と言いそうだが、まさにそのとおりのことになった。一九九二年にデレクがノーベル賞を受賞したとき、わたしはすでに彼の出版人ではなかった。だからといって、もちろん誇らしい気持ちが薄れたわけではなかったが、旅行計画には影響が出た。

ケイプが出版し、英語圏の人びとに紹介したもう一人の注目すべき重要な詩人はパブロ・ネルーダだ。それよりずっと以前から、彼はチリでは偉大な詩人として認められていたのだから、イギリスであれほど長いこと無視されていたとはなんとも不思議な話だ。ケイプは『二十の愛の詩と一つの絶望の歌』と『マチュピチュの頂』、そして分厚い名詩選を出版した。パブロは何度かケイプへ来てくれ、カメによく似た顔にとびきりやさしい微笑を浮かべたあの巨体はベドフォード・スクウェアでもおなじみになった。食べることが大好きだったのでいろいろなレストランに案内したが、コンノートホテルのレストランが一番のお気に入りだった。

偉大な詩人はさておき、数は少ないが「肩のこらない」詩人の詩集もケイプの図書目録に加えた。ロジャー・マグー、エイドリアン・ミッチェル、エイドリアン・アンリ、そしてレナード・コーエンだ。それぞれある程度は成功したが、断トツで売上部数が伸びた詩人が一人いた。もちろんレナード・コーエンだ。

アレン・ギンズバーグ

最初にアレン・ギンズバーグに会ったのはキューバでだった。あのときすでに彼は大変な有名人で、とくに『吠える』と『カディッシュその他』、そしてファーリンゲティ〔詩人・出版人〕が出版した多くの黒い小さな詩集は有名だった。アレンはキューバ政府に招聘された作家代表団のメンバーで、わたしは招聘されたわけではなかったが、どういうわけかこの代表団に加わったのだ。のちにノーベル賞を受賞したメキシコのエッセイストで詩人のオクタビオ・パスもメンバーの一人だった。何日かハバナで過ごしているあいだにアーネスト・ヘミングウェイの家をたずね、彼がいつも立ったまま書いていた机と、もっといいものを書くために自分で建てた塔を見せてもらった。あの塔の中でヘミングウェイは一語も書かなかったのだが。それからミニバスで旅行した。アレンとわたしはたちまち意気投合し、しだいに離れがたい間柄になった。

ハバナの街を出たすぐのところに戦争記念館があり、キューバ軍が撃墜したアメリカの戦闘機も展示されていた。アレンはすぐさま、そして非礼にもその戦闘機に飛び乗り、両腕をふりまわして勝利を示すしぐさをしてみせた。わたしが撮影した戦闘機にまたがっている彼の写真は世界中で使われたが、アレンへの長いインタビュー記事に添えて、ひときわ効果的にこの写真を使ったのがパリス・レヴュー誌だった。

キューバを旅行しているあいだに、ある同行者が心臓麻痺で亡くなった。いっしょにバスに乗っていると思ったら、つぎの瞬間には亡くなっていたのだ。遺体は横たえられ、同行者は厳粛な面持ちで一列になってその前を進んだ。わたしは辞退した。ほんの三十分前に生きている姿を目にしていたのに、そんなことをするのは猟奇趣味もいいところだと思ったのだ。アレンが「トム、ばかなことを言うなよ。ジャガイモ袋だと思えばいいのさ」と言った。あれからずっと、この言葉はわたしの心に突き刺さっている。

六日後にハバナにもどり、カストロのとてつもなく長い演説を聞かされた。数時間は続いた演説はスペイン語だったが、ホモセクシャルを激しく非難する長広舌をはじめ、いくらか内容が理解できた部分もあった。その夜、警察の一存で数百人の男が検挙され、監獄にぶちこまれた。翌日、アレンもリーダーの一人になって抗議行動が行われ、そのあとでホテルの部屋に警察があらわれて、アレンは所持品をまとめた。わたしはそばに立って見ていたが、キューバへの旅行もアレン流で、荷物はごく少なかった。アレンは警察につきそわれて空港へ向かった。本国に送還されるのだ。わたしは出発ロビーまでいっしょに行ってもいいと許可された。発つ前に別れの言葉を書いた紙を何枚か渡され、みんなに配ってくれ、と言われた。いかにもアレンらしい心づかいを示すすっきりとしたやりかただった。われわれは抱き合い、近いうちにまた会おう、と言い合った。

アレンが強制送還されてから二、三カ月後にニューヨークから手紙がきた。詩の朗読を依頼されてイギリスへ行くことになったので泊めてもらえるか、という。もちろん泊まれるとも。チャルコット・クレッセントの一軒家は丸ごとわたしのものだ。だが、正直なところ、いささか気がかりだった。アレンはちょっと荒っぽい人物だという評判だったし、わたしが大事にしていたのは静かな家だったからだ。だが実際には、アレンは気配りのある、思慮深いとさえいえる人だった。わが家で二人だけで、たとえば午後の八時に夕食にしようと決めると、たった二十分でも遅れるかもしれないと思うとかならず電話をかけてくるような人だった。一週間か二週間の滞在だろうと予想していたのだが、二カ月も滞在した。しかし、彼と過ごすのは楽しかった。もうひとつびっくりしたのは、ときどき金を無心されたことだ。借りるのではなく、金額もはっきり言わない。いつも十ポンドくらい渡していたが、無言で受け取っていた。問いただしたことは一度もなかったが、不思議だった。アレンは詩の朗読でそうとう高額なギャラを受け取っていたからだ。しかも、詩集の販売部数も半端ではなかったから、かなりの収入があったと思う。

アレンがロンドンにいたとき、われわれがその少し前に立ち上げたケイプ・ゴリアード社を管理しているバリー・ホールを紹介した。この会社は詩人ナサニエル・ターンの「大出版社のなかの小さな出版社」という独創的な考え方を具体化したものだった。出版する本はすべてバリーが手動の凸版印刷機で印刷し、大部分の本に当代のアーティストのイラストをふんだんに入れてある。上質紙を使い、部数も少しで、普通は二百五十部から五百部しか作らない。このやりかたが

キューバ軍が撃墜したアメリカの戦闘機にまたがる
アレン・ギンズバーグ。ハバナ近郊

気に入ったアレンは『ＴＶベイビー・ポエムズ』という詩集の原稿を渡してくれた。

そのつぎにアレンがイギリスに来たときはブラックマウンテンズに案内したが、予想どおり彼はカーニーを大いに気に入ってくれた。最初の夜の夕食の席で、アレンはネジ蓋つきの缶《カン》を取り出し、中身を見せてくれた。綿に包んである小さな白い錠剤だった。「ＬＳＤだよ。やってみたいと思うかもしれないと思ってね。きみがやりたくないなら、ぼくもやらない。でも、神経質になる必要はないんだ。きみが飲んだら、うまくいっていることを確かめてからぼくも飲むから」。彼の細かな配慮は誘惑的だった。ＬＳＤはやったことがなかったが、やっているときのことはよく想像していたし、絶好の機会のような気がした。非のうちどころのない相手と、非のうちどころのない場所。美しい風景に囲まれ、一切の騒音から遠く離れた場所にいるのだ。明日の朝にやろう、とアレンが言った。そうすれば夕方にはいつもの状態に戻っているからね。今やると朝まで起きていることになるだろうから。人によっては非常によくない影響が出ることは知っていたが、大丈夫だろうという予感があったし、実際にそのとおりだった。ＬＳＤを飲み、居間の窓から真正面の山並みをながめた。山はしだいに赤味がかった茶色に変色していき、地表が溶岩のように勢いよく斜面を流れ落ちはじめた。

ＬＳＤを飲んで三、四時間たったとき、山へ行ってみよう、とアレンがいった。少し不安だった。登れなかったらどうしよう。「怖がることはないさ」とアレンは言い、先に立って登りはじめた。あれから四十年間、わたしは彼が山で教えてくれたマントラを唱えつづけている。「ウム、ウムサラワハ、ブッダッハ、ダキーンエアイ、ベンザ、ワンニイエ、ベンザ、ベロ、ザニイエウム、ウムウム、ペイペイペイソハ」。家にいるときや、風呂に入っているときや、歩いているときに唱えるのだが、最高なのはスキー場でリフトに乗っているときだ。
コテージを取り囲む丘陵にはヒツジの姿が点々と見え、ぼくらも空の下にいる二頭のヒツジだな、とアレンが言った。カーニーの風景にひどく感動していたアレンは、まだドラッグの影響が強く出ていた午後に「ウェールズ訪問」という詩を書きはじめた。ロンドンに帰るときに、地球の上を、アスファルト舗装の下にある地球の上を車で走っているのを感じた。この感覚はのちのちまで消えず、今でもときどきもどってくる。

数年後、グリニッチヴィレッジにあったアレンの自宅を訪ねた。たくさんの手紙に書いてあった住所に建っているアパートメントをこの目で見るのは不思議な気分だった。アレンは旅と旅のあいまに自宅にもどっていたが、何カ月も過ごすことはめったになかった。室内は散らかり放題だった。床一面に衣類が散乱しており、シンクには汚れた食器類が山積みになっていた。どうみても、アレンの友人で恋人でもあるピーター・オルロフスキーは片づけに興味がないようだった。アレンのような特別な人間は自分の住いがどうなっていようとまったく無頓着なのだ、ということがよくわかった。

わたしが出会った人びとの中で、アレンは誰よりも自然体で、誰よりも気取りがなく、誰よりも思いやりがあって、誰よりも謙虚な人間だった。彼の死亡記事を読んだときには深い悲しみをおぼえた。アレン、わたしはあなたを愛していた。

おわりに

この本では、大勢の著者の作品を出版するときの興奮をお伝えしようと考えた。思いがけずわたしの人生にかかわってきた著者も多い。この作品を出版しようと決めるとき、何が決め手になるのだ、という質問をたびたび受けてきた。これは答えにくい質問だ。きわめて個人的で、きわめて主観的な選択で、決まりなどないからだ。わたしの場合、商業的な理由から作品と著者を選ぶことはめったにない、ということは言える。申し分のない本を出版するには、作品そのものの利益のために、出版人はその作品にほれ込んでいなければならない。わたしがそうした状態になっているときは、かならずその作品について細心の注意をはらっているはずだし、細心の注意をはらっているときは、かならずその作品の質の高さに感激しているはずで、これがわたしの唯一のやりかただ。どの作品を出版するかが決まると、ひとつの仕事がはじまる。まず、出版を決めた者が確信したことを出版社の人間全員に伝染させ、それから世の中にも伝染させる仕事だ。

この本が世に出たいきさつをお話したい。数年前から折々に、いろいろな出版人から、回想録を書くべきだ、と言われるようになった。もちろんお世辞に決まっているし、ジョージ・ウェイデンフェルド卿のような人物に言われたらなおさらだ。ウェイデンフェルド卿とはフランクフルト・ブックフェアで偶然に出会った。ある年、ジョージは以前にもましてお世辞たらたらで、自宅に、つまり、テムズ川を一望する壮麗なチェルシー・フラットにランチを食べに来ないか、と言われた。フランクフルトから帰国した日の翌日、彼の秘書が、これこれの日時ではいかがでしょうか、と電話をかけてきた。きわめていかがわしい話だと思っていたのだが、正直なところ断り切れなかった。ジョージの伝説的な口のうまさと行動力をぜひこの目で見てみたかったからだ。当日、フラットに到着したときは、わたしは回想録など書きたくもないと思っている、と確信していたのだが、出てきたときには、わたしには書けるし、書くべきなのだ、と確信していた。それから数日後に、これまた伝説的なジョージのパーティに招待された。ハロルド・ウィルソンとアントニア・フレイザーを相手に話をしていたタイムズ文芸サプリメントの編集者ジョン・グロスが振り返って、「おめでとう」とあっさり言った。何の話をしているのかわからなかったので、いったい何がおめでとうなんだと言うと、今日はきみときみの回想録を祝うパーティじゃないかと言われ、びっくりしてしまった。一週間後に契約書がきた。サインはしなかったが、書類は記念品としてしまってある。驚くべきことがもうひとつある。あのとき以来、ジョージも、彼のオフィスの人たちも、回想録のことも、契約のことも、おくびにも出さないのだ。

それから数年後、ジョージと同じくらい口がうまいピーター・ストラウスという青年が接触してきた。三度目か、たぶん四度目のランチで同意した。それから間もなく、ピーターはピカドール出版を辞めて文芸エージェントになった。あとを引き継いだのがアンドリュー・キッドで、大変幸運なことに、アンドリューはわたしの本に考えうるかぎりの最大の興味をもってくれ、週末になると家族をほったらかしにしてフランスに来てくれるまでになった。ピカドール出版のサム・ハンフリーズが担当の編集者になったのも同じように大変幸運なことだと思っている。彼女のセンスには欠点がないし、無限の辛抱強さがある。一言でいえば完璧な編集者なのだ。

ロアルドの手紙を引用させてくれたリシー・ダール、わたしへの手紙を引用させてくれたドリス・レッシングとカート・ヴォネガットに感謝したい。

そして最後に、クェンティン・ブレイクにはとりわけ感謝したい。多くの時間を使わせてしまったが、この本のために何枚か線画を描いてもらえないだろうか、と聞いたら、ふたつ返事で引き受けてくれたのだ。わたしに言わせれば、クェンティンは完璧なアーティストだし、彼が描く線画にはものごとの本質があらわれている。しかもいっしょに仕事をするのが本当に楽しい相手なのだ。

現在はロンドンよりフランスの家で多くの時間を過ごしているので、引退したのかとしょっちゅう聞かれる。引退を夢見る人は多いが、わたしはそういう人間ではない。だから、今はパートタイムで仕事をしていると答えている。ジョナサン・ケイプにたどりついたのは二十代で、四十年前のことだった。別の選択肢は考えたこともないし、あきらめようと思ったこともなかった。わたしの出版人生は活気に満ちあふれているから、この冒険もいつかは終るとはとても思えない。もちろん、その日がかならずやってくることはわかっているが。

訳者あとがき

本書『パブリッシャー——出版に恋をした男』（*Publisher*, Picador, 2005）は、一九六〇年代の終りから八〇年代初期にかけて、イングランド最大の文芸出版社だったジョナサン・ケイプ社のパブリッシャー（出版人）トム・マシュラーの回想録です。二〇〇〇年末、イギリスの業界誌「ブックセラー」に「今世紀の出版界にもっとも影響を与えた十人の出版人」の一人に選ばれた彼は、「おわりに」の章で「大勢の著者の作品を出版するときの興奮をお伝えしようと考えた」と語っていますが、わたしと同じように読者もまんまとその手のうちにはまったのではないでしょうか。本書には百五十人を優に超える作家や著名人などが登場し、その素顔が生き生きと描かれているだけでなく、のっけから、ヘミングウェイの『移動祝祭日』が未亡人のマリーと彼の手でまとめられた作品であることが明かされているのですから。さらに、本書に所収されているロアルド・ダール、ドリス・レッシング、カート・ヴォネガットからの私信も読者の関心を引くことでしょう。

ブッカー賞を創設し、戦後の文学史を彩るそうそうたる作家たちの作品を出版し、結果的に一九六三年以来、十一人がノーベル文学賞を受賞したといわれると、さぞかしお堅い人物だろうと思われるかもしれませんが、じつは機知とユーモアにあふれ、感激屋で、社交的で、行動力抜群で、食べることが大好きなおじさんなので（「食べてばかりいる気がするが」という一文には思わず笑ってしまいました）、ともに仕事をしてきた多くの著者やアーティストも彼との付き合いを大いに楽しんできたにちがいありません。

しかし、ナチに追われてイングランドに逃れ、四人の祖父母のうち三人がガス室で殺されたという重い事実が七十歳を越えた今も彼の心底にあることは、「フランクフルト・ブックフェア」の章などに散見される記述からもうかがい知ることができます。また、母親の人となりやエピソードをつづった章が「母リタ」となっているのに対して、父親についての章が「父カート」ではなく単に「父」となっていることなどから、同じくエーリヒ・ケストナー作品の出版人であった父親との確執のようなものを感じたのはわたしだけでしょうか。

彼の仕事の幅の広さは「目次」を見れば一目瞭然ですが、何よりも非凡なのは、大人向けの本の出版人であると同時に、まったくの偶然から子どもの本の出版も手がけるようになり、多くを成功させた点でしょう。わたしは子どもの本にも夢中なので、そのきっかけとなったのがジョン・バーニンガムの『ボルカ　はねなしガチョウのぼうけん』だったことを知り、わくわくすると同時に、たいへん親しみを覚えました。ダールとクェンティン・ブレイクの「結婚」の成果は現在、「ロアルド・ダール　コレクション」（評論社）として邦訳シリーズが刊行中なので、じっくり楽しめるのもうれしいことです。

けれども、出版人として、これほどの才能と、理解者と、協力者に恵まれ、これほど多くの素晴らしい著者と出会い、これほど大きな成果をあげたにもかかわらず、ジョナサン・ケイプはアメリカの巨大資本に呑み込まれました。ケイプの経営が悪化していった時期は、知的・文化的に社会に貢献する使命があると信じられていた欧米の出版のあり方が大きく変化し、利益追求の経営に徹する自由主義市場が幅をきかせていく時期と重なります。ランダムハウス・グループに吸収されたケイプは、一九九八年、さらにドイツのベルテルスマン・グループに売却されました。ベルテルスマン・グループは、今や世界一の出版コンツェルンで、世界中の有名出版社を傘下に置いています。

現在も彼はケイプの正式な一員ですが、具体的なことは何もしておらず、彼自身の言葉によれば、「誰に対しても何の責任もないが、優れたものを見つけたときは推薦している」（「ガーディアン」紙、二〇〇五年三月十二日付）そうです。

なお、「パブリッシャー」という言葉には「出版人」と「出版社」の二つの意味があります。

出版のありかたが異なるので一概には言えませんが、日本では編集長を兼任しているオーナー社長が「出版人」に当たるでしょうか。また、「おわりに」にあるとおり、原書にはクェンティン・ブレイクの楽しい線画が添えられており、これも本書の大きな魅力のひとつなのですが、たいへん残念なことに紙数の関係で訳書ではご紹介できなかったことをおわびします。

本書の訳出と出版にあたって、編集者の川崎万里さんにはなみなみならぬお世話をおかけしました。この場をお借りして心からお礼申し上げます。

二〇〇六年七月

麻生九美

トム・マシュラーと日本の読者をつなぐブックガイド

アーネスト・ヘミングウェイ『移動祝祭日』福田陸太郎訳　岩波新書　一九九〇年
クロード・シモン『草』白井浩司訳（『現代フランス文学13人集』4所収）新潮社　一九六六年
トム・マシュラー編『若き世代の発言』小池銈・橋口稔共訳　南雲堂　一九五九年
ジョゼフ・ヘラー『キャッチ22』飛田茂雄訳　早川書房　一九六九年
ジョゼフ・ヘラー『何かが起こった』篠原慎訳　角川書店　一九八三年
フィリップ・ロス『ルーシィの哀しみ』斎藤忠利・平野信行訳　集英社　一九七七年
フィリップ・ロス『ポートノイの不満』宮本陽吉訳　集英社　一九七八年
ウィリアム・スタイロン『ナット・ターナーの告白』大橋吉之輔訳　河出書房新社　一九七九年
ウィリアム・スタイロン『ソフィーの選択』大浦暁生訳　新潮文庫　一九九一年
ウィリアム・スタイロン『闇の中に横たわりて』須山静夫訳　二〇〇一年
ドリス・レッシング『愛の習慣』小野寺健訳（『20世紀イギリス短篇選　下』所収）岩波文庫　一九八七年
ドリス・レッシング『黄金のノート』市川博彬訳　英雄社　一九八三年
アーノルド・ウェスカー『大麦入りのチキンスープ』『根っこ』『僕はエルサレムのことを話しているの

だ』木村光一訳（『ウェスカー全作品 1』所収） 晶文社 一九六七年
マーティン・エイミス『二十歳への時間割』 藤井かよ訳 早川書房 一九八二年
イアン・マッキューアン『最初の恋、最後の儀式』宮脇孝雄訳 早川書房 一九九九年
イアン・マッキューアン『黒い犬』宮脇孝雄訳 早川書房 二〇〇〇年
イアン・マッキューアン『ベッドの中で』富士川義之・加藤光也訳 集英社 一九八三年
イアン・マッキューアン『贖罪』小山太一訳 新潮社 二〇〇三年
イアン・マッキューアン『アムステルダム』小山太一訳 新潮文庫 二〇〇五年
ジュリアン・バーンズ『フロベールの鸚鵡』斎藤昌三訳 白水社 一九九三年
ジュリアン・バーンズ『10・½章で書かれた世界の歴史』丹治愛・丹治敏衛訳 白水社 一九九一年
ブルース・チャトウィン『ソングライン』芹澤真理子訳 めるくまーる 一九九四年
ブルース・チャトウィン『パタゴニア』芹澤真理子訳 めるくまーる 一九九八年
ブルース・チャトウィン『どうして僕はこんなところに』池央耿・神保睦訳 角川書店 一九九九年
サルマン・ラシュディ『真夜中の子供たち』寺門泰彦訳 早川書房 一九八九年
サルマン・ラシュディ『恥』栗原行雄訳 早川書房 一九八九年
サルマン・ラシュディ『悪魔の詩』五十嵐一訳 プロモーションズ・ジャンニ 一九九〇年
トマス・ピンチョン『V』三宅卓雄ほか訳 国書刊行会 一九七九年
トマス・ピンチョン『重力の虹』越川芳明ほか訳 国書刊行会 一九九三年
トマス・ピンチョン『競売ナンバー49の叫び』志村正雄訳 筑摩書房 一九九二年
トマス・ピンチョン『ヴァインランド』佐藤良明訳 新潮社 一九九八年
ブルース・ジェイ・フリードマン『マザーズ・キス』筑摩書房 一九七〇年

トム・ウルフ『虚栄の篝火』中野圭二訳　文藝春秋　一九九一年
カート・ヴォネガット『スローターハウス5』伊藤典夫訳　早川書房　一九七八年
カート・ヴォネガット『猫のゆりかご』伊藤典夫訳　早川書房　一九七九年
ジョン・アーヴィング『ガープの世界』筒井正明訳　新潮文庫　一九八八年
ジョン・ファウルズ『コレクター』小笠原豊樹訳　白水社　一九八四年
ジョン・ファウルズ『魔術師』小笠原豊樹訳　河出書房新社　一九九一年
ジョン・ファウルズ『フランス軍中尉の女』沢村灌訳　サンリオ　一九八二年
ガブリエル・ガルシア・マルケス『大佐に手紙は来ない』内田吉彦訳（『世界の文学』28所収）集英社　一九七八年
ガブリエル・ガルシア・マルケス『百年の孤独』鼓直訳　新潮社　一九九九年
マリオ・バルガス＝リョサ『都会と犬ども』杉山晃訳　新潮社　一九八七年
ジョン・レノン『絵本ジョン・レノンセンス』片岡義男・加藤直訳　晶文社　一九七五年
ジョン・レノン『らりるれレノン　ジョン・レノン・ナンセンス作品集』佐藤良明訳　筑摩書房　二〇〇二年
レン・デイトン『海底の麻薬』井上一夫訳　早川書房　一九六六年
レン・デイトン『イプクレス・ファイル』井上一夫訳　早川書房　一九八八年
レン・デイトン『ベルリンの葬送』稲葉明雄訳　ハヤカワ文庫　一九七八年
エドワード・オールビー『ヴァージニア・ウルフなんかこわくない』鳴海四郎訳（『エドワード・オールビー全集　1』所収）早川書房　一九六九年
エドワード・オールビー『動物園物語』『ベシー・スミスの死』鳴海四郎訳（『エドワード・オールビー

全集 2』所収）早川書房 一九七四年
デズモンド・モリス『裸のサル』 日高隆敏訳 角川書店 一九九九年
デズモンド・モリス『マンウォッチング』上・下 藤田統訳 小学館 一九九一年
アニータ・ブルックナー『秋のホテル』小野寺健訳 晶文社 一九八八年
ロアルド・ダール『大きな大きなワニのなはし』田村隆一訳 評論社 一九七八年
ロアルド・ダール『ヘンリー・シュガーのわくわくする話』小野章訳 評論社 一九七九年
ロアルド・ダール『まるごと一冊ロアルド・ダール』佐藤見果夢訳 評論社 二〇〇〇年
ロアルド・ダール『マチルダは小さな大天才』宮下嶺夫訳 評論社 二〇〇五年
ロアルド・ダール『ダニーは世界チャンピオン』柳瀬尚紀訳 評論社 二〇〇六年
ロアルド・ダール『こわいい動物』灰島かり訳 評論社 二〇〇六年
ロアルド・ダール『オ・ヤサシ巨人BFG』中村妙子訳 評論社 二〇〇六年
ロアルド・ダール『魔女がいっぱい』清水達也／鶴見敏訳 評論社 二〇〇六年
ジョン・バーニンガム『ガンピーさんのふなあそび』みつよしなつやゃく ほるぷ出版 一九七六年
ジョン・バーニンガム『おじいちゃん』たにかわしゅんたろうやく ほるぷ出版 一九八五年
ジョン・バーニンガム『ボルカ はねなしガチョウのぼうけん』きじまはじめやく ほるぷ出版 一九九三年
クェンティン・ブレイク『ザガズ じんせいってびっくりつづき』谷川俊太郎訳 好学社 二〇〇二年
ラッセル・ホーバン『さすがのナジョーク船長もトムには手も足もでなかったこと』乾侑美子訳 評論社 一九八〇年
ポージー・シモンズ『フレッド せかいいちゆうめいなねこ』かけがわやすこやく あすなろ書房 二

〇〇四年
バベット・コール『ママがたまごをうんだ！』ちばみどりやく　ほるぷ出版　一九九四年
ロベルト・イノセンティ『ローズ・ブランチュ』ロニー・アリキサンダー／岩倉務共訳　平和のアトリエ　一九九〇年
ロベルト・イノセンティ『ピノキオの冒険』金原瑞人訳　西村書店　一九九二年
デイヴィッド・ペラム『ヒトのからだ』大利昌久訳　ほるぷ出版　一九八四年
キット・ウィリアムズ『仮面舞踏会』坂根厳夫訳　角川書店　一九八二年
エドナ・オブライエン『みどりの瞳』生島治郎訳　集英社　一九六八年
パトリック・ホワイト『ヴォス』越智道雄訳　サイマル出版会　一九九七年
イアン・フレミング『007ドクター・ノオ』井上一夫訳　ハヤカワ文庫　一九九八年
ジェフリー・アーチャー『百万ドルをとり返せ！』永井淳訳　新潮文庫　一九七七年
ジェフリー・アーチャー『大統領に知らせますか？』永井淳訳　新潮文庫　一九八七年
ローレン・バコール『私一人』文藝春秋　山田宏一訳　一九八四年
アルトゥル・ルービンシュタイン『ルービンシュタイン自伝　神に愛されたピアニスト』木村博江訳　共同通信社　一九八三年
パブロ・ネルーダ『二十の愛の詩と一つの絶望の歌』松田忠徳訳　富士書院　一九八九年
パブロ・ネルーダ『マチュピチュの頂』野谷文昭訳　書肆山田　二〇〇四年

（旧版と新版、改訂版等がある場合は、できるだけ最近のものを記載した。編集部）

著者について
トム・マシュラー
一九三三年、ベルリン生まれ。父は書籍の巡回販売員で、のちに出版社を経営。一家はナチを逃れ、イギリスへ亡命。著者は二十三歳のとき出版社のアンドレ・ドイチュに就職。マクギボン・アンド・キー、ペンギンブックスをへて二十七歳でジョナサン・ケイプに入社、以後、ケイプを「イギリスでもっとも元気な出版社」にした「カリスマ編集者」兼社長として名をはせる。作品を出版した十一人がノーベル文学賞を受賞した。八七年、ケイプはアメリカの巨大資本に買収された。二〇〇〇年末、『ブックセラー』誌で「今世紀の出版界に最も影響を与えた十人の出版人」に選ばれた。ブッカー賞の生みの親でもある。

訳者について
麻生九美（あそう・くみ）
東京生まれ。早稲田大学卒業。翻訳家。
訳書―サレルノ＝ソネンバーグ『ナージャわが道をゆく』ローフス『子供たちにとって死とは?』ルーリー『永遠の少年少女』（ともに晶文社）、イワニエク『情緒的虐待／ネグレクトを受けた子ども』（明石書店）、バーマン『ナマズ入江の大洪水』スタイグ『アベルの島』（ともに評論社）ほか。

パブリッシャー——出版《しゅっぱん》に恋《こい》をした男《おとこ》
二〇〇六年九月一〇日初版
著者　トム・マシュラー
著者　麻生九美
発行者　株式会社晶文社
東京都千代田区外神田二-一-一二
電話東京三二五五局四五〇一（代表）・四五〇三（編集）
振替〇〇一六〇-八-六二七九九
中央精版印刷・美行製本
Printed in Japan
Ⓡ本書の内容の一部あるいは全部を無断で複写複製（コピー）することは、著作権法上での例外を除き禁じられています。本書からの複写を希望される場合は、日本複写権センター（〇三—三四〇一—二三八二）までご連絡ください。
〈検印廃止〉落丁・乱丁本はお取替えいたします。

好評発売中

絵本ジョン・レノンセンス　ジョン・レノン　片岡・加藤訳

音楽を変えた男ジョン・レノンが、ことばの世界も一変させた。暴力的なまでのことば遊びがつぎつぎと生みだした詩、散文、ショート・ショート。そして奔放自在な自筆イラスト。世にも愉しい新型絵本。序文＝P・マッカートニー。

秋のホテル　アニータ・ブルックナー　小野寺 健訳

秋。スイス。ジュネーブ湖畔の「ホテル・デュ・ラック」。女性作家イーディスは、英国を追われるようにこのホテルにやってきた……。現代の愛のかたちを真摯に探る女の孤独な心理を描く、ブッカー賞受賞の話題作。「一読をすすめたい秀作」（丸谷才一氏評）

アフガニスタンの風　ドリス・レッシング　加地永都子訳

ソ連軍の侵攻から７年目の1986年、英国人作家がパキスタン国境の町を訪ね、アフガニスタンの兵士、難民、女性の声を聞きとった。超大国の圧倒的武力を前にしたとき、この国に何が起きたのか。なぜ戦火はやまないのか。戦争という病を考えるための思索行。

投書狂グレアム・グリーン　クリストファー・ホートリー編、新井潤美訳

20世紀英国を代表する作家グリーンは、つねに時代に物申す「投書の人」だった。45年間の新聞・雑誌への辛辣かつユーモアあふれる176の投書を集成。「こういう話芸の魅力には、筆者の秘密の意識の内奥へ案内されるようなスリルがある」（小野寺健氏評）

ある愛書狂の告白　ジョン・バクスター　笙 玲子訳

本を読むだけでうさんくさがられるオーストラリアの片田舎に生まれ、ロンドン・合衆国・パリと移住しつつ、いかにして愛書家になったか。古書の価値の見分け方。コレクションの作り方。海外の蒐集家たちの生態がユーモアたっぷりに綴られた、本好き必読の一冊。

〈シリーズ　愛書・探書・蔵書〉

古書の聖地　ポール・コリンズ　中尾真理訳

イギリスはウェールズの石づくりの小さな町ヘイ・オン・ワイ。古書店が40軒、数百万冊の本が隠れている「愛書家の聖地」に、アメリカ人の作家が家族とともに移り住んだ。珠玉の奇書を見つける至福と、本の森に迷いこんだ不安と——ユーモラスな日々の冒険。

〈シリーズ　愛書・探書・蔵書〉

永遠の少年少女　アンデルセンからハリー・ポッターまで　アリソン・ルーリー　麻生九美訳

子どもの本がこんなにも大人たちを魅了するのは、なぜ？　妖精物語、『オズの魔法使い』『ムーミン』……名作をのこした児童文学作家の作品と人生の興味のつきない関係を明かす。ピュリツァー賞受賞の英文学者による秀逸な読書案内。詳細なブックガイド付。